X

# GRAMMAIRE

## ITALIENNE.

## Avis.

Je préviens qu'étant propriétaire de cet ouvrage, et ayant rempli les formalités voulues par la loi, je poursuivrai avec la plus grande rigueur tout contrefacteur et tout débitant d'édition contrefaite; j'abandonnerai, à celui qui me les fera connaître, la moitié des dommages et intérêts accordés par la loi.

*( Chaque exemplaire sera revêtu de ma signature.)*

# GRAMMAIRE

## ITALIENNE,

PAR

## VENANZIO CARRANI,

Professeur de langue italienne.

(SECONDE ÉDITION.)

TOULON.
**Imprimerie d'AUREL Frères, place St-Pierre.**

1845.

# PRÉFACE.

Dans cette seconde édition que j'ai l'honneur d'offrir aux amateurs de la langue italienne, je n'ai employé d'autre méthode que celle que l'expérience de tous les jours me démontre être la meilleure, et que les succès de mes élèves justifient Etre bref, et tout dire, voilà ce que tout grammairien doit se proposer.

Or, dans cette seconde édition, j'ai cherché à atteindre ce double but, en complétant la première : j'ai retranché des détails inutiles, et j'ai donné à d'autres une extension qui m'a paru nécessaire, car une grammaire qui laisserait quelques lacunes, ne serait pas complète.

La grammaire ne doit pas seulement apprendre des mots, elle doit montrer toutes les constructions, toutes les ellipses qui peuvent donner plus de grâce, plus de rapidité à la pensée, et qui font l'ornement et la richesse du discours.

Tout en reconnaissant chez plusieurs de ceux qui m'ont précédé dans la carrière, un mérite réel, je ne puis cependant m'empêcher de signaler chez les uns, peu d'ordre; chez les autres, l'omission de règles essentielles, chez tous, un ensemble peu satisfaisant.

J'ai donc fait en sorte de rémédier à ces différens inconvéniens, et j'ai dû ramener à des principes fixes plusieurs difficultés grammaticales. Les règles de la prononciation italienne ont dû naturellement trouver place dans cet ouvrage; car, si dans l'étude des langues, la prononciation est importante, elle est indispensable à l'étude de la langue italienne, qui est presque tout entière dans la prononciation, et dont une des beautés est la douceur et l'harmonie.

Viennent ensuite la formation du pluriel des noms, les prépositions, les augmentatifs, les comparatifs, les pronoms, les règles du subjonctif, les verbes, les adverbes, les conjonctions, les particules explétives, la construction figurée, etc., etc.

Toutes ces différentes parties de la grammaire ont reçu, quand il le fallait, plus d'extension ou plus de précision, et des éclaircissemens. Toutes ces modifications ne peuvent que compléter cet ouvrage, et préparer les élèves à traduire plus facilement nos auteurs.

J'ose espérer que ma grammaire bien connue et bien appréciée sera favorablement accueillie du public.

Je n'ai pas cru devoir entrer dans les explications de la grammaire générale, car je suppose que celui qui étudie une langue étrangère, connaît déjà la sienne par principes.

Puisse cet ouvrage que je dédie aux amis des lettres, être regardé comme un témoignage de ma gratitude pour la noble et généreuse hospitalité que la France accorde aux malheureux étrangers frappés d'ostracisme.

*Cette grammaire renferme plus de 600 règles, et plus de 1100 phrases italiennes en application aux règles.*

# LEÇON PREMIÈRE.

## Prononciation italienne.

La langue italienne a vingt-deux lettres qu'on prononce ainsi :

| A, | B, | C, | D, | E, | F, | G, | H, | I, | J, | L, |
|---|---|---|---|---|---|---|---|---|---|---|
| a, | bé, | tché, | dé, | è, | éffé, | dge, | acca, | i, | ii, | éllé, |

| M, | N, | O, | P, | Q, | R, | S, | T, | U, | V, | Z. |
|---|---|---|---|---|---|---|---|---|---|---|
| émmé, | énné, | o, | pé, | cou, | érré, | éssé, | té, | ou, | vé, | dzéta. |

Les lettres *K, X, Y*, sont exclues de la langue italienne.
( Les Toscans prononcent *bi*, *ci*, *di*, *gi*, *pi*, *ti*. )

Les mots italiens sont tous terminés par une voyelle *A, E, I, O, U*, que l'on doit prononcer très légèrement, et on ne doit appuyer que lorsque ces voyelles sont marquées de l'accent grave, comme, *carità*, charité ; *mercè*, secours ; *consentì*, il consentit ; *perdonò*, il pardonna ; *virtù*, vertu, etc,

L'orthographe italienne a cet avantage qu'on écrit les mots de la même manière qu'on les prononce.

*NOTA*. Je diviserai en trois parties les difficultés de la prononciation italienne. La première partie contiendra la difficulté de la prononciation des voyelles, la seconde celle des consonnes, et la troisième celle des syllabes. Cette division étant mise par ordre alphabétique, donnera la facilité aux commençans de trouver au premier coup-d'œil les exemples de la prononciation qu'ils recherchent.

## Prononciation des Voyelles.

### A.

1° L'*A* est prononcé faible, excepté lorsqu'il est marqué de l'accent grave, comme *verità*, vérité ; *sincerità*, sincérité, etc.

2° L'*A*, dans les exclamations a la valeur des deux *aa*, comme *Ah ! scellerato !* Ah ! scélérat.

### E.

L'*E*, en italien n'est jamais muet ; mais toujours fermé ou ouvert. Je ne crois pas devoir fatiguer les étudians par une très longue explication de la prononciation des *E* ; car un bon maitre, plutôt que la théorie, pourra en faciliter l'exécution. Cependant je signalerai quelques règles pour aider la mémoire de ceux qui veulent s'appliquer à l'étude.

1° Quand l'*E* est fermé, on le prononce comme dans le mot français *pénétrer*. 2° Quand il est ouvert, on le prononce comme dans le mot *mer*. En général l'*E* est presque toujours fermé particulièrement à la fin des mots, ( pourvu qu'il ne soit pas marqué de l'accent grave ), et dans ceux terminés en *mente*, comme *principalmente*, principalement ; *grandemente*, grandement, etc.

On peut adopter comme règle générale que, toutes les fois qu'au milieu des mots l'*E* se trouve après l'*i*, on le prononce *ouvert*, comme *tiene*, il tient ; *viene*, il vient ; *siede*, il s'assied : au contraire dans les autres temps des mêmes verbes où l'*E* n'est pas précédé de l'*i*, il a le son fermé, comme *tenne* — *venne* — *sedemmo*.

L'*E*, se prononce *ouvert* dans les mots qui dérivent du latin, comme, *intelletto* de intellectus; *diletto* de dilectus; *elleto* d'electus; *prefetto* de prefectus, etc.

## I.

L'*I*, a le même son en italien qu'en français; cependant quand il est précédé d'un *c* ou d'un *g*, et suivi d'une voyelle, il se prononce très-légèrement, et il faut appuyer sur la voyelle qui le suit. ( Voyez la lettre *C*. )

## J.

L'*J*, appelé en italien *i lungo*, *i* long, se prononce comme *i* au commencement et au milieu des mots; à la fin des mots il se prononce à peu près comme deux *ii*.

EXEMPLE :

| | | | |
|---|---|---|---|
| *Jeri*, | hier, | prononcez | *ieri* |
| *Ajuto*, | aide, | | *aiouto*. |
| *Desiderj*, | desirs, | | *desiderii*. |

*Nota*. Par un motif que l'on comprendra ci-après, je suis obligé d'intervertir l'ordre des voyelles et de parler de l'*u* avant de m'occuper de l'*o*.

## U.

L'*U*, se prononce *ou*. EXEMPLE,

| | | |
|---|---|---|
| *Tu*, | prononcez | *tou*. |
| *Funesto*, | | *founesto*. |
| *Pugnare*, Combattre, | | *pougnare*. |
| *Duro*, | | *douro*. |
| *Virtù*, | | *virtou*. |

Il faut observer que l'*U* devant *o* se prononce *ou* ; mais lorsque ces deux voyelles ne font qu'une syllabe, il faut prononcer l'*u* de manière qu'il se fasse à peine sentir, comme *buono*, bon ; *figliuolo*, fils ; *suocero*, beau-père. Si l'*U* et l'*o* forment une syllabe séparée, comme dans *tío*, *súo*, *virtúoso*, l'on appuyera sur l'*u*, parce que l'accent y tombe.

## O.

L'*O*, a deux sons dans la langue italienne, l'un *ouvert*, comme dans *Rome*, l'autre fermé, comme dans *Baron*. Il n'est pas moins essentiel de distinguer les deux prononciations de l'*o*, que celles de l'*e*

L'*O* est ouvert dans beaucoup de mots, comme *fòsse*, fosses ; *bòtte*, coups, etc. Il est fermé dans les mêmes mots, comme *fósse*, il fut, *bótte*, tonneau. Il faut remarquer que cette lettre a plus ordinairement le son fermé, surtout dans les mots terminés en *ose*, et en *one*, comme, *virtuóso*, vertueux ; *grazióso*, gracieux ; *padróne*, maître ; *pastóre*, pasteur, etc.

Tous les *O* finals, lorsqu'ils n'ont pas d'accent, sont fermés.

L'*O*, précédé de l'*u* au milieu d'un mot a le son ouvert, comme *cuòre*, *suòno*, *fuòri*, etc. Il est aussi ouvert dans les mots d'une seule syllabe, comme *fo*, je fais ; *può*, il peut ; *nò*, non, etc. Il est encore ouvert à la fin des mots de plusieurs syllabes, quand il a l'accent, comme *andò*, *farò*, *verrò*, *parlerò*, etc.

Enfin, la difficulté de la prononciation de l'*O* m'oblige autant que celle de l'*e*, à ne pas m'abstenir de faire observer que, toutes les règles qu'on pourrait établir sur cette matière, ne serviraient qu'à fatiguer les étrangers plutôt que de les mettre en état de bien connaître la variation des sons de l'*e* et l'*o* ; car ce n'est que l'exercice de lire et de parler avec un bon maître qui peut en faciliter la connaissance. Cette connaissance, cependant est indispensable, parce que la prononciation de l'*E* fermé, de l'*E* ouvert ; de l'*o* fermé, de l'*o* ouvert, cause souvent d'étranges équivoques, et en voici quelques exemples tirés des mots fréquemment employés.

*La prononciation de l'E fermé peut être comparée au mot français BONTÉ.*

*La prononciation de l'E ouvert peut être comparée au mot français SUCCÈS.*

### E fermé.

| | |
|---|---|
| *Accétta*, | hache. |
| *Affétto*, | je coupe par tranche |
| *Céra*, | cire. |
| *Corrésse*, | qu'il courût. |
| *Déi*, | des, (article.) |
| *Désti*, | tu donnas. |
| *É*, | et, (conjonction.) |
| *Ésca*, | amadou. |
| *Féro*, (poet), ils firent. |
| *Léga*, | il lie. |
| *Légge*, | loi. |
| *Léssi*, | bouillis. |
| *Létto*, | lit. |
| *Méle*, | pommes. |
| *Mésse*, | messes. |
| *Néi*, | dans les. |
| *Pésca*, | l'action de pêcher. |
| *Pésco*, | je pêche. |

### E ouvert.

| | |
|---|---|
| *Accètta*, | il accepte. |
| *Affètto*, | affection. |
| *Cèra*, | mine ou visage. |
| *Corrèsse*, | il corrigea. |
| *Dèi*, | dieux. |
| *Dèsti*, | tu réveilles. |
| *È*, | il est. |
| *Èsca*, | que je sorte. |
| *Fèro*, (poet), féroce. |
| *Lèga*, | une lieue. |
| *Lègge*, | il lit. |
| *Lèssi*, | je lus. |
| *Lètto*, | lu, de lire. |
| *Mèle*, | miel. |
| *Mèsse*, | moisson. |
| *Nèi*, | petites taches sur la peau. |
| *Pèsca*, | pêche, fruit. |
| *Pèsco*, | pêcher, arbre. |

| Péste, | pilées. | Pèste, | peste. |
| Téma, | crainte. | Tèma, | thême. |
| Témi, | tu crains. | Tèmi, | thêmes. |
| Véglio, | je veille. | Vèglio, (poèt), | vieux. |
| Vénti, | vingt. | Vènti, | vents. |

| La prononciation de l'O fermé peut être comparée au mot français EAU. | La prononciation de l'O ouvert peut être comparée au mot français HOMME. |

### O fermé.                              ### O ouvert.

| Accórsi, | j'accourus. | Accòrsi, | je m'aperçus. |
| Accórse, | il accourut. | Accòrse, | il s'aperçut. |
| Bótte, | tonneau. | Bòtte, | coups. |
| Cógli, | avec les. | Cògli, | tu cueilles. |
| Cólla, | avec la. | Còlla, | colle. |
| Cólto, | cultivé. | Còlto, | cueilli. |
| Córre, | il court. | Còrre, | cueillir. |
| Córso, | le cours. | Còrso, | un Corse. |
| Cósta, | il coûte. | Còsta, | côte. |
| Fóra, | il perce. | Fòra, (poet), | il serait. |
| Fósse, | il fut. | Fòsse, | fossés. |
| Indótto, | induit. | Indòtto, | ignorant. |
| Pórci, | nous placer. | Pòrci, | porcs. |
| Pórsi, | se placer. | Pòrsi, | je présentai. |
| Pósta, | placée. | Pòsta, | la poste. |
| Rócca, | quenouille. | Ròcca, | forteresse. |
| Ródi, | tu ronges. | Ròdi, | Rhôdes, île. |
| Rógo, | buisson. | Rògo, | bûcher. |
| Rósa, | rongée. | Ròsa, | rose. |

| | | | |
|---|---|---|---|
| *Rózza*, | brute, grossière. | *Ròzza*, | une rosse. |
| *Scópo*, | je balaie. | *Scòpo*, | but. |
| *Scórsi*, | je parcourus. | *Scòrsi*, | j'aperçus. |
| *Sólo*, | seul. | *Sòlo*, | sol. |
| *Sóno*, | je suis. | *Sòno*, (poet), | le son. |
| *Tómo*, | je culbute. | *Tòmo*, | tome. |
| *Tórre*, | tour. | *Tòrre*, | enlever. |
| *Tórsi*, | trognons. | *Tòrsi*, | s'ôter, je tordis. |
| *Tórta*, | tourte. | *Tòrta*, | tordue. |
| *Tórvi*. | fiers. | *Tòrvi* | vous ôter. |
| *Vólgo*, | populace. | *Vòlgo*, | je tourne. |
| *Vólto*, | visage. | *Vòlto*, | tourné. |
| *Vóto*, | vœu. | *Vòto*, | vide. |

---

## Prononciation des Consonnes.

### C.

Le *C*, devant *a*, *o*, *u*, se prononce comme en français : *ca*, *co*, *cou*; mais devant les voyelles *e*, *i*, se prononce *tché*, *tchi*. EXEMPLE :

*Cesare*, prononcez *Tchèsare*.
César.

*Città*,            *Tchittà*.
Ville.

*Cicerone*,       *Tchitchérone*.
Cicéron.

*Cielo*.             *Tchèlo*.
Ciel.

## CC.

Deux *CC*, se prononcent comme *tché*, *tchi*; mais il faut appuyer d'avantage sur le *t*. EXEMPLE :

*Accento*, prononcez *atchènto*.
Accent.

*Accidente*, *atchidènte*.
Accident.

*Braccio*, *bratchio*.
Bras.

## G.

Le *G*, devant *a*, *o*, *u*, se prononce comme en français : *ga*, *go*, *gou*; mais devant *e*, *i*, se prononce comme s'il y avait un *d* devant *g*. EXEMPLE :

*Gemere*, prononcez *dgèmere*.
Gémir.

*Gelo*, *dgèlo*.
Gellée.

*Giro*, *dgiro*.
Tour.

*Giorno*, *dgiorno*.
Jour.

*Giardino* *dgiardino*.
Jardin.

## GG.

Deux *GG*, devant *e*, *i*, se prononcent le premier comme *un d*, et le second comme *un g* : mais il ne faut pas beaucoup appuyer sur le *d*. EXEMPLE :

*Ogetto*, prononcez *odgetto*.
Objet.

*Oggi*, odgi.
*Raggio*, radgio.
Rayon.

## H.

L'*H*, au commencement des mots n'a aucun son, et n'est pas même aspirée. Elle se met seulement devant les trois personnes du singulier et la troisième du pluriel du présent de l'indicatif du verbe *Avere*, avoir, comme, *ho*, j'ai, etc. Dans le corps du mot, on ne se sert de l'*h* en écrivant, que lorsque cette lettre est précédée de *c* ou de *g*, et que par conséquent elle est absolument nécessaire à la prononciation, comme on le verra dans la prononciation des syllabes.

## Q.

La lettre *Q*, se prononce *qou*. EXEMPLE :

*Quantunque*, prononcez *couantouncoue*.
Quoique.

*Quadro*, couadro.
Tableau.

*Quando*, couando.
Quand.

*Quello*, couello.
Cela.

*Obbliquo*, obblicouo.
Oblique.

*Acqua*, accoua.
Eau.

## S.

La lettre *S* a deux sons, l'un fort et l'autre doux.

1°. Elle a le son fort, lorsqu'elle se trouve au commencement des mots, comme *salute*, santé; *soldato*, soldat; *secondo*, second; *scandaloso*, scandaleux, etc., dans ce cas l'*s*, se prononce comme dans salut, soldat, second, scandaleux.

2°. Elle a le son fort entre deux consonnes, ou entre une voyelle ou une consonne, comme *instare*, faire instance; *ospite*, hôte; *bosco*, bois; *esterno*, extérieur; *insegnare*, enseigner, etc.

La lettre S a le son doux. 1°. Au commencement d'un mot lorsqu'elle est suivie d'une des consonnes *b*, *d*, *r*, *v*, comme *sbattere*, secouer, *sdegnare*, dédaigner; *srugginire*, dérouiller; *svellere*, arracher.

3°. Elle a le son doux entre deux voyelles, comme, *sposa*, épouse; *gloriosa*, glorieuse. Il faut observer que cette dernière règle est sujette à plusieurs exceptions; par exemple: dans les mots *cosi*, ainsi; *cosa*, chose, *rosa*, rose; il faut prononcer l'*s*, à peu près comme dans le mot *salut*.

## SS.

1°. Deux *SS*, ont le son un peu fort, comme dans les mots *assai*, assez; *fossa*, fossé; *cassa*, caisse.

2°. Il faut les prononcer encore moins fort dans les mots *carissimo*, très-cher; *stesso*, même; *posso*, je puis, *possiamo*, nous pouvons; *possono*, ils peuvent, etc.

Enfin, le juste son de cette consonne, ne peut s'apprendre que soit par la pratique, soit en entendant bien prononcer le maître, et en répétant aussitôt après lui.

## Z.

La lettre Z, se prononce de trois manières, comme *ds*, comme *ts*, et comme *s*.

1°. On prononce cette lettre dans plusieurs mots, comme DS. EXEMPLE :

*Zona*, prononcez *dsona*.
Zone.

*Zero*, *dsero*.
Zéro.

*Zodiaco*, *dsodiaco*.
Zodiaque.

*Gazetta*, *gadsetta*.
Gazette.

2°. On prononce le *Z*, dans beaucoup de mots, comme TS, soit simple, soit double. EXEMPLE :

*Zio*, prononcez *tsio*.
Oncle.

*Orazione*, *oratsione*.
Oration.

*Carrozza*, *carrotsa*.
Carrosse.

*Fazzoletto*, *fatsoletto*.
Mouchoir.

*Gentilezza*, *gentiletsa*.
Gentillesse.

3°. On prononce le *Z*, comme *S*, avec le son à peu près du mot français *salut*, dans les mots terminés en *enza* et en *anza*, comme *prudenza*, prudence; *ignoranza*, ignorance, etc.

Je fais observer que la prononciation des *Z*, mérite de l'attention; car cette lettre est sujette à des changements de prononciation que l'on ne peut apprendre que par la pratique.

*NOTA*. Les autres consonnes *B*, *D*, *F*, *L*, *M*, *N*, *P*, *R*, *T*, *V*, se prononcent comme en français.

## Prononciation des Syllabes.

### CHE, CHI.

Les syllabes *CHE, CHI*, soit au commencement, soit au corps d'un mot ou à la fin, se prononcent comme les syllabes françaises *QUÈ, QUI* ou *KÈ, KI* Exemple :

| | | |
|---|---|---|
| *Cherubino*, <br> Chérubin. | prononcez | *quèrubino.* |
| *Michele*, <br> Michel. | | *Miquèle.* |
| *Chimiera*, <br> Chimère | | *quimièra.* |
| *Chiuso*, <br> Fermé. | | *quiouso.* |
| *Chiacchierare*, <br> Jaser. | | *quiaquièrare.* |
| *Perchè*, <br> Pourquoi. | | *perqué.* |

### GHE, GHI.

Les syllabes *GHE, GHI*, soit au commencement, soit au corps d'un mot, se prononcent comme les syllabes françaises *GHÉ, GUI*.

Exemple :

| | | |
|---|---|---|
| *Gherbino*, <br> Le sud-ouest. | prononcez | *guérbino.* |
| *Ghianda*, <br> Gland. | | *guianda.* |
| *Piaghe*, <br> Plaies. | | *piaguè* |
| *Laghi*, <br> Lacs. | | *lagui.* |

## GLI,

La syllabe *GLI*, se prononce comme la dernière syllabe du mot français *BOUILLI*. Il faut excepter le mot *negligere*, négliger, et ses dérivés, où *GLI* se prononce comme dans les mots français *GLISSER*, *ÉGLISE*.

## GNA, GNE, GNI, GNO, GNU.

Prononcez, *gnia*, *gnie*, *gni*, *gnio*, *gniou*, en une seule syllabe.

## GUA, GUE, GUI.

Prononcez *goua*, *gouè*, *goui*. EXEMPLE :

*Guadagno*   prononcez   *gouadagnio*.
Gain.
*Guerra*,   *gouèrra*.
Guerre.
*Guida*,   *gouida*.

## SCE, SCI.

Les syllabes *SCE*, *SCI*, soit au commencent, soit au corps d'un mot, se prononcent, comme les syllabes françaises *CHÉ*, *CHI*.

EXEMPLE :

*Scempiagine*,   prononcez   *chèmpiadgine*.
Balourdise.
*Sciogliere*,   *chiogliere*.
Délier.
*Discendere*,   *dichèndere*.
Descendre.
*Lasciare*,   *lachiare*.
Laisser.

*SCHIA, SCHIE, SCHI, SCHIO, SCHIU,* se prononcent, comme *SKIA, SKHIÈ, SKI, SKIO, SKIU.* Exemple :

*Schiavo,* prononcez *skiavo.*
Esclave.

*Schietto,* *skiètto.*
Pur.

*Schifoso,* *skifoso.*
Dégoûtant.

*Schioppo,* *skioppo.*
Fusil.

*Schiuma,* *skiouma.*
Écume.

# OBSERVATIONS IMPORTANTES
## Sur la Prononciation.

1°. Quand un mot se termine par une consonne, et que le suivant commence par une voyelle, ils doivent se prononcer ensemble. Exemple :

*Con onore,* prononcez *cono-onore,*
Avec honneur.

*In un impiego,* *i-nu-nimpiego.*
Dans un emploi.

La même règle a lieu pour tous les mots dont on retranche la voyelle finale, comme :

*L'onore,* prononcez *lono-re.*
L'honneur.

*L'anno,* *lan-no.*
L'année.

2° Il faut observer que, toutes les lettres se prononcent distinctement, et que chaque lettre a sa valeur positive.

Ainsi, les étrangers doivent faire attention aux mots où il y a deux consonnes de suite, de les prononcer toutes les deux bien distinctement; sans cette attention on ferait des équivoques, comme nous allons le voir par les exemples suivans :

*Carro*, prononcez *car-ro*.
Chariot.
*Donna*, *don-na*.
Femme.
*Fatto*, *fat-to*.
Fait.
*Notte*, *not-te*.
Nuit.
*Penna*, *pen-na*.
Plume.

Il faut remarquer que, ces mêmes mots, écrits avec une seule consonne, ou prononcés comme s'il n'y en avait qu'une, n'ont plus la même signification. EXEMPLE :

*Caro*, signifie *cher*.
*Dona*, *il fait cadeau*.
*Fato*, *destinée*.
*Note*, *nots*.
*Pena*, *chagrin*.
et ainsi d'autres.

3°. La langue italienne ne connaît point les sons des syllabes français, *am, em, im, om, um,*, et *an, en, in, on, un*; il faut faire sentir chaque lettre, et la prononcer par sa valeur appellative. EXEMPLE :

*Europa*, prononcez *E-u-ro-pa*.
Europe.
*Tempesta*, *te-m-pes-ta*.
Tempête.

*Unguento*,                  *u-n-gue-n-to.*
Onguent.

*Vendita*,                   *ve-n-di-ta.*
Vente.

# DE L'ACCENT.

Il y a deux accens, l'un *grave*, l'autre *aigu*.

L'accent que l'on écrit, en italien, est l'accent *grave*. (`). On n'écrit pas l'accent *aigu* (´), et l'on laisse à celui qui lit le soin de le faire sentir.

Les Italiens emploient l'accent *GRAVE* :

1°. Sur la dernière voyelle de certains mots dont on a retranché dans l'origine une lettre ou une syllabe, comme *carità* pour *caritade*; *virtù* pour *virtude*, *volontà* pour *volontate*, etc.

2°. On met l'accent *grave* sur la dernière voyelle de la première et troisième personnes des futurs du nombre singulier : comme *leggerò*, je lirai; *canterò*, je chanterai; *risponderò*, je répondrai, etc.

3°. Il y a aussi des verbes qui prennent l'accent *grave* à la troisième personne du singulier du passé défini, comme *insultò*, il insulta; *sparlò*, il médit; *credè*, il crut; *dormì*, il dormit, etc.

4°. On met l'accent *grave* sur *lì* et *là*, pour distinguer ces deux adverbes de lieu, le premier de *li*, pronom relatif masculin pluriel, et le second soit de *la*, pronom relatif féminin singulier, soit de *la*, article singulier féminin. On met l'accent *grave* sur le mot *nè*, ni et ne pas, pour le distinguer de *ne*, en, particule explétive ou pronom. On met l'accent *grave* sur le mot *dì*, jour, pour le distinguer, de *di* préposition. On met aussi cet accent sur les mots, *così*, ainsi; *costì* ou *costà*, là ou l'on est; *giù*, en bas; *nò*, non; *più*, plus; *quà*, et *qui*, ici; *sì*, oui; *sù*, en haut; *già*, déjà; *ciò*, cela; *perciò*, c'est pourquoi; *perchè*, pourquoi; *perciocchè*; puisque; *lunedì*, lundi; *martedì*, mardi; *mercoledì*, mercredi; *giovedì*, jeudi; *venerdì*, vendredi. On met aussi l'accent sur *è* quand il est verbe, sur les mots *gioventù*, jeunesse; *virtù*, vertu; *schiavitù*, esclavage, etc.

5°. Les noms italiens terminés en *tà*, dont les analogues en français finissent en *té*, et en latin en *tas*, prennent l'accent *grave* sur la dernière syllabe, comme *purità*, *santità*, *maestà*, *gravità*, etc. (Ces mots font le pluriel en *tà*, sans rien changer.)

Ainsi, tous les mots qui ont l'accent *grave* sur la dernière voyelle, doivent être prononcés avec un peu de force.

MAINTENANT, il nous reste à faire connaître la difficulté de l'accent *aigu* ou *PROSODIQUE*, qui ne se marque point en italien, et qui cependant doit se faire sentir dans la prononciation. Si on le trouve marqué quelquefois dans le cours de cette grammaire, c'est pour donner un exemple, et non pas pour faire disparaître la difficulté. Il faut bien remarquer que, les mots composés de deux syllabes ont l'acccent sur la première (pourvu qu'ils ne soient pas marqués de l'accent *grave*). EXEMPLE : *ámo*, *crédo*, etc.

Dans les mots composés de plus de deux syllabes, l'accent tombe presque toujours sur la pénultième, comme *amóre*, *signóre*, *soddisfátto*; quelquefois sur l'antépénultième, comme *ámano*; et quelquefois aussi sur la syllabe qui précéde l'antépénultième, comme *esércitano*, ils s'exercent.

Cette transposition d'accent, consiste dans une certaine élévation ou abaissement de voix.

Pour faire connaître l'importance de la prononciation, je vais mettre ici quelques mots qui, avec le secours de l'accent, changent de signification. Exemple :

| | | | |
|---|---|---|---|
| *Ancóra,* | encore. | *Ancora,* | ancre. |
| *Capitáno,* | capitaine. | *Cápitano,* | ils arrivent. |
| *Perdóno,* | pardon. | *Pérdono,* | ils perdent. |
| *Predico,* | je prédis. | *Prédico,* | je prêche. |
| *Tenére,* | tenir. | *Ténere,* | tendres. (fem. pl. |

On voit que la prononciation est la chose la plus importante. 1°. Parce qu'il y a beaucoup de mots qui, écrits de même, ont une signification différente. 2°. Parce qu'en négligeant la prononciation, on ôterait au charme de cette langue.

Ainsi, l'accent est une douce élévation de la voix qui doit se faire sentir sur une des voyelles qui composent le mot, plutôt que sur une autre.

C'est ainsi que la langue italienne a dans sa prosodie les intonations les plus marquées et les plus variées en même temps. Chaque mot composé de plusieurs syllabes en a toujours une sur laquelle on doit donner plus ou moins de rapidité à la voix, et cela par un principe *musical*.

Pour acquérir cette connaissance, il faut avoir une oreille juste, avoir la patience d'écouter *un bon maître*, et prononcer avec lui à haute voix. Voilà le moyen pour connaître la prononciation italienne ; car la théorie est insuffisante pour tout ce qui est *son*. Je dis *son*, parce qu'en effet, tout ce qui est *son*, tout ce qui est prononciation est soumis au jugement de l'oreille : c'est donc elle qui transmet à l'esprit l'idée qui lui parvient par le *son* : c'est assez pour juger du soin qu'il faut apporter à bien prononcer une langue.

# LEÇON II.

## De l'Article simple.

Dans la langue italienne il y a trois articles : *IL* et *LO* pour le masculin, et *LA* pour le féminin, qui font au pluriel *I*, *GLI*, et *LE*.

L'article *IL* et son pluriel *I*, se mettent devant les noms masculins qui commencent par une consonne, pourvu que cette consonne ne soit pas une *S* suivie d'une autre consonne.

EXEMPLE :

| | | |
|---|---|---|
| SINGULIER. | *Il libro,* | le livre. |
| | *Il fratello,* | le frère. |
| PLURIEL. | *I libri,* | les livres. |
| | *I fratelli,* | les frères. |

L'article *LO* et son pluriel *GLI*, se mettent devant les noms masculins qui commencent par une *S* suivie d'une autre consonne.

EXEMPLE :

| | | |
|---|---|---|
| SINGULIER. | *Lo sguardo,* | le regard. |
| | *Lo spettro,* | le spectre. |
| PLURIEL. | *Gli sguardi,* | les regards. |
| | *Gli spettri,* | les spectres. |

Il faut observer que, l'article *LO* perd son *O* devant les noms qui commencent par une voyelle, et prend l'apostrophe. EXEMPLE :

*L'uomo,* l'homme.
*L'onore,* l'honneur.
*L'ingegno,* le génie.
*L'amore,* l'amour.

L'article *GLI*, pluriel, perd son *I* devant les noms qui commencent par un *i* et prend l'apostrophe. EXEMPLE :

*Gl'ingrati,* les ingrats.
*Gl'ingegnosi,* les ingénieux.
*Gl'infelici,* les malheureux.
*Gl'invidiosi,* les envieux.

L'article *LA* et son pluriel *LE*, se mettent devant les noms féminins qui commencent par une consonne quelconque. EXEMPLE :

SINGULIER.   *La sorella,* la sœur.
             *La penna,* la plume.
PLURIEL.     *Le sorelle,* les sœurs.
             *Le penne,* les plumes.

L'article *LA*, féminin singulier perd son *A* devant les noms qui commencent par une voyelle, et prend l'apostrophe. EXEMPLE :

*L'anima,* l'âme.
*L'ubbidienza,* l'obéissance.
*L'ignoranza,* l'ignorance.
*L'onestà,* l'honêteté.

L'article *LE* féminin pluriel, perd son *E* devant les noms qui commencent par un *E*, comme *l'erbe*, les herbes ; *l'eleganze*, les élégances. etc. Il faut excepter les mots *effigie* ; effigie ; *estasi*, extase ; *enfasi*, emphase ; *età*, âge ; *estremità*, extrémité, et quelques autres qui ont la même terminaison au singulier et au pluriel et qui n'admettent point d'élision à l'article du pluriel, afin qu'on puisse distinguer le pluriel d'avec le singulier.

## *Application des Articles composés.*

En français on met l'article *DU* pour *de le*, *AU* pour *à le*, *DES* pour *de les*, *AUX* pour *à les*. De même en italien on met *DEL* pour *di il*, *AL* pour *a il*, *DEI* pour *di i*, *AI* pour *a i*. Ainsi ces articles composés se déclinent de la manière suivante :

J'ajouterai à chaque déclinaison les prépositions *POUR* et *SUR* qui ont lieu dans l'union des prépositions avec les articles. Quant aux autres prépositions, voyez les leçons V, et VI.

DÉCLINAISON *de l'Article composé* **IL** *et de son pluriel* **I**, *devant les Noms qui commencent par une consonne, pourvu que cette consonne ne soit pas une* **S** *suivie d'une autre consonne.*

EXEMPLE :

SINGULIER.

| | |
|---|---|
| *Il giardino*, | le jardin. |
| *Del giardino*, | du jardin. |
| *Al giardino*, | au jardin. |
| *Dal giardino*, | par le jardin. |
| *Pel giardino*, | pour le jardin. |
| *Sul giardino*, | sur le jardin. |

## Pluriel.

| | |
|---|---|
| *I giardini*, | les jardins. |
| *Dei* ou *d' giardini*, | des jardins. |
| *Ai* ou *a' giardini*, | aux jardins. |
| *Dai* ou *da' giardini*, | par les jardins. |
| *Pei* ou *pe' giardini*, | pour les jardins. |
| *Sui* ou *su' giardini*, | sur les jardins. |

## DÉCLINAISON de l'Article composé LO et de son Pluriel GLI, devant les Noms qui commencent par une S suivie d'une autre consonne.

### Singulier.

| | |
|---|---|
| *Lo sventurato*, | le malheureux. |
| *Dello sventurato*, | du malheureux. |
| *Allo sventurato*, | au malheureux. |
| *Dallo sventurato*, | par le malheureux. |
| *Pello sventurato*, | pour le malheureux. |
| *Sullo sventurato*, | sur le malheureux. |

### Pluriel.

| | |
|---|---|
| *Gli sventurati*, | les malheureux. |
| *Degli sventurati*, | des malheureux. |
| *Agli sventurati*, | aux malheureux. |
| *Dagli sventurati*, | par les malheureux. |
| *Pegli sventurati*, | pour les malheureux. |
| *Sugli sventurati*, | sur les malheureux. |

L'article composé *LO* se met aussi devant les noms masculins qui commencent par une voyelle; mais on retranche *L'O*, et l'on y substitue une apostrophe.

SINGULIER.

| | |
|---|---|
| L' invidioso, | l'envieux. |
| Dell' invidioso, | de l'envieux. |
| All' invidioso, | à l'envieux. |
| Dall' invidioso, | par l'envieux. |
| Per l' invidioso, | pour l'envieux. |
| Sull' invidioso, | sur l'envieux. |

PLURIEL.

| | |
|---|---|
| Gl' invidiosi, | les envieux. |
| Degl' invidiosi, | des envieux. |
| Agl' invidiosi, | aux envieux. |
| Dagl' invidiosi, | par les envieux. |
| Pergl' invidiosi, | pour les envieux. |
| Sugl' invidiosi, | sur les envieux. |

REMARQUEZ que, *GLI*, *DEGLI*, *AGLI*, *DAGLI*, etc., ne s'élident que devant les noms qui commencent par un *I*. On écrira, *gli amori*, *gli onori*, *gli uomini*, *degli amori*, *degli onori*, *agli onori*, *dagli uomini*, etc.

## DÉCLINAISON de l'Article composé *LA* devant les noms qui commencent par une consonne.

SINGULIER.

| | |
|---|---|
| La tavola, | la table. |
| Della tavola, | de la table. |
| Alla tavola, | à la table. |
| Dalla tavola, | par la table. |
| Pella tavola, | pour la table. |
| Sulla tavola, | sur la table. |

PLURIEL.

| | |
|---|---|
| *Le tavole,* | les tables. |
| *Delle tavole,* | des tables. |
| *Alle tavole,* | aux tables. |
| *Dalle tavole,* | par les tables. |
| *Pelle tavole,* | pour les tables. |
| *Sulle tavole,* | sur le tables. |

L'article composé *LA* sert aussi pour les noms féminins qui commencent par une voyelle ; mais on supprime la lettre *A*, et l'on met une apostrophe.

EXEMPLE :

SINGULIER.

| | |
|---|---|
| *L'amicizia,* | l'amitié. |
| *Dell' amicizia,* | de l'amitié. |
| *All' amicizia,* | à l'amitié. |
| *Dall' amicizia,* | par l'amitié. |
| *Per l'amicizia,* | pour l'amitié. |
| *Sull' amicizia,* | sur l'amitié. |

PLURIEL.

| | |
|---|---|
| *Le amicizie,* | les amitiés. |
| *Delle amicizie,* | des amitiés. |
| *Alle amicizie,* | aux amitiés. |
| *Dalle amicizie,* | par les amitiés. |
| *Pelle amicizie,* | pour les amitiés. |
| *Sulle amicizie,* | sur les amitiés. |

REMARQUEZ que, devant les noms féminins qui commencent par

E, on écrit *dell'*, *all' dall'*, etc., comme nous l'avons dit à l'article simple.

NOTA. 1° Les articles qu'on place en français après les mots *Monsieur*, *Madame*, *Mademoiselle*, doivent, en italien, se mettre devant. EXEMPLE :

| | |
|---|---|
| Monsieur le etc. | *Il Signor*, etc. |
| Messieurs les etc. | *I Signori* etc. |
| A Monsieur. | *Al Signor*. |
| Madame la. | *La Signora*. |
| A Madame la. | *Alla Signora*. |
| Mademoiselle la. | *La Signorina*. |
| A Mademoiselle la. | *Alla Signorina*. |
| De Monsieur le. | *Del Signor*. |
| De Madame la. | *Della Signora*. etc. |

2°. Le mot *Signore* perd l'*e* final devant un nom.

3°. Lorsqu'en italien on exprime *Madame* par *Madama*, il faut placer l'article comme en français.

4°. Lorsqu'on adresse la parole à quelqu'un, on ne met point d'article devant *Signore*, *Signora*, *Signorina*, etc.

5°. J'ajoute que l'article *LE*, qui en français précède le mot *temps*, se supprime en italien, lorsque *temps* termine la phrase. EXEMPLE : Si j'ai le temps, *se avrò tempo*, et non pas *il tempo*; mais le même article s'exprime en italien lorsque le mot *temps* sert à déterminer la phrase qui le suit. EXEMPLE :

| | |
|---|---|
| Il n'a pas bien employé le temps qu'on lui avait fixé. | *Non ha impiegato bene il tempo che gli era stato assegnato.* |

6°. On peut regarder comme règle générale qu'en italien les articles sont employés devant les noms substantifs et adjectifs, à peu près comme on les emploie en français.

7°. Les noms propres ne reçoivent pas d'article. Mais on le met assez généralement devant les noms de famille surtout des personnes illustres ou renommées.

8°. Les infinitifs et les adverbes prennent l'article masculin quand ils sont employés substantivement. Voyez leçon V. dans le nota.

EXEMPLE :

*Il ragionare mi piace.*      J'aime à raisonner.
*Non so nè il quando nè il come.*      Je ne sais ni quand ni comment.

NOTA. On est libre de traduire, en italien, séparément les prépositions *pour* et *sur*, que j'ai ajoutées aux articles, dans chaque déclinaison.

Ainsi on peut dire *per il*, *per i*, *per lo*, *per la*, *per le*; *sopra il*, *sopra i*, *sopra la*, *sopre le*, *sopra gli*, etc., cependant il faut consulter l'harmonie de la phrase.

## *Manière d'exprimer en italien les mots français.*

### DU, DE, DE L', DE LA, DES.

Il faut remarquer que, ces mots sont considérés comme articles *partitifs*. Il s'agit donc de savoir quand il faut les exprimer ou les supprimer, en italien.

1°. S'il ne s'agit point de la totalité de la chose, mais seulement d'une partie : comme, donnez-moi *du* pain, donnez-moi de la viande (c'est-à-dire un morceau de pain, un morceau de viande), et en ce cas on exprimera en italien les articles, et on dira : *datemi del pane, datemi della carne.*

C'est ainsi qu'on exprime, en italien, les articles lorsqu'on parle dans un sens limité et défini. Ils se suppriment lorsqu'on parle dans un sens général et déterminé.

Exemple :

| | |
|---|---|
| Voulez-vous *du* vin ou *de* l'eau ? | *Volete vino o acqua ?* |
| Voulez-vous *de la* viande ou *du* pain ? | *Volete carne o pane ?* |
| Voulez-vous *des* poulets ou *des* perdrix ? | *Volete pollastri o pernici ?* |

2°. On supprime aussi, en italien, ces articles *DE, DU, DE, LA, DES,* lorsqu'ils suivent une préposition, ou les mots *COMME, PLUS, MOINS,* ou que la phrase est absolument négative.

Exemple :

| | |
|---|---|
| Il vit avec *des* ingrats. | *Vive con ingrati.* |
| Ils sont affamés comme *des* chiens. | *Sono affamati come cani.* |
| J'aurais *moins* d'occupation. | *Avrò men occupazione.* |
| Vous aurez plus *de* temps. | *Voi avrete più tempo.* |
| Je n'ai point *d*'argent. | *Non ho danari.* |

3°. Il faut remarquer que lorsque le mot *DES* signifie *QUELQUES, PLUSIEURS,* etc., il est alors adjectif, et se rend en italien par *certi, alcuni, diversi, varj* pour le masculin, et par *certe, alcune*, *diverse*, *varie*, pour le féminin, (selon l'harmonie de la phrase). EXEMPLE :

Il m'a promis *des* plumes.　　Mi ha promesso *alcune* penne.
J'ai chanté avec *des* mes amis.　　Ho cantato con *alcuni* miei amici.
C'est-à-dire, avec quelques-uns de mes amis.

NOTA. Il y a des phrases où ces articles *partitifs* peuvent se prendre dans un sens déterminé ou indéterminé, et par cette raison ils peuvent s'exprimer ou se supprimer :

EXEMPLE. *J'ai des amis et des ennemis* : dans cette phrase et d'autres, l'esprit est libre de pouvoir considérer l'idée de quantité ou une désignation générale.

C'est ainsi qu'on peut dire :

*Jo ho amici e nemici*, ( ou bien )
*Jo ho degli amici e dei nemici.*

# LEÇON III.

## Règles pour connaître le genre des Noms.

1° Les noms substantifs de la langue italienne sont, comme en français, ou masculin ou féminin.

2° Il me paraît inutile de faire aucune observation sur les noms d'hommes et de femmes, car quelle que soit leur terminaison, ils conservent le genre qui leur est propre.

3° Les noms terminés en *A* sont du genre féminin. Il faut excepter les noms de dignité et de professions d'homme, comme *il papa*, le pape ; *il monarca*, le monarque ; *legista*, jurisconsulte, etc., et à peu près une trentaine de mots dérivés du grec, qui sont du genre masculin.

4° Les noms terminés en *E* sont les uns masculins, les autres féminins. On ne peut indiquer aucune règle positive pour connaître le genre. Il faut faire usage d'un dictionnaire.

5°. Il y a des noms terminés en *E* qui ont deux genres, tels que :

| | |
|---|---|
| *Il* ou *la carcere*. | La prison. |
| *Il* ou *la fine*. | La fin. |
| *Il* ou *la fonte*. | La fontaine. |
| *Il* ou *la folgore*. | La foudre. |
| *Il* ou *la fune*. | La corde. |
| *Il* ou *la gregge*. | Le troupeau. |
| *Il* ou *la lepre*. | Le lièvre. |
| *Il* ou *la margine*. | La marge. |
| *Il* ou *la serpe*. | Le serpent. |
| *Il* ou *la tigre*. | Le tigre. |

6°. Il y a des noms féminins terminés en *A* qui ont une double terminaison au singulier et au pluriel, sans changer de genre, comme *l'ala* ou *l'ale*, aile ; *le ale* ou *le ali* ; *l'arma* ou *l'arme* ; *le arme*, ou *le armi*, l'arme, les armes.

7°. Les noms terminés en *I* il y en a fort peu, et ils sont indéclinables, comme *il brindisi*, santé ou salutation qu'on se fait en buvant ; *la sintassi*, la syntaxe ; *la tesi*, la thèse, etc.

8°. Les noms terminés en *O* sont du genre masculin, excepté *la mano*, la main, et quelques mots poétiques qui sont du genre féminin.

9°. Les noms terminés en *U* sont du genre féminin, comme, *la gioventù*, la jeunesse; *la virtù*, la vertu; *la servitù*, la servitude, *la schiavitù*, l'esclavage. Exceptez le mot *Perù*, le Perou qui est masculin.

10°. Il faut remarquer qu'il y a des substantifs terminés en *TORE* qui prennent au féminin la désinence *TRICE*. EXEMPLE:

*Autore*, autor; femme auteur, *autrice*; excepté, *dottore, fattore*, docteur, fermier, qui font *dottoressa, fattoressa*.

11°. Il y a aussi des substantifs qui forment leur féminin en *ESSA*, tels que *poeta*, poète, *poetessa*, femme poète; *barone*, baron, *baronessa*, baronne, etc.

12°. Les lettres *A, B, C, D, G, I, J, O, P, Q, T, U, V*, sont du genre masculin; toutes les autres lettres sont du féminin. En français toutes les lettres sont du masculin.

# LEÇON IV.

## Règles pour former le pluriel des Noms.

1°. Tous les noms masculins terminés, au singulier par *A* ou par *E* ou par *O*, ont leur pluriel en *I*. EXEMPLE :

| | | | |
|---|---|---|---|
| *Il papa*, | le pape. | *i papi*, | les papes. |
| *Il poeta*, | le poète. | *i poeti*, | les poètes. |

| | | | |
|---|---|---|---|
| *Il padre*, | le père. | *i padri*, | les pères. |
| *Il mare*, | la mer. | *i mari*, | les mers. |
| *Il giardino*, | le jardin. | *i giardini*, | les jardins. |
| *Il maestro*, | le maître. | *i maestri*, | les maîtres. |

2°. Tous les noms féminins terminés au singulier en *A* ont leur pluriel en *E* Exemple :

| | | |
|---|---|---|
| *La donna*, | la femme, | *le donne*. |
| *La casa*, | la maison, | *le case*. |
| *La penna*, | la plume, | *le penne*. |
| *La prudenza*, | la prudence, | *le prudenze*. |
| *La giustizia*, | la justice, | *le giustizie*. |

3ᵉ. Tous les noms féminins terminés au singulier par *E* ou par *O* ont leur pluriel en I Exemple :

| | | |
|---|---|---|
| *La madre*, | la mère, | *le madri*, |
| *La legge*, | la loi, | *le leggi*. |
| *La ragione*, | la raison, | *le ragioni*. |
| *La mano*, | la main, | *le mani*. |

4°. Les noms terminés par I, ne changent point de terminaison au pluriel. Exemple : *la crisi*, la crise, *le crisi*, les crises.

5°. Les noms terminés par *JE*, ne changent point de terminaison au pluriel. Exemple : *la specie*, l'espèce, *le specie*, les espèces. De même les monosyllabes, ne changent pas de terminaison au pluriel. Exemple : *il re*, le roi, *i re*, les rois.

6°. Les noms terminés par une voyelle accentuée, ne changent pas de terminaison au pluriel, comme *città*, ville, *le città*, les villes; *magnanimità*, magnanimité, *le magnanimità*, les magnanimités, *la purità*, la pureté, *le purità*, les puretés, etc.

7°. *CENTO*, cent, est toujours invariable : *Cento uomini*, cent hommes; *due cento persone*, deux cents personnes.

8°. Tous les noms masculins ou féminins terminés en *CA* ou en *GA*, prennent une *H* au pluriel Exemple : *il monarca*, le monarque, *i monarchi*, les monarques; *l'amica*, l'amie, *le amiche*, les amies; *gorga*, fossé rempli d'eau, *gorghe*, fossés remplis d'eau, etc.

9°. Les noms des deux syllabes terminés par *CO* ou *GO*, prennent un *H* au pluriel, comme *il bosco*, le bois, *i boschi*, les bois; *il luogo*, le lieu, *i luoghi*, les lieux. Il faut excepter *porco*, *greco*, *mago*, cochon, grec, mage, qui font au pluriel *porci*, *greci*, *magi*.

10°. Les noms qui ont leur terminaison en *CO* ou *GO* précédés d'une voyelle, forment leur pluriel en *CI* et *GI*. Exemple : *il medico*, le médecin, *i medici*, les médecins; *il nemico*, l'ennemi, *i nemici*, les ennemis; *amico*, ami, *amici*, amis; *lo sparogo*, l'asperge, *gli sparigi*, les asperges.

11°. On voit par les exemples que je viens de démontrer, qu'il y a des noms terminés au singulier en *CO* et en *GO*, qui finissent au pluriel en *CI* et en *GI*; d'autres qui se terminent en *CHI* et en *GHI*. Enfin, sur ces terminaisons, on ne peut établir de règles fixes; ce n'est que l'usage qui peut en faire connaître l'emploi différent. Cependant on peut remarquer que la plupart des mots qui ont deux syllabes ne prennent pas d'*H* au pluriel. Exemple : *astrologo*, astrologue, *astrologi*, quoiqu'on puisse aussi bien dire, *astrologhi*; *equivoco*, équivoque, *equivoci*, etc.

12°. Les noms terminés en *IO* changent *io* en *j* au pluriel, comme *tempio*, temple, *tempj*, temples, *principio*, principe, *principj*, principes, etc. Mais il faut remarquer que, si la finale *IO* est précédée de *c*, *ch*, *g*, *gl*; on peut la changer en un simple *i* pour former le pluriel, comme *arancio*, orange, *aranci*, les oranges ; *l'occhio*, l'œil, *occhi* ; *viaggio*, voyage, *viaggi*, les voyages ; *figlio*, le fils, *figli*, etc.

13º Les noms terminés en *JO*, comme *librajo*, libraire ; *lavatojo*, lavoir, etc., perdent l'*O* au pluriel, et font *libraj*, *lavatoj*.

14º On doit observer que, si l'*I* de *IO* a l'accent sur l'*I*, soit marqué, soit sous-entendu ( que l'on appelle accent *prosodique* ), on change alors cette désinence en deux *ii*. Exemple : *pio*, pieux, *pii*, pieux ; *zio*, oncle, *zii*, oncles ; *natio*, natif, *natii*, natifs ; *rio*, ruisseau, *rii*, ruisseaux.

―――――

## *Exceptions aux Règles précédentes.*

1º *PROLE*, génération ; *stirpe*, race ; *mele*, miel, n'ont pas de pluriel.

2º *NOZZE*, noces ; *molle*, pincettes ; *froge*, naseaux ; *le forbici*, les ciseaux ; *i calzoni*, la culotte, *i pantaloni*, le pantalon, n'ont pas de singulier, et beaucoup d'autres qu'on voit dans les dictionnaires.

3º *UOMO*, homme, fait au pluriel, *uomini*, hommes.
 *Bue*, bœuf, fait au pluriel, *buoi*, bœufs.
 *MOGLIE*, épouse, fait au pluriel, *mogli*, épouses.
 *DIO*, Dieu, fait au pluriel, *Dei*, Dieux.

4º Le mot *DEI*, au pluriel prend l'article *gli*, et on dit *gli Dei*, *degli Dei*, *agli Dei*, etc., les Dieux, des Dieux, aux Dieux, etc.

5º Les mots *mio*, *tuo*, *suo*, mon, ton, son, font, au pluriel, *miei*, *tuoi*, *suoi*, mes, tes, ses.

6º Les mots *tale* ou *cotale*, tel ; *quale*, quel, font au pluriel, *tali* ou *tai*, *cotali* ou *cotai*, *quali* ou *quai*.

7° Les noms masculins suivans forment leur pluriel en *A* et deviennent féminins.

| | | |
|---|---|---|
| *Un migliaio*, | un millier, | *le migliaia*. |
| *Un centinaio*, | une centaine, | *le centinaia*. |
| *Un uovo*, | un œuf, | *le uova*. |
| *Un miglio*, | un mille (mesure), | *le miglia*. |
| *Un paio*, | une paire, | *le paia*. |
| *Uno staio*, | un boisseau, | *le staia*. |

8° Les noms masculins suivans ont un pluriel masculin en *I*, et un pluriel féminin en *A*. Ce dernier est plus usité.

| | | | | |
|---|---|---|---|---|
| *L'anello*, | l'anneau. | *gli anelli* | ou | *le annella*. |
| *Il braccio*, | le bras. | *i bracci* | ou | *le braccia*. |
| *Il budello*, | le boyau. | *i budelli* | ou | *le budella*. |
| *Il calcagno*, | le talon. | *i calcagni* | ou | *le calcagna*. |
| *Il castello*, | le château. | *i castelli* | ou | *le castella*. |
| *Il ciglio*, | le cil ou sourcil. | *i cigli* | ou | *le ciglia*. |
| *Il corno* (1), | la corne. | *i corni* | ou | *le corna*. |
| *Il dito*, | le doigt. | *i diti* | ou | *le dita*. |
| *Il filo*, | le fil. | *i fili* | ou | *le fila*. |
| *Il fondamento*, | la base. | *i fondamenti* | ou | *le fondamenta*. |
| *Il frutto* (2), | le fruit. | *i frutti* | ou | *le frutta*. |
| *Il fuso*, | le fuseau. | *i fusi* | ou | *le fusa*. |
| *Il gesto*, | le geste. | *i gesti* | ou | *le gesta*. |
| *Il ginocchio*, | le genou. | *i ginocchi* | ou | *le ginocchia*. |
| *Il gomito*, | le coude. | *i gomiti* | ou | *le gomita*. |
| *Il grido*, | le cri. | *i cridi* | ou | *le crida*. |
| *Il labbro*, | la lèvre. | *i labbri* | ou | *le labbra*. |
| *Il legno* (3), | le bois. | *i legni* | ou | *le legna*. |

| | | | | |
|---|---|---|---|---|
| *Il lenzuolo*, | le drap de lit. | *i lenzuoli* | ou | *le lenzuola*. |
| *Il membro* (4), | le membre. | *i membri* | ou | *le membra*. |
| *Il muro* (5), | le mur. | *i muri* | ou | *le mura*. |
| *L'osso*, | l'os. | *gli ossi* | ou | *le ossa*. |
| *Il pomo*, | la pomme. | *i pomi* | ou | *le poma*. |
| *Il riso*, | le rire. | *i risi* | ou | *le risa*. |
| *Il sacco*, | le sac. | *i sacchi* | ou | *le sacca*. |
| *Lo strido*, | le cri aigu. | *gli stridi* | ou | *le strida*. |
| *Il vestimento*, | le vêtement. | *i vestimenti* | ou | *le vestimenta*. |

(1) *Corna*, au pluriel, signifie *des cornes*, et *corni* se dit des cors, *instrumens*.

(2) *Frutto* fait au pluriel *i frutti* ou *le frutta*, lorsqu'il est question des fruits des arbres; mais lorsqu'on prend ce mot dans un sens général ou figuré, on dit toujours *i frutti* au pluriel, comme *i frutti della terra*, les fruits de la terre; *i frutti della fatica*, les fruit du travail. Le dessert ou le fruit, se traduit en italien par *le frutta*.

(3) On dit *legno*, ce qui est en bois; on dit *legna*, lorsque c'est du bois à brûler.

(4) *Membro* fait au pluriel *i membri* ou *le membra*, en parlant des parties du corps; mais en parlant des personnes qui composent une société quelconque, comme un parlement, etc., il faut dire au pluriel *i membri*.

(5) *Muri*, signifie *murs*; et *mura*, ce sont *des remparts*.

# LEÇON V.

## Des Prépositions.

Je ne suivrai pas la routine de plusieurs grammairiens qui divisent les prépositions en les plaçant en plusieurs endroits de la grammaire. Je vois très-important de les faire connaître le plutôt possible, parce que les prépositions italiennes réclament l'attention des élèves. Mais comme les prépositions sont très nombreuses, j'en formerai deux leçons.

## *Préposition A.*

Les italiens se servent de la préposition *A*. 1° Pour exprimer, un rapport de tendance. 2° D'attribution. 3° *Une tension d'esprit vers un objet.* 4° *Une idée de proximité d'un lieu ou d'une personne.* 5° *Le but d'une action.*

Ainsi, quelle que soit la préposition qui marquera en français l'un de ces rapports, il faudra se servir de la préposition *A*.

Voici quelques EXEMPLES :

| | |
|---|---|
| Andare *a* vedere. | Aller voir. |
| Andare *a* cena. | Aller souper. |
| Andare *a* Roma. | Aller à Rome. |
| Appoggiarsi *al* muro. | S'appuyer *contre* le mur. |
| Avvicinarsi *al* fuoco. | S'approcher *du* feu. |

| | |
|---|---|
| *Al* tempo di Narone. | *Du* temps de Naron. |
| Dirimpetto *a* me. | Vis-à-vis *de* moi. |
| Scrivere *ad* un amico. | Ecrire *à* un ami. |
| Porre gli occhi *a* dosso. | Jeter les yeux *sur* quelqu'un. |
| Stare *a* capo chino. | Rester *la* tête baissée. |
| Cader *a* piombo. | Tomber *d'*aplomb. |
| Andar *al* bujo. | Aller *dans* l'obscurité. |
| Fare *all'* amore. | Faire *l'*amour. |
| Imparare *a* mente. | Apprendre *par* cœur. |
| Tagliare *a* fette. | Couper *par* tranches. |
| Stare *all'* erta. | Être *sur* ses gardes. |
| E venuto nessuno *a* demandare di me? | Personne n'est venu me demander? |

## Préposition *DA*.

Les italiens se servent de la préposition *DA*. 1° Pour exprimer, un rapport *d'éloignement.* 2° *De dépendance.* 3° *D'origine.* 4° *Une idée d'aptitude,* ou *de convenance.* 5° *Le point d'où part* ou *d'où vient une personne* ou *une chose.* 6° *L'usage d'une chose quelconque.* 7° *L'emploi* ou *la destination d'une chose.* 8° *Toute idée d'éloignement* ou *de séparation.* 9° *De différence. Le but d'une action.*

Ainsi quelle que soit la préposition qui marquera en français, l'un de ces rapports, on doit se servir, en italien, de la préposition *DA*. Exemples:

| | |
|---|---|
| Venire *da* casa. | Venir *de la* maison. |
| Partire *da* Roma. | Partir *de* Rome. |
| Allontanarsi *da* Parigi. | S'éloigner *de* Paris. |
| Felice colui che non dipende *da* nessuno. | Heureux celui qui ne dépend *de* personne. |

| | |
|---|---|
| Nacque *da* genitori illustri. | Il naquit *de* parens illustres. |
| *Da* che egli è partito. | *Depuis* qu'il est parti. |
| Venire *dal* teatro. | Venir *du* théâtre. |
| Ripararsi *dal* vento. | Se mettre à l'abri *du* vent. |
| Difendersi *dal* nemico. | Se défendre *contre* l'ennemi. |
| Collocarsi *da* quella parte. | Se placer *de* ce côté là. |
| Distinguere il vero *dal* falso. | Distinguer le vrai *d'avec* le faux. |
| Cadere *da* cavallo. | Tomber *de* cheval. |
| Che vuol egli *da* me ? | Que veut-il *de* moi ? |
| Carta *da* scrivere. | Papier *à* lettres. |
| Vino *da* bere. | Vin *pour* boire. |
| Casa *da* vendere. | Maison *à* vendre. |
| Camera *da* letto. | Chambre *à* coucher. |
| Cani *da* caccia. | Chiens *de* chasse. |
| Uomo *da* fatica. | Homme *propre à* la fatigue. |
| Uomo *da* poco. | Homme *propre à* peu de chose. |
| Armi *da* difendersi. | Armes propres *à* se défendre. |
| *Da* galantuomo. | Foi *d'*honnête homme. |
| Dar *da* mangiare. | Donner *à* manger. |
| Dar *da* lavorare. | Donner à travailler. |
| E *da* temere. | Il est *à* craindre. |
| Non aver tempo *da* perdere. | N'avoir pas de temps *à* perdre. |
| Non sono cose *da* far ridere. | Ne sont pas des choses *à* faire rire. |
| Non ho niente *da* dirgli. | Je n'ai rien *à* lui dire. |
| Jo ho qualche cosa *da* dirgli. | J'ai quelque chose *à* lui dire. |
| Vive *da* birbante. | Il vit *en* fripon. |
| Egli ha trattato *da* birbante. | Il a agi *en* fripon. |

*NOTA.* Le verbe *USCIRE*, sortir, et le mot *FUORI*, hors, doivent être suivis, en italien, de la préposition *di* au lieu de la préposition *da*. EXEMPLE :

| | |
|---|---|
| Uscire *di* casa. | Sortir *de* la maison. |
| Uscire *di* senno. | Sortir *de* son bon sens. |
| Fuori *di* se. | Hors *de* soi. |
| Fuori *di* pericolo. | Hors *de* danger. |

## *Préposition DI.*

La préposition *DI*, sert à marquer un rapport de *possession* ou de *qualification*. Donc, quelle que soit la préposition qui marquera en français l'un de ces rapports, il faut se servir, en italien, de la préposition *di*. Voici quelques exemples :

| | |
|---|---|
| Il cappello *di* mio fratello. | Le chapeau *de* mon frère. |
| Una bottiglia *di* vino. | Une bouteille *de* vin. |
| Questa penna è *d*'argento. | Cette plume est *d*'argent. |
| E tempo *di* far colazione. | Il est temps de déjeûner. |
| Letti *di* ferro. | Des lits *en* fer. |
| Una machina *di* carta. | Une machine *en* papier. |

Ces deux dernières phrases sont considérées, en italien, comme un rapport de *qualification*.

Les deux phrases suivantes prouveront que, toutes les fois qu'il y a un rapport de *possession*, il faut, en italien, la préposition *di* :

| | |
|---|---|
| A qui est cette plume ? | Di chi è questa penna ? |
| Elle est *à* mon frère. | E *di* mio fratello. |

NOTA. La préposition française *DE* devant un infinitif, se rend souvent, en italien, par l'article IL ou LO. Les infinitifs dans les phrases suivantes sont considérés et employés comme des substantifs. EXEMPLE :

| | |
|---|---|
| Il n'est pas difficile *de* parler italien ; mais il n'est pas facile *de* parler bien. | *Non è difficile* il *parlar italiano ; ma non è facile* il *parlar bene.* |
| Il n'est pas difficile d'étudier une langue étrangère ; mais il est un peu difficile *de* la raisonner. | *Non è difficile* lo *studiare una lingua straniera ; ma è un poco difficile* il *ragionarla.* |
| L'étude est nécessaire à la culture de l'esprit. | *Lo studiare è necessario per coltivare l'ingegno.* |

Il faut observer que, quand ces remplacemens ne peuvent pas avoir lieu, on emploie la préposition *DI*. EXEMPLE :

| | |
|---|---|
| Je n'ai pas eu le temps de faire mon devoir. | *Non ho avuto tempo di fare il mio tema.* |

(Dans cette phrase, on ne pourrait pas dire, *il fare.*)

# LEÇON VI.

## Cette leçon forme le complet des Prépositions.

### *Préposition française AVEC.*

La préposition *AVEC* se rend, en italien, par *CON* ; mais lorsqu'après cette préposition française on trouve les articles *LE*, *LA*,

*LES*, ou l'un des pronoms possessifs comme, *avec le, avec la, avec les, avec ma, avec ta*, etc., il faut dire : *col, coll', collo, colla, colle, coi* ou *co', cogli; col mio, colla mia, colla tua*, etc. EXEMPLE :

| | |
|---|---|
| Avec plaisir. | *Con piacere.* |
| Avec le livre. | *Col libro.* |
| Avec les livres. | *Coi libri.* |
| Avec l'amour. | *Coll'amore.* |
| Avec les amours. | *Cogli amori.* |
| Avec la plume. | *Colla penna.* |
| Avec patience. | *Con pazienza.* |
| Avec les mains. | *Colle mani.* |
| Avec mon chapeau. | *Col mio capello.* |
| Avec ma plume. | *Colla mia penna.* |
| Avec mon ami. | *Col mio amico.* |
| Avec vos amis. | *Co' vostri amici.* |

Lorsque les mots commencent par une *S* suivie d'une autre consonne, il faut écrire *con lo* et *con gli*.

EXEMPLE :

| | |
|---|---|
| Avec l'étude. | *Con lo studio.* |
| Avec les écoliers. | *Con gli scolari.* |

Cependant on peut aussi écrire, *collo studio.*

Quand la préposition *AVEC* est suivie d'un pronom possessif, après lequel se trouve un nom de dignité, ou de parenté au singulier, il faut supprimer l'article, et dire :

| | |
|---|---|
| Avec votre majesté. | *Con vostra maestà.* |
| Avec son altesse. | *Con sua altezza.* |

| | |
|---|---|
| Avec votre père. | Con vostro padre. |
| Avec son frère. | Con suo fratello. |
| Avec sa mère. | Con sua madre. |

On peut aussi dire : *Colla maestà vostra*, etc.

Si les pronoms possessifs étaient au pluriel, il faudrait exprimer *AVEC* par *CO'* pour le masculin, et par *colle* pour le féminin.
EXEMPLE :

| | |
|---|---|
| Avec mes frères. | Co' miei fratelli. |
| Avec mes sœurs. | Colle mie sorelle. |
| Avec vos parents. | Co' vostri parenti. |

## OBSERVATION.

La préposition *CON (AVEC)*, est destinée à indiquer un rapport de *compagnie*, et par analogie, les moyens avec lesquels nous exécutons quelque chose.

EXEMPLE :

| | |
|---|---|
| Faire une chose *avec* facilité. | Fare una cosa *con* facilità. |
| Faire une chose *avec* adresse. | Fare una cosa *con* destrezza. |
| Parler *à* voix basse. | Parlare *con* voce bassa. |
| La manière *dont* il l'a fait. | Il modo *con* cui l'ha fatto. |
| Où allez-vous *par* ce temps-ci? | Dove andate *con* questo tempo? |
| Frapper *du* pied. | Percuotere *col* piede. |
| Fermer *à* clef. | Chiudere *con* chiave. |
| Regarder *du* coin de l'œil. | Guardare *colla* coda dell'occhio. |
| Faire signe *de la* main. | Far cenno *colla* mano. |
| Se parler *des* yeux. | Parlarsi *cogli* occhi, etc. |

## Préposition *CHEZ*.

La préposition *CHEZ* se rend, en italien, de deux manières, par *DA* ou *IN CASA*.

1°. *CHEZ* s'exprime par *da*, lorsqu'il est suivi, en italien, comme en français, des pronoms personnels.

| | | | |
|---|---|---|---|
| Chez moi, | *da me.* | Chez vous, | *da voi.* |
| Chez toi, | *da te.* | Chez elle, | *da lei.* |
| Chez lui, | *da lui.* | Chez eux, | *da loro.* |
| Chez nous, | *da noi.* | Chez elles, | *da loro.* |

2°. Quand on exprime *CHEZ* par *IN CASA*, au lieu des pronoms personnels on se sert des pronoms possessifs.

| | | | |
|---|---|---|---|
| Chez moi, | *in casa mia.* | Chez lui, | *in casa sua.* |
| Chez toi, | *in casa tua.* | Chez nous, | *in casa nostra,* etc |

Quand après *CHEZ* il y a un article ou pronom possessif, comme *chez le, chez la, chez les, chez mon,* etc., s'exprime, en italien, de la manière suivante :

| | |
|---|---|
| Chez le marchand. | *Dal mercante.* |
| Chez l'écolier. | *Dallo scolare.* |
| Chez la sœur. | *Dalla sorella.* |
| Chez mon ami. | *Dal mio amico.* |
| Chez vos parents. | *Dai vostri parenti.* |
| Chez les écoliers. | *Dagli scolari,* etc. |

4°. Si la préposition *CHEZ* est suivie des pronoms possessifs après lesquels se trouve un nom de parenté, au singulier, elle s'exprime par *DA*. EXEMPLE :

| | |
|---|---|
| Chez mon père. | *Da mio padre.* |
| Chez ma mère. | *Da mia madre.* |
| Chez ma sœur. | *Da mia sorella.* |
| Chez mon frère. | *Da mio fratello.* |
| Chez mon cousin. | *Da mio cugino.* |
| Chez ma cousine. | *Da mia cugina.* |

## OBSERVATION.

Si le mot *CHEZ*, se rapporte au sujet du verbe, il faut le traduire par *A CASA*, *IN CASA*, *DA CASA*, EXEMPLE :

| | |
|---|---|
| Je vais *chez* moi. | Vado *a casa* mia. |
| Je viens de *chez* vous. | Vengo *da casa* vostra. |
| Je viens d'auprès de *chez* vous. | Vengo *da* un luogo vicino *a casa* vostra. |
| A quelle heure serait-il *chez* lui? | A che ora sarà egli *in casa*? |
| Il sera *chez* lui à deux heures. | Egli sarà *in casa* alle due. |

On doit remarquer que, dans ces phrases et d'autres semblables, si l'on disait : *vado da me* ; *egli sarà da lui alle due*, etc., voudrait dire ; je vais tout seul ; il sera tout seul à deux heures, etc.

On voit que la plus légère erreur d'une préposition change entièrement le sens d'une phrase.

Si le mot *CHEZ*, signifie *près de*, ou *parmi*, il faut le traduire, en italien, par *fra*, *presso*, *appresso*, selon le sens de la phrase.

EXEMPLE :

| | |
|---|---|
| C'était l'usage *chez* les Grecs. | Era l'uso *fra* ou *presso* i Greci. |

# Prépositions Françaises *DANS* ou *EN*.

1° Les prépositions *DANS* et *EN* se traduisent, en italien, par *IN*. Exemple : Dans Rome, *IN Roma* ; en Italie, *IN Italia*.

2° Si après la préposition *DANS* on trouve les articles *le*, *la*, *les*, ou l'un des pronoms possessifs, *mon*, *ton*, *son*, etc., il faut écrire *NEL*, *NELLO*, *NEI*, ou *NE'*, *NEGLI*, *NELLA*, *NELLE*, *NEL MIO*, *NEL*, *TUO*, *NEL SUO*, etc.

Exemple :

| | |
|---|---|
| *Dans* le livre. | *Nel* libro. |
| *Dans* les livres. | *Nei* ou *ne'* libri. |
| *Dans* l'esprit. | *Nello* spirito. |
| *Dans* les esprits. | *Negli* spiriti. |
| *Dans* la chambre. | *Nella* camera. |
| *Dans* les chambres. | *Nelle* camere. |
| *Dans* mon pays. | *Nel* mio paese. |
| *Dans* ton jardin. | *Nel* tuo giardino. |
| *Dans* son palais. | *Nel* suo palazzo. |
| *Dans* votre cabinet. | *Nel* vostro gabinetto. |
| *Dans* ta poche. | *Nella* tua tasca. |
| *Dans* leurs jardins. | *Nei* ou *ne'* loro giardini. |

On voit que, *DANS LE*, se traduit par *NEL* devant les noms masculins singuliers qui commencent par une simple consonne, et par *NELLO*, devant les noms masculins qui commencent par une *S* suivie d'une autre consonne. On met *NEI* ou *NE'* devant les noms masculins pluriels qui commencent par une simple consonne, et on met *NEGLI* devant les noms qui commencent par une *S* suivie d'une autre consonne.

On met *NELLA* devant les noms féminins, au singulier, et *NEL-LE* devant les noms féminins au pluriel.

Ainsi, on voit que c'est la même marche que celle des articles.

3°. On peut exprimer *DANS* par *IN* lorsque *dans* est devant un pronom possessif féminin, en transposant le pronom possessif à la fin de la phrase, comme, dans *ma chambre*, *in camera mia*; dans ma maison, *in casa mia*, etc., mais cette règle ne convient qu'aux noms féminins, et il ne faut l'employer que dans certains cas, et selon l'harmonie de la phrase.

4° Si la préposition *DANS* se trouve devant un nom de nombre qui marque le temps, elle s'exprime, en italien, par *FRA*. EXEMPLE: dans un an, *fra un anno*. Je vous répondrai dans six mois, *vi risponderò fra sei mesi*.

5° Il ne faut pas confondre la préposition *EN* avec la particule *EN*; car *EN* devant un nom se traduit, en italien, par *IN*, mais devant un verbe, elle se traduit par *NE*. EXEMPLE:

| | |
|---|---|
| Il me faut des plumes, | M'abbisognano penne, |
| *en* acheterez-vous? | *ne* comprerete? |

6° Il faut remarquer que, si la particule *EN* est joint aux pronoms personnels, à la suite des verbes, elle se traduit par *FRA*.

EXEMPLE:

| | |
|---|---|
| Je pensais *en* moi-même. | Jo pensava *fra* me stesso. |
| Il réfléchit *en* lui-même. | Riflette *fra* se stesso. |

NOTA. La préposition italienne *IN* (*en* ou *dans*), désigne un rapport d'existence dans un lieu, et par analogie, l'état ou la manière d'être ou d'agir.

Donc, quelle que soit la préposition qui marquera en français l'un de ces rapports, il faut se servir, en italien, de la préposition *IN*. EXEMPLE :

| | |
|---|---|
| Le ferez vous *en* six mois ? | Lo farete *in* sei mesi ? |
| Débarquer *à* terre. | Sbarcare *in* terra. |
| Le dîner est *sur* la table. | Il pranzo è *in* tavola. |
| Mettez la soupe *sur* la table (à manger). | Mettete la minestra *in* tavola (à mangiare). |
| Mettez du vin *sur* la table. | Ponete vino *in* tavola. |
| Apportez *sur* la table. | Recate *in* tavola |
| Se tenir debout. | Stare *in* piedi. |
| *Dans* cet intervalle. | *In* questo mentre. |
| *Au* milieu d'une chose. | *In* mezzo d'una cosa. |
| Une bague *au* doigt. | Un anello *in* dito. |
| Tomber *par* terre. | Cadere *in* terra. |
| Je n'ai pas d'argent *sur* moi. | Non ho denari *in* dosso. |
| Le chapeau *sur* la tête. | Il cappello *in* testa. |

## Préposition Italienne PER.

La préposition *PER*, (*par* ou *pour*), désigne une idée de passage, et indique aussi le motif ou la destination. EXEMPLE :

| | |
|---|---|
| Un franc *par* tête. | Un franco *per* uno. |
| Pendant plusieurs jours. | *Per* più giorni. |
| *De* bonne heure. | *Per* tempo. |
| *Par* amour pour elle. | *Per* amor di lei. |
| Il se donne *pour* savant. | Si spaccia *per* dotto. |
| Envoyer chercher *quelqu'un*. | Mandare *per* uno. |

| | |
|---|---|
| Aller *à* ses affaires. | Andare *per* i fatti suoi. |
| Il est *sur* le point *de* tomber. | Egli *sta per* cadere. |
| Passer *par* la chambre. | Passare *per* la camera. |
| Prendre *par* la main. | Prendere *per* la mano. |
| *De* crainte de se tromper, il n'a pas répondu. | *Per* timore di sbagliarsi, egli non ha risposto. |
| *De* peur de, ou *de* peur que. | *Per* paura di, *per* paura che. |
| Voyager *sur* terre. | Viaggiare *per* terra. |
| Voyager *sur* mer. | Viaggiare *per* mare. |

Les prépositions italiennes, *SU* ou *SOPRA* (sur), marquent une idée d'élévation. EXEMPLE :

*A* la pointe du jour, *sul far del giorno* ou *in sul far del giorno*. Au coucher du soleil, *sul tramontar del sole*. Vers l'heure du dîner, *in sull'ora del pranzo*.

Je ne m'étendrai pas d'avantage sur les prépositions *SU* et *SOPRA*, en ayant traité assez dans les articles composés. Voyez leçon 11, et la note, n° 9.

Nous allons terminer les leçons des prépositions, en donnant une liste des prépositions, mises par ordre alphabétique.

| | |
|---|---|
| A côté du palais. | *Accanto* ou *allato al palazzo*. |
| A l'égard. | *A rispetto* ou *per rispetto*. |
| Après moi, toi, lui, etc. | *Dopo di me, di te, di lui*, etc. |
| Avant moi, toi, lui, etc. | *Prima di me, di te, di lui*, etc. |
| Avant tout. | *Prima di tutto*. |
| Avant que de parler. | *Prima di parlare*. |
| Au dehors. | *Al di fuori* ou *per di fuori*. |
| Au-delà de... | *Al di là del*, ou *della*, etc. |

| | |
|---|---|
| Au-devant de moi. | *Incontro a me.* |
| Au milieu de la place. | *In mezzo alla piazza* ou *della piazza.* |
| Auprès du, etc. | *Accanto, allato, appresso al, del,* ou *vicino al,* etc. |
| Autour de la table. | *Intorno, d'intorno alla tavola.* |
| Avoir un habit sur soi. | *Avere un vestito indosso.* |
| Contre moi, toi, lui, etc. | *Contro di me, di te, di lui,* etc. |
| Contre l'ennemi. | *Contro al nemico* ou *contre il nemico.* |
| Dedans. | *Dentro, per di dentro, al di dentro.* |
| Devant moi, toi, etc. | *Dinanzi a me,* ou *innanzi a me, davanti a me,* etc. |
| D'autre moitié. | *Più della metà.* |
| En deçà du, etc. | *Di quà dal,* etc. |
| En face de. | *Dirimpetto a,* ou *in faccia a.* |
| Entre. | *Fra, tra, (in mezzo).* |
| Envers moi, toi, etc. | *Verso di me,* ou *a me,* etc. |
| Environ. | *Circa a,* ou *incirca a.* |
| Hors de la maison. | *Fuori di casa.* |
| Le long de la rivière. | *Lungo il fiume* ou *al fiume.* |
| Oter de sur soi. | *Levarsi daddosso.* |
| Outre cela. | *Oltre a ciò.* |
| Près de la mer. | *Vicino al mare.* |
| Près du feu. | *Vicino al fuoco.* |
| Sans moi, toi, lui, etc. | *Senza di me, di te,* etc. |
| Sur moi, toi, lui, etc. | *Sopra di me, di te,* etc. |
| Se jeter sur quelqu'un. | *Avventarsi addosso ad uno.* |
| Vis-à-vis de moi. | *Dirimpetto a me* ou *in faccia a me* |

# LEÇON VII.

## Des Adjectifs.

Les adjectifs italiens sont terminés par *O*, par *E* et par *I*.

1° Ceux terminés par *O* changent l'*O* en *A* pour former leur féminin. EXEMPLE :

SINGULIER.

*Uomo ingrato*,  homme ingrat.
*Donna ingrata*,  femme ingrate.

PLURIEL.

*Uomini ingrati*,  hommes ingrats.
*Donne ingrate*  femmes ingrates.

2° Les adjectifs terminés par *E*, conservent la même forme pour les deux genres. EXEMPLE :

SINGULIER.

*Uomo prudente*,  homme prudent.
*Donna prudente*,  femme prudente.

PLURIEL.

*Uomini prudenti*  hommes prudents.
*Donne prudenti*,  femmes prudentes.

3° Les adjectifs terminés en *I* servent pour les deux genres, comme, *un giorno dispari*, un jour impair ; *un' ora dispari*, une heure impair.

4° Le mot italien PARI, égal, est invariable, quel que soit le genre et le nombre du nom auquel il se rapporte. EXEMPLE :

| | |
|---|---|
| *Un pari mio*, | Un homme comme moi. |
| *Una pari mia*, | Une femme comme moi. |
| *Non voglio aver che fare con un pari vostro*, | Je ne veux avoir à faire avec un homme de votre espèce. |

On voit par ce dernier exemple, que le mot PARI peut être employé en bonne ou mauvaise part.

5° Il y a des adjectifs italiens qu'on peut faire terminer en *E* ou en *O*, comme *violente* ou *violento*, violent. Ainsi on dira, *un uomo violente* ou *violento*, un homme violent ; *una donna violente* ou *violenta*, une femme violente.

6° Il faut remarquer que, les mots français TANT, AUTANT, TROP, COMBIEN, PEU, BEAUCOUP, PLUS, MOINS, suivis de la préposition DE et d'un nom, se rendent, en italien, par les mots, TANTO, QUANTO, POCO, MOLTO, PIU, MENO, qui ne prennent point de préposition, mais ils deviennent adjectifs, qui s'accordent avec le substantif. EXEMPLE :

| | |
|---|---|
| Tant de travail. | *Tanto lavoro.* |
| Combien de délicatesse. | *Quanta delicatezza.* |
| Trop d'hommes. | *Troppi uomini.* |
| Combien de soldats. | *Quanti soldati.* |
| Peu de patience. | *Poca pazienza.* |

| | |
|---|---|
| Peu d'argent. | *Pochi denari.* |
| Moins de peine. | *Meno pena.* |
| Beaucoup de ou bien de la peine. | *Molta pena.* |
| Beaucoup de ou bien du plaisir. | *Molto piacere.* |
| Peu d'amis. | *Pochi amici.* |
| Beaucoup d'envieux. | *Molti invidiosi.* |

7° *QUE*, particule d'admiration signifiant *COMBIEN* se rend en italien, par *QUANTO* qui devient adjectif, et on l'accorde avec le nom qui le suit, en supprimant toujours la préposition *DE*.

EXEMPLE :

| | |
|---|---|
| Que de traîtres ! | *Quanti traditori !* |
| Que de trompeurs ! | *Quant' ingannatori !* |
| Que de trompeuses ! | *Quante ingannatrici !* |
| Qu'il est mauvais ! | *Quanto è cattivo !* |
| Qu'elle est jolie ! | *Quant' è bella !* |
| Que vous êtes bon ! | *Quanto siete buono !* |
| Que vous êtes méchante ! | *Quanto siete cattiva !* |

8° *UN PEU DE*, se traduit, en italien, par *UN POCO DI*, parce qu'il signifie *une portion*. Exemple : donnez-moi un peu de pain, *datemi un poco di pane*. Mais si le mot *peu* n'était pas précédé par *UN*, on n'exprimera pas, en italien, la préposition *DE*, ( comme je viens de le dire. ) EXEMPLE :

| | |
|---|---|
| J'en fais peu de cas. | *Ne fo poca stima.* |

9° Les expressions italiennes, *NON POCO*, *NON POCA*, *NON POCHI*, *NON POCHE*, signifient *BEAUCOUP* ou *ASSEZ* : De même les mots, *NON MOLTO*, *NON MOLTA*, *NON MOLTI*, *NON MOLTE*, signifient *PEU* ou *PAS BEAUCOUP*. Exemple :

*Non è poco* cattivo soggetto.     Il est assez mauvais sujet.
Jo gli scrissi *non molte* lettere.     Je lui écrivis peu de lettres.

10° Le mot *TALE*, signifie TEL. Exemple :

*Tale tu me lo desti, tale te lo rendo.* Je te le rends tel que tu me l'as donné.

Mais, TEL, TELLE se rend en italien, par *SI FATTO*; *SI FATTA*, qui sont des adjectifs. Exemple :

*Jo non parlo a sì fatta gente.*     Je ne parle pas à de telles gens.
*Jo non credo a sì fatte expressioni.*     Je ne crois pas à de telles expressions.

11° *PLUS DE*, devant un adjectif numérique suivi d'un nom de temps, s'exprime par *PIU DI*. Exemple :

Plus de 8 ans, *più di otto anni* : il est plus d'une heure, *è più d'un ora* : en moins de cinq minutes *in meno di cinque minuti*.

12° Il faut remarquer que, *PLUS DE*, *MOINS DE*, peuvent s'exprimer, en italien, par *MAGGIORE*, *MINORE*, lorsqu'ils signifient *plus grand, plus grande, plus petit, plus petite*, ou moindre. Exemple, avec plus de courage ; *con maggior corragio* ; avec moins de danger, *con minor periclo*, c'est-à-dire, avec un plus grand courage ; avec un moindre danger.

13° Les adjectifs de dimension, tels que : *HAUT*, *LARGE*, etc., sont suivis en français de la préposition *DE*, comme : haut de trois pieds, large de quatre doigts ; en italien on supprime la préposition, et l'on dit : *alto tre piedi, largo quattro dita.*

14° L'adjectif *MEZZO*, demi, s'accorde avec le substantif, lorsqu'il le précède, et il est invariable lorsqu'il le suit :

*Unna mezza libbra*, une demi-livre ; *una libbra e mezzo*, une livre et demie ; *una mezz' ora*, une demi-heure ; *un' ora e mezzo*, une heure et demie.

NOTA. 1° Les adjectifs *BELLO, SANTO, QUELLO*, perdent leur dernière syllabe, lorsqu'on les place devant les noms masculins qui commencent par une simple consonne, et le mot *grande* la perd devant les noms masculins et féminins.

EXEMPLE :

| | | |
|---|---|---|
| *Bel giardino,* | Beau jardin. | *Bei* ou *bè giardini.* |
| *San Pietro,* | Saint-Pierre. | *Santi Pietri.* |
| *Quel libro,* | Ce livre. | *Quei libri.* |
| *Gran piacere,* | Grand plaisir. | *Gran piaceri.* |
| *Gran casa,* | Grande maison. | *Gran case.* |

2° L'adjectif *BUONO*, bon, perd l'*O* devant une simple consonne et devant une voyelle. EXEMPLE : *il buon maestro*, le bon maître ; *il buon amico*, le bon ami, etc.

3° Les mêmes mots *BELLO, QUELLO, GRANDE, BUONO, SANTO*, conservent leurs syllabes devant les noms qui commencent par une *S* suivie d'une autre consonne. EXEMPLE :

| | | |
|---|---|---|
| *Bello specchio,* | joli miroir. | *Begli specchj.* |
| *Quello straniero,* | cet étranger. | *Quegli stranieri.* |

| | | |
|---|---|---|
| *Grande strepito,* | grand bruit. | *Grandi strepiti.* |
| *Buono schioppo,* | bon fusil. | *Buoni schioppi.* |
| *Grande smania,* | grande fureur. | *Grande smanie.* |
| *Santo Stefano,* | Saint Etienne. | *Santi Stefani.* |

4° Les mêmes mots, devant les voyelles, au singulier, on retranche seulement la voyelle finale qu'on remplace par une apostrophe, comme *bell'incontro*, jolie rencontre ; *quell'uomo*, cet homme, *grand'ingegno*, grand génie ; *grand'impresa*, grande entreprise, etc.

5° L'adjectif CONVENABLE employé dans la phrase suivante et d'autres semblables, il faut le traduire, en italien, par COMODA et, a COMODO, et non pas CONVENEVOLE ; la raison en est que la *convenienza* a du rapport aux circonstances qui qualifient l'action, et dans ce cas on n'a en vue que la commodité de la personne. EXEMPLE :

| | |
|---|---|
| Mon père prie monsieur votre frère de venir demain chez nous à l'heure qui lui sera la plus convenable. | *Mio padre prega il di lei signor fratello di venire da noi domani all'ora che gli sarà più comoda.* |

---

# LEÇON VIII.

## Des Comparatifs.

Il y a trois degrés de comparaison, degré de SUPÉRIORITÉ, d'INFÉRIORITÉ, d'ÉGALITÉ.

Le comparatif de *SUPÉRIORITÉ* est indiqué par le mot *PIU*, plus comme : plus grand, *più grande*, plus petit, *più piccolo*, plus grande, *più grande*, plus petite, *più piccola*, etc.

Le comparatif d'*INFÉRIORITÉ* s'exprime par le mot *MENO*, moins, comme : moins estimé, *MENO STIMATO*; moins belle, *MENO BELLA*, etc.

Il y a, en italien, des mots qui sont comparatifs de leur nature. Tels sont :

*MAGGIORE*, plus grand ou plus grande ; *MINORE*, plus petit ou moindre ; *MIGLIORE*, meilleur ou meilleure ; *MEGLIO*, mieux ; *PEGGIORE*, pire ; *PEGGIO*, pis. Mais il faut observer que, l'orsqu'on mesure comparativement deux personnes ou deux choses entre elles ; il ne faut pas se servir des mots *MAGGIORE* et *MINORE*, mais il faut se servir de *PIU GRANDE, PIU PICCOLO, PIU PICCOLA*.

EXEMPLE : il est plus grand, ou plus petit que moi, *egli è più grande*, ou *più piccolo di me* : la maison est plus grande, ou plus petite, *la casa è più grande*, ou *più piccola*, etc., et non pas *maggiore* ou *minore*.

La conjonction française *QUE* qui joint les deux termes comparés s'exprime, en italien, de la manière suivante :

1°. Quand le nom ou le pronom qui suit le mot *QUE* ne prend point d'article, on se sert, en italien, de la préposition *DI*, pourvu que la comparaison *QUE* ne soit pas entre deux substantifs, deux adjectifs, deux verbes ou deux adverbes.

EXEMPLE :

| | |
|---|---|
| Plus éloquent *que* Cicéron. | Più eloquente *di* Cicerone |
| Plus savant *que* moi. | Più dotto *di* me. |

| | |
|---|---|
| Plus estimé *que* toi. | Più stimato *di* te. |
| Plus belle *qu*'elle. | Più bella *di* lei. |
| Plus grand *que* celui-ci. | Più grande *di* questo. |

2°. Si le mot QUE est suivi d'un article, comme *que le*, *que la*, *que les*, ou d'un pronom possessif, on doit se servir des articles composés, *del*, *dello*, *della*, *dell'*, *dei* ou *de'*, *degli*, *della*, *delle*. EXEMPLE :

| | |
|---|---|
| Plus beau que le soleil. | Più bello del sole. |
| Plus savant que l'écolier. | Più dotto dello scolare. |
| Le soleil est plus grand que la terre. | Il sole è più grande della terra. |
| Plus petit que mon livre. | Più piccolo del mio libro. |
| Plus clairs que les miroirs. | Più chiari degli specchj. |
| Moins grand que votre jardin. | Meno grande del vostro giardino. |
| Plus riche que ses parens. | Più ricco de' suoi parenti. |

3°. Lorsqu'après le mot QUE il y a un pronom possessif suivi d'un nom de parenté, au singulier, le QUE s'exprime, en italien, par la préposition *di*. EXEMPLE :

| | |
|---|---|
| Il est plus content *que* son frère. | Egli è più contento *di* suo fratello. |
| Elle est plus malheureuse *que* sa sœur. | Ella è più sventurata *di* sua sorella. |
| Il est plus pauvre *que* son cousin. | Egli è più povero *di* suo cugino. |

4° Quand après QUE, comparatif, il y a un pronom possessif suivi d'un nom de parenté au pluriel, il faut se servir des articles composés. EXEMPLE :

Plus heureux que ses frères, que ses sœurs, que ses cousins, etc.
Più *felice de' suoi fratelli, delle sue sorelle, de' suoi cugini*, etc.

5° Si la comparaison a lieu entre deux *substantifs*, deux *adjectifs*, deux *verbes* ou deux *adverbes*, le *QUE* se rend, en italien, par *CHE*.

Exemple:

| | |
|---|---|
| Il vaut mieux avoir un palais qu'une maison. | È meglio aver un palazzo che una casa. |
| Il est plus agréable que savant. | Egli è più piacevole che dotto. |
| Il écrit mieux qu'il ne parle. | Egli scrive meglio che non parla. |
| Il vaut mieux aujourd'hui que demain. | È meglio oggi che domani. |

NOTA. Il y a des phrases où l'on peut faire usage des articles composés, *DEL*, *DELLA*, etc. ou bien de *CHE*; cela est au choix de la volonté guidée par l'oreille. Exemple :

| | |
|---|---|
| Votre sœur est plus belle que le soleil. | Vostra sorella è più bella del sole, ou che il sole. |

Mais, pour ne pas se tromper, il vaut mieux s'en tenir aux règles que nous venons de voir.

## Comparatif d'Égalité.

1° Le comparatif d'égalité est indiqué par les mots *AUSSI* ou *SI*, *TANT* ou *AUTANT*, que l'on rend, en italien, par *così* ou *tanto*; et l'on rend la conjonction française *QUE* par *COME* toutes les fois qu'on se sert de *così*, et lorsqu'on se sert de *tanto* on rend la conjonction QUE pour *QUANTO*. Exemple :

| Il n'est pas aussi riche que son frère. | Non è così ricco come suo fratello. |
| Mon jardin est aussi grand que le vôtre. | Il mio giardino è tanto grande quanto il vostro. |

2° On peut supprimer les mots *così* et *tanto*, en traduisant seulement la conjonction QUE par *QUANTO*. Exemple.

| Il n'est pas aussi savant que vous. | Non è dotto come voi. |
| Mon cheval est aussi beau que le vôtre. | Il mio cavallo è bello quanto il vostro. |

3° Les expressions françaises AUSSI BIEN QUE, et AUTANT QUE signifiant COMME, se rendent en italien par *COME* ou *QUANTO*.

Exemple :

| Il parle italien *aussi bien que* vous. | Egli parla italiano *come voi*, ou *quanto voi*. |
| Je l'aime *autant que* vous. | Io l'amo *quanto voi*, ou *come voi*. |

4° QUE DE, précédé du mot AUTANT, se rend par *E TANTO*. Exemple : Avec *autant* de courage *que* d'honneur, con *tanto coraggio e tant'onore*.

5° On dit en français avec un complément sous-entendu :

| J'ai *autant de* courage *que* vous (en avez). | Ho *tanto* coraggio *quanto* n'avete voi. |

6° Lorsque, dans ces comparaisons, les mots italiens *TANTO* et *QUANTO*, sont suivis immédiatement d'un substantif, ils deviennent adjectif. EXEMPLE :

| | |
|---|---|
| J'ai *autant* d'argent *que* vous. | *Ho tanti* danari *quanti* n'avete voi. |
| J'ai *autant* de patience *que* vous. | *Ho tanta* pazienza *quanta* n'avete voi. |

7° Si le mot AUTANT se répète deux fois dans une phrase, on traduit, en italien, le premier par *QUANTO*, et le second par *TANTO*. EXEMPLE :

| | |
|---|---|
| *Autant* l'homme de mérite est modeste, *autant* il est estimé. | *Quanto* l'uomo di merito è modesto, *tanto* più è stimato. |

8° Le mot AUTANT, se rend, à la fin d'une phrase par *altretanto*. EXEMPLE.

| | |
|---|---|
| Vous avez du courage, et moi j'en ai *autant*. | Voi avete coraggio, ed io ne ho *altrettanto*. |

9° *REMARQUEZ*, qu'on met quelquefois *tanto* ou *quanto* devant *più* ou *meno*, afin de donner plus d'énergie à l'expression.

EXEMPLE :

| | |
|---|---|
| *Quanto più* uno è ingnorante, *tanto più* egli è pronto nel giudicare. | Plus on est ignorant, et plus on est impatient de juger. |
| L'aria è *tanta più* densa *quanto* è *più* propinqua alla terra. | L'air est d'autant plus épais qu'il est plus près de la terre. |

# LEÇON IX.

## Du Superlatif Absolu.

1° Les particules TRÈS ou FORT, signes du superlatif en français, se traduisent, en italien, par *issimo*, par *molto* ou par *assai*.

EXEMPLE :

| | | | |
|---|---|---|---|
| *Buonissimo*, | *molto buono*, | *assai buono*, | très-bon. |
| *Cattivissimo*, | *molto cattivo*, | *assai cattivo*, | très-mauvais. |
| *Savissimo*, | *molto savio*, | *assai savio*, | très-sage. |

2° Nous avons dit à la Leçon IV, n° 8, que les noms terminés en *CA* et en *GA*, en *CO* et en *GO* prennent une *h* au pluriel, la prennent aussi au superlatif devant les terminaisons *issimo*, *issima*, *issimi*, *issime*, *issimamente*. EXEMPLE :

| | | | |
|---|---|---|---|
| *Freschissimo*, | *molto fresco*, | *assai fresco*, | très-frais. |
| *Larghissimo*, | *molto largo*, | *assai largo*, | très-large. |

On excepte, *amico*, *nemico*, ami, ennemi, qui au superlatif font *amicissimo*, *nemicissimo*.

Tous ces mots terminés en *o*, changent l'*o* en *a* pour former le feminin.

3° On doit remarquer que le mot *ASSAI* signifie *beaucoup*, ce n'est qu'avec le mot *BENE* qu'il signifie *assez*. EXEMPLE :

*Egli sta assai bene.*        Il se porte *assez* bien.

4° Pour rendre, en italien, il est assez riche, il faut dire : *egli è abbastanza ricco* : il a assez d'argent pour vivre, *egli ha denari abbastanza da vivere.*

5° Il faudra faire attention, lorsque les particules françaises TRÈS et FORT se trouvent devant un participe passé, il ne faut pas se servir, en italien, du mot *issimo*, mais de *molto* ou *assai*. Exemple :

| | |
|---|---|
| Il est très-estimé. | *Egli è molto stimato.* |
| Il est fort épouvanté. | *Egli è assai spaventato.* |
| Il est très-malade. | *Egli è molto ammalato.* |

6° Si le participe passé est employé tout simplement comme *qualificatif*, il reçoit alors le superlatif *issimo*; comme *pregiatissimo signore, stimatissimo signore.*

*Obbligatissimo alle sue grazie,*   fort obligé de vos bontés.

7° On peut changer la dernière voyelle des adjectifs en *issimamente* et l'on compose des adverbes qui sont superlatifs : comme de grande on forme *grandissimamente*, très-grandement ; *accorto*, adroit, on forme, *accortissimamente*, etc.

8° Il y a un petit nombre de mots devant lesquels on met les particules *TRA* et *STRA*, et on forme des superlatifs. Exemple :

| | |
|---|---|
| *Dopo averlo trapagato lo congedò.* | Après l'avoir payé au delà, il le congédia. |
| *L'arrosto è stracotto.* | Le rôti est excessivement cuit. |

## Du Superlatif Relatif.

1.º Le PLUS ; s'exprime en italien, par *IL PIU* ; le MOINS, s'exprime por *IL MENO*, mais avec cette différence qu'en italien on supprime l'article lorsque *più* ou *meno* sont après un nom accompagné d'un article. Exemple :

| | |
|---|---|
| *Venere era la dona più bella del mondo.* | Vénus était la femme la plus belle du monde. |
| *Cesare è stato l'uomo più guerriero del mondo.* | César a été l'homme le plus guerrier du monde. |

On peut transporter les adjectifs devant les noms, et alors on emploie l'article *più* :

*Venere era la più bella donna del mondo.*
*Cesare è stato il più guerrier uomo del mondo.*

2.º Il y a quelques mots, qui ne sont autre chose, que des superlatifs relatifs, comme : *massimo, massima, infimo, infima*.

EXEMPLE :

| | |
|---|---|
| Gli ho parlato col *massimo* rispetto. | Je lui ai parlé avec le plus grand respect. |
| Egli m'ha accolto colla più *infima* maniera. | Il m'a reçu de la manière la plus vile. |

# LEÇON X.

## Des Augmentatifs.

Les substantifs et les adjectifs peuvent devenir augmentatifs et diminutifs, en changeant la dernière voyelle, et en y substituant les syllabes que nous allons voir.

Il y a deux sortes d'*augmentatifs*, les uns servent uniquement à augmenter la signification d'un nom, les autres à marquer le mépris.

1° On forme les premiers avec la syllabe *ONE*, et alors de quelque genre qu'aient été ces mots avant l'addition, ils deviennent toujours du genre masculin. EXEMPLE :

| | | | |
|---|---|---|---|
| *Cappello*, | chapeau, | *cappellone*, | grand chapeau. |
| *Donna*, | femme, | *donnone*, | grande femme. |
| *Libro*, | livre, | *librone*, | grand livre. |
| *Porta*, | porte, | *portone*, | grande porte. |
| *Scatola*, | tabatière, | *scatolone*, | grande tabatière. |
| *Strada*, | rue, | *stradone*, | grande rue. |

2° On forme des augmentatifs en substituant *OTTO*, expriment généralement une idée de vigueur et de force.

Exemple :

*Giovine*, jeune homme, *giovinotto*, jeune homme vigoureux.
*Una giovane*, *una giovinotta*, une jeune femme robuste.
*Contadino*, *contadinotto*, jeune paysan.
*Contadina*, *contadinotta*, jeune paysanne.
*Vecchio*, vieux, *vecchiotto*, vieillard robuste.
*Vecchia*, vieille, *vecchiotta*, vieille robuste.
*Paese*, village, *paesotto*, assez gros village.
*Grasso*, gras, *grassotto*, assez gras.

3° On forme les seconds augmentatifs, qui marquent le mépris, avec *accio* masculin, et *accia* féminin. Exemple :

*Libro*, livre, *libraccio*, grand vilain livre.
*Casa*, maison, *casaccia*, grande vilaine maison.
*Cappello*, chapeau, *cappellaccio*, grand vilain chapeau.
*Popolo*, peuple, *popolaccio*, populace ou vilain peuple.

4° Quelquefois au lieu du mot *accio*, on ajoute *azzo*. Exemple.

*Jo non sono nata della feccia del popolazzo Romano.* (Boccace).    Je ne suis point sortie de la lie du peuple de Rome.

5° Il y a des noms qu'on ajoute le mot *ame*, et ils marquent *abondance* : comme, *oso*, os ; *ossame*, quantité d'os : *legno*, bois, *legname*, quantité de bois : *bestia*, bête, *bestiame*, quantité d'animaux, etc

## Diminutifs.

1º Les diminutifs se forment avec la syllabe *INO* pour le masculin, *INA* pour le féminin; ces syllabes marquent quelque chose de caressant, de flatteur et de joli. Exemple :

| | | | |
|---|---|---|---|
| *Fratello*, | frère, | *Fratellino*, | petit frère. |
| *Sorella*, | sœur, | *Sorellina*, | petite sœur. |
| *Cappello*, | chapeau, | *Cappellino*, | joli petit chapeau. |
| *Libro*, | livre, | *Librino*, | petit joli livre. |
| *Scatola*, | boîte, | *Scatolina*, | petite jolie boîte. |
| *Cane*, | chien, | *Cagnolino*, | petit chien. |
| *Caro*, | cher, | *Carino*, | gentil. |
| *Cara*, | chère, | *Carina*, | gentille. |
| *Povero*, | pauvre, | *Poverino*, | pauvre petit, etc. |

2º On fait encore d'autres diminutifs avec les syllabes *ETTO*, *ELLO* pour le masculin, *ETTA*, *ELLA*, pour le féminin. Exemple.

| | | | |
|---|---|---|---|
| *Porta*, | porte, | *Porticella*, | petite porte. |
| *Povero*, | pauvre, | *Poveretto*, et *poverello*, | pauvre homme. |
| *Pastore*, | berger, | *Pastorello*, | petit berger. |
| *Pastora*, | bergère, | *Pastorella*, | petite bergère. |

3º Il y a plusieurs mots féminins terminés en *A* qui forment leur diminutif en *INO*, et prennent alors le genre masculin. Exemple:

| | | | |
|---|---|---|---|
| *Camera*, | chambre, | *Camerino*, | petite chambre. |
| *Tavola*, | table, | *Tavolino*, | petite table. |
| *Berretta*, | bonnet, | *Berrettino*, | petit bonnet. |

4° On fait aussi des diminutifs de mépris, avec les mots *uccio* et *upola*: comme, *uomo*, homme, *uomuccio*, petit homme vilain ; *casa*, maison ; *casupola*, petite vilaine maison. (Ces désinences peuvent être prises en bonne ou en mauvaise part).

5.° Il y a la particule ATA, qui exprime plusieurs idées. EXEMPLE : *Grembiale*, tablier, on dit *una grembialata*, un tablier plein de etc. *Bastone*, bâton, on dit *una bastonata*, un coup de bâton. On dit *una fucilata*, un coup de fusil.

NOTA. Les noms terminés en *CO*, en *GO*, en *CA*, en *GA*, prennent une *H* avant *C* et *G*, quand on y ajoute des syllabes qui commencent par un *E* ou par un *I*. EXEMPLE :

| | | | |
|---|---|---|---|
| *Fresco*, | fait | *freschetto*, | un peu frais. |
| *Fresca*, | fait | *freschetta*, | un peu fraiche. |
| *Largo*, | fait | *larghetto*, | un peu large. |
| *Larga*, | fait | *larghetta*, | un peu large. |

Tous ces mots, modifiés de la sorte, sont susceptibles de genre et de nombre. Mais il faut remarquer qu'il y a des noms qui ne prennent pas les augmentatifs et les diminutifs.

Il faut aussi observer que, l'emploi d'augmentatif et diminutif, n'a lieu que pour le style simple et gracieux.

# LEÇON XI.

## Des Noms de Nombres.

### Les Nombres CARDINAUX sont :

| | | | | | |
|---|---|---|---|---|---|
| 1 | uno, un, una. | 13 | tredici. | 50 | cinquanta. |
| 2 | due. | 14 | quattordici. | 60 | sessanta. |
| 3 | tre. | 15 | quindici. | 70 | settanta. |
| 4 | quattro. | 16 | sedici. | 80 | ottanta. |
| 5 | cinque. | 17 | diciasette. | 90 | novanta. |
| 6 | sei. | 18 | diciotto. | 100 | cento. |
| 7 | sette. | 19 | diciannove. | 200 | duecento. |
| 8 | otto. | 20 | venti. | 300 | trecento. |
| 9 | nove. | 21 | ventuno. | 1000 | mille. |
| 10 | dieci. | 22 | ventidue, etc. | 2000 | due milla. |
| 11 | undici. | 30 | trenta. | Million | millione. |
| 12 | dodici. | 40 | quaranta. | Milliard | migliaio di milioni. |

NOTA. 1° *UNO*, s'emploie lorsqu'il n'est pas suivi d'aucun nom, comme, en voilà un, *ECCONE UNO*.

2° *UNO*, s'emploie devant un nom masculin qui commence par une *S* suivie d'une consonne, comme *uno specchio*, un miroir, *uno spirito*, un esprit, etc.

3° *UN*, se met devant un nom masculin qui commence par une simple consonne, ou par une voyelle, comme *un temperino*, un canif; *un amico*, un ami, etc.

4° *UNA*, se met devant un nom féminin qui commence par une consonne quelconque, comme *una casa*, une maison, *una penna*, une plume; *una spugna*, une éponge, etc.

5° On met *UN'* avec une apostrophe, au lieu de *una*, devant les noms féminins qui commencent par une voyelle, comme, *un' amica*, une amie, *un' ombra*, une ombre, etc.

6° Il faut remarquer qu'il y a beaucoup de phrases où on ne rend pas, en italien, les mots *un* et *une*, que l'on place souvent en français devant les noms qui précèdent un sens indéfini. Exemple :

C'est *un* homme d'une mauvaise conduite.     *È uomo di cattiva condotta.*

C'est *une* femme de bonne famille.     *È donna di buona famiglia.*

7° Parmi les adjectifs *cardinaux*, il n'y a que le premier *UNO*, dont la terminaison varie en raison du genre; tous les autres sont indéclinables : *due uomini, due donne, cento libri, cento penne*, etc.

8°. Lorsque *venluno, ventuna, trentuno, trentuna*, etc., précèdent le nom, ce substantif se met toujours au singulier, parce qu'il s'accorde avec *uno, una*; comme, *ventun anno*, vingt-un ans; *ventuna penna*, vingt-une plumes, *trentun franco*, trente-un francs; *trentuna pagina*, trente-une pages, etc. Mais lorsque le nombre suit le nom, ce substantif se met au pluriel, parce qu'alors il s'accorde avec *venti, trenta, quaranta*, etc.; comme *anni ventuno; penne ventuna, franchi trentuno; pagine trentuna*.

9°. Après le nombre *MILLE*, on dit, en italien, *MILLE e cento, mille e due cento, mille e cinque cento*, etc., et non pas *undici cento, dodici cento*, etc.

10° En parlant des années, on dit, *nel mille otto cento, nel mille otto cento quaranta*, etc.

11°. En parlant des jours du mois, pour la date des lettres, on se sert en italien, de l'article singulier ou pluriel. EXEMPLE :

| | |
|---|---|
| *Noi siamo partiti il primo di marzo.* | Nous sommes partis le premier du mois de mars. |
| *Gli scriverò il, ou li 6 del mese venturo.* | Je lui écrirai le six du mois prochain. |

12°. Pour exprimer, en italien, il est une heure; il est deux heures, etc., il faut dire : *è un'ora, sono due ore*, ou bien, *è un'ora, sono le due*, en mettant toujours le verbe au pluriel si le nombre est au pluriel.

13°. On peut encore se servir de l'article composé. EXEMPLE :

| | |
|---|---|
| *Verrò domani alle due*, | Je viendrai demain à deux heures. |
| *Noi partiremo alle tre*, | Nous partirons à trois heures. |

On voit qu'il n'est pas nécessaire d'exprimer le mot heures.

14°. Pour traduire *un à un, deux à deux*, etc., il faut répéter, en italien, la préposition *a*, et dire : *ad uno ad uno, a due a due*, etc.

15°. Pour traduire *tous les deux amis, tous les trois amies*, etc. et autres phrases semblables, il faut mettre l'article après le nombre, et dire : *tutti e due gli amici; tutte e tre le amiche*. Mais il faut remarquer qu'on supprime les articles lorsqu'il n'y a pas de substantif après le nombre. EXEMPLE :

Je les ai vus *tous les deux*.   Jo li ho veduti *tutti e due*.
Je les ai chassées *toutes les trois*.   Jo le ho scacciate *tutte e tre*.

16°. Il y a le mot *AMBO*, qui signifie *les deux* ; ce mot s'accorde à volonté avec le nom. EXEMPLE :

*Ambo le mani, ou ambe le mani*.   Les deux mains.
*Ambo i piedi, ou ambi i piedi*.   Les deux pieds.

17°. Il y a aussi les mots *AMBEDUE, AMENDUE*, ou *ENTRAMBI*, qui signifient *les deux, tous les deux* ou *toutes les deux*.

EXEMPLE :

*Ambedue i fratelli*   Les deux frères
  (*sono in carcere*).   sont en prison.
Sono partiti *entrambi*   Ils sont partis *tous les deux*.

18°. Dans les multiplications, pour exprimer le mot *fois*, les Italiens se servent du mot *via* (voie). EXEMPLE : Deux fois deux font quatre, *due via due fan quattro*, deux fois six font douze *due via sei fan dodici*, etc., et par abréviation on supprime le mot *fan*, et l'on dit : *due via due quattro, due via sei dodici*, etc.

## Les Adjectifs ORDINAUX sont :

| | |
|---|---|
| 1$^{er}$ *primo.* | 16$^e$ *decimo sesto.* |
| 2$^e$ *secondo.* | 17$^e$ *decimo settimo.* |
| 3$^e$ *terzo.* | 18$^e$ *decimo ottavo.* |
| 4$^e$ *quarto.* | 19$^e$ *decimo nono.* |
| 5$^e$ *quinto.* | 20$^e$ *ventesimo.* |
| 6$^e$ *sesto.* | 21$^e$ *ventesimo primo*, etc. |
| 7$^e$ *settimo.* | 30$^e$ *trentesimo.* |
| 8$^e$ *ottavo* | 40$^e$ *quarantesimo.* |
| 9$^e$ *nono.* | 50$^e$ *cinquantesimo.* |
| 10$^e$ *decimo.* | 60$^e$ *sessantesimo.* |
| 11$^e$ *undecimo*, ou *decimo primo.* | 70$^e$ *settantesimo.* |
| 12$^e$ *duodecimo*, ou *decimo secondo.* | 80$^e$ *ottantesimo.* |
| 13$^e$ *tredecimo*, ou *decimo terzo.* | 90$^e$ *novantesimo.* |
| 14$^e$ *decimo quarto.* | 100$^e$ *centesimo.* |
| 15$^e$ *decimo quinto.* | 1000$^e$ *millesimo.* |

Dernier, *ultimo; ultima*, etc.

REMARQUEZ que, tous ces adjectifs prennent des terminaisons différentes relatives au genre et au nombre des noms avec lesquels ils sont joints. Voyez les règles, leçon IV.

## Les Nombres suivans doivent s'accorder avec le Substantif.

| | |
|---|---|
| Demi, | *mezzo.* |
| Une moitié, | *una metà.* |
| Un tiers, | *un terzo.* |
| Un quart, | *un quarto.* |

| | |
|---|---|
| Une dizaine, | *una decina.* |
| Une douzaine, | *una dozzina.* |
| Une quinzaine, | *una quindicina.* |
| Une vingtaine, | *una ventina.* |
| Une trentaine, | *una trentina.* |
| Une quarantaine, | *una quarantina.* |
| Une centaine, | *un centinaio.* |
| Un millier, | *un migliaio.* |

NOTA. 1° En français tous les adjectifs *ORDINAUX* peuvent former des adverbes ; mais les italiens n'ont que *primieramente ; secondariamente.* Pour dire troisièmement, quatrièmement, etc., ils disent, *in terzo luogo, in quarto luogo,* etc.

2° Les nombres *ordinaux* remplacent, en italien, les nombres *cardinaux* dont on se sert en français après les noms des papes, des rois, des princes. Exemple : Henri quatre, *Enrico quarto ;* Grégoire seize, *Gregorio decimo sesto.*

# LEÇON XII.

## Des Pronoms Personnels.

### Pronoms SUJETS.

| | | | |
|---|---|---|---|
| Moi, je, | *io.* | Nous, | *noi.* |
| Toi, tu, | *tu.* | Vous, | *voi.* |
| Lui, il, | *egli, ei, esso.* | Eux, ils | *eglino, essi.* |
| Elle, | *ella, essa* (1). | Elles, | *elleno, esse.* |

NOTA. On supprime très-souvent, en italien les pronoms *io*, *tu*, *egli*, *eglino*, *elleno*, en parlant et en écrivant. Mais au subjonctif il faut les exprimer, parce que sans les pronoms on pourrait faire équivoque des personnes; comme; *ch' io parli, che tu parli, ch' egli parli*, que je parle, que tu parles, qu'il parle.

2° Lorsque les pronoms *moi*, *toi*, *lui*, *eux*, sont employés pour *je*, *tu*, *il*, *ils*, c'est-à-dire qu'ils sont sujets d'un verbe sous-entendu, ils se traduisent alors par *io*, *tu*, *egli*, *eglino*. Exemple: si vous parliez, italien, comme moi, c'est-à-dire comme moi je parle, *se voi parlaste, italiano, come io*, etc.

---

(1) *Egli, ella, eglino, elleno*, ne se disent que des personnes; *esso, essa, essi, esse*, se disent des personnes et des choses.

3° Les italiens emploient quelquefois les pronoms *DESSO*, *DESSA*, et au pluriel *DESSI*, *DESSE*, au lieu de *egli*, *ella*, *eglino*, *elleno* ; mais on ne les emploie qu'avec les verbes *ESSERE*, être, et *PARERE*, paraître.

Exemple.

| | |
|---|---|
| *Egli è desso.* | C'est lui-même. |
| *Mi par dessa.* | Il me paraît que c'est elle-même. |

4° Pour traduire, *moi aussi*, *toi aussi*, *lui aussi*, etc., il faut transporter le pronom après le mot *aussi*, et dire : *anch' io*, *anche tu*, *anch' egli*, ou *ancor io*, *ancor tu*, etc., ou bien l'on se sert du mot *PURE*, que l'on place après le pronom. Exemple :

| | |
|---|---|
| Je chanterai moi aussi. | *Canterò anch' io.* |
| J'écrirai moi aussi. | *Scriverò io pure.* |

5° On dit familièrement en français : *si j'étais que de vous, je ferais*, etc. En italien on emploie toutes les personnes, et l'on dit *s' io fossi voi* ou *in voi*, *s' io fossi lui* ou *in lui*, *s' io fossi loro* ou *in loro, farei*, etc.

## Pronoms Régimes.
### PREMIÈRE CLASSE.

| | | | |
|---|---|---|---|
| Moi, | *me.* | Nous, | *noi.* |
| Toi, | *te.* | Vous, | *voi.* |
| Soi, | *se.* | Eux, | *loro, essi.* |
| Lui, | *lui, esso.* | Elles, | *loro, esse.* |
| Elle, | *lei, essa.* | | |

Ces pronoms peuvent être gouvernés ou par un verbe ou par une préposition, et ils servent de régime direct et indirect. EXEMPLES :

| | |
|---|---|
| Chantez avec moi. | *Cantate con me.* |
| Pense pour toi. | *Pensa per te.* |
| Il est content de soi. | *È contento di se.* |
| J'irai avec lui. | *Andrò con lui.* |
| Il parle d'elle. | *Egli parla di lei.* |
| Il parle mal de nous. | *Egli parla male di noi.* |
| Cela est pour vous. | *Ciò è per voi.* |
| Il est content d'eux. | *È contento di loro* ou *di essi.* |
| Il danse avec elles. | *Egli balla con loro* ou *con esse.* |

NOTA. 1° Pour traduire *aller soi-même*, *écrire soi-même*, *travailler soi-même*, ou autres phrases semblables, il faut dire : *andare in persona*, *scrivere da se*, *lavorare da se*, etc.

2° Lorsque l'adjectif *MÊME* suit les pronoms, de cette première classe, il se rend par *STESSO*, ou *MEDESIMO*, que l'on accorde en genre et en nombre avec le pronom. EXEMPLE : Pour lui-même, *per lui stesso*, pour elle-même, *per lei stessa*, pour eux-même, *per loro stessi* ou *medesimi*.

3° Les pronoms *RÉGIMES lui*, *elle*, *eux*, *elles*, se traduisent par *SE* quand ils représentent la même personne que le sujet. EXEMPLE : il se rend compte à lui-même, *egli rende conto a se stesso* ; elle se rend compte à elle-même, *ella rende conto a se stessa*, ou *medesima*.

4° Les pronoms *moi*, *toi*, après les impératifs, se traduisent, en italien, par *mi* et *ti* que l'on adjoint au verbe. EXEMPLE : parlez-moi, *parlatemi*, dites-moi, *ditemi*, habilles-toi, *vestiti*, etc.

5° *Avec moi*, *avec toi*, *avec soi*, se traduisent par *con me*, *con te*, *con se*, ou bien *meco*, *teco*, *seco*.

## Pronoms Régimes.
### SECONDE CLASSE.

| | | | |
|---|---|---|---|
| Me, | *mi.* | Se, | *si.* |
| Te, | *ti.* | Lui, m. | *gli.* |
| Se, | *si.* | Lui, f. | *le.* |
| Nous, | *ci* ou *ne.* | Leur, | *loro.* |
| Vous, | *vi.* | | |

Ces pronoms sont employés comme régimes directs ou indirects d'un verbe; mais ils ne peuvent jamais être accompagnés d'aucune préposition. EXEMPLE :

| | |
|---|---|
| Je me contente. | *Io mi contento.* |
| Tu te plains. | *Tu ti duoli.* |
| Il se fâche. | *Egli si sdegna.* |
| Nous nous rappelons. | *Noi ci ricordiamo.* |
| Vous vous flattez. | *Voi vi adulate.* |
| Ils se cachent. | *Eglino si nascondono.* |
| Je lui parlerai. | *Io gli parlerò.* m. |
| Vous lui pardonnerez. | *Voi le perdonerete.* f. |
| Nous leur promettons. | *Noi promettiamo loro.* |

NOTA. 1° Le pronom *LORO*, leur, sert pour les deux genres, et se place ordinairement après le verbe, EXEMPLE :

Vous leur direz, *direte loro.*

2° Le pronom *LUI* signifiant *A LUI* s'exprime par *GLI*, et par *LE* quand il veut dire *A ELLE*. Exemple :

| | |
|---|---|
| Il rit quand je lui parle. | *Egli ride quand'io gli parlo.* |
| Elle rit quand je lui parle. | *Ella ride quand'io le parlo.* |

3° Nous avons vu, par les exemples cités, que les pronoms, *mi*, *ti*, *si*, *ci*, *vi*, *si*, *gli*, *le*, se placent devant le verbe ; mais nous allons voir qu'ils se placent aussi après l'infinitif (qui perd l'*E* final), après l'impératif et après le gérondif : ainsi, ces pronoms doivent former avec le verbe un seul mot. Exemple :

| | | |
|---|---|---|
| Me dire. | *Dirmi.* | |
| Te rendre. | *Renderti.* | |
| Se débarrasser. | *Sbrigarsi.* | |
| Nous contenter. | *Contentarci.* | |
| Vous avertir. | *Avvertirvi.* | |
| Lui dire. | *Dirgli.* | m. |
| Lui dire. | *Dirle.* | f. |
| Dites-moi. | *Ditemi.* | |
| Habille-toi. | *Vestiti.* | |
| Dites-nous. | *Diteci.* | |
| Contentez-vous. | *Contentatevi.* | |
| Parlez-lui. | *Parlategli.* | m. |
| Repondez-lui. | *Rispondetele.* | f. |
| En me parlant. | *Parlandomi.* | |
| En te plaçant. | *Collocandoti.* | |
| En se flattant. | *Lusingandosi.* | |
| En nous parlant. | *Parlandoci.* | |
| En vous autorisant. | *Autorizzandovi.* | |

| | |
|---|---|
| En lui parlant. | *Parlandogli.* m. |
| En lui parlant. | *Parlandole.* f. |

4° Il faut observer que, quand l'infinitif du verbe est terminé par *RRE*, comme *condurre*, conduire, *produrre*, etc., il perd la syllabe *RE*, et l'on dit : *condurmi*, me conduire ; *produrmi*, me produire, etc.

5° Nous avons vu que, les pronoms *NOUS* et *VOUS* lorsqu'ils sont sujets d'un verbe ou accompagnés d'une préposition se rendent par *NOI* et *VOI*. EXEMPLE : nous parlons, *NOI parliamo*; vous chantez, *VOI cantate*; travaillez pour nous, nous travaillerons pour vous, *lavorate per NOI, NOI lavoreremo per VOI*. Mais lorsqu'ils sont régimes sans aucune préposition, ils se rendent par *CI* et *VI*. EXEMPLE :

| | |
|---|---|
| Vous nous apprenez la langue italienne, nous vous apprendrons la langue française. | *Voi c'insegnate la lingua italiana, noi v'insegneremo la lingua francese.* |

6° REMARQUEZ que, quelquefois, et surtout en poésie, on se sert de *ne* au lieu de *ci*.

### EXEMPLE :

*Perchè, crudo destin, NE disunisci tu s'amor NE stringe ?* pourquoi, cruel destin, nous désunis-tu, si l'amour nous unit ?

# LEÇON XIII.

## Suite des Pronoms personnels unis aux Pronoms relatifs.

1° Les pronoms *RELATIFS*, ainsi appelés à cause qu'ils ont toujours rapport à une personne, ou à une chose dont on a déjà parlé, sont :

**LE, LA, LES, EN, Y.**

Ainsi. Le s'exprime par *lo*.
La,           *la*.
Les,          { *li*. m.
               { *le*. f.
En,           *ne*.
Y,            *ci* ou *vi*.

EXEMPLE :

Je le connais.     *Io lo conosco.*
Tu la vois.        *Tu la vedi.*
Je les désire.      *Io li desidero.* m.
Je les vois.        *Io le vedo.* f.

| | |
|---|---|
| Vous en vendrez. | *Voi ne venderete.* |
| Je n'y resterai pas | *Io non ci rimarrò.* |
| J'y pense souvent. | *Io ci penso spesso.* |

2° Lorsque le verbe est à l'infinitif, à l'impératif, ou au participe, ces pronoms doivent être mis après le verbe, en formant un seul mot, en retranchant toujours la voyelle finale de l'infinitif. EXEMPLE :

| | |
|---|---|
| Pour le connaître. | *Per conoscerlo.* |
| Prenez-la. | *Prendetela.* |
| Portez-les. m. | *Portateli.* |
| Prenez-les. f. | *Prendetele.* |
| Pour en donner. | *Per darne.* |
| En le cherchant. | *Cercandolo.* |
| En la voyant. | *Vedendola.* |
| Allez-y. | *Andateci.* |

3° Lorsque le pronom *gli*, lui, est accompagné par un de ces pronoms *lo, la, li, le, ne*, on ajoute un *E* au pronom *gli* et on le réunit de la manière suivante :

| | | |
|---|---|---|
| Le lui, | *glielo.* | |
| La lui, | *gliela.* | Ce pronom ainsi |
| Les lui, m. | *glieli.* | composé sert pour |
| Les lui, f. | *gliele.* | le masculin et pour |
| Lui en, | *gliene.* | le féminin. |

EXEMPLE :

| | |
|---|---|
| Je le lui rendrai. | *Io glielo renderò.* |
| Vous la lui porterez. | *Voi gliela porterete.* |

| | | |
|---|---|---|
| Je les lui donnerai. | m. | *Io glieli darò.* |
| Vous les lui porterez. | f. | *Voi gliele porterete.* |
| Je lui en parlerai. | | *Io gliene parlerò.* |

4° Ce pronom composé se place après l'infinitif ( qui perd l'*e* final ), après l'impératif et après le participe. EXEMPLE :

| | |
|---|---|
| Pour le lui donner. | *Per darglielo.* |
| Portez-la lui. | *Portategliela.* |
| Envoyez-les lui. m. | *Mandateglieli.* |
| Donnez-les lui. f. | *Dategliele.* |
| Pour lui en donner. | *Per dargliene.* |
| En la lui envoyant. | *Mandandogliela.* |

5° On doit observer que ces pronoms se placent devant le verbe lorsqu'il y a la négation NON, excepté à l'infinitif, où on les laisse ordinairement après. EXEMPLE :

| | |
|---|---|
| Ne le lui portez pas. | *Non glielo portate.* |
| Ne les lui donnez pas. | *Non glieli date.* |
| Ne le faites pas. | *Non lo fate.* |
| Ne lui en donnez pas. | *Non gliene date.* |
| Il ne faut pas le lui porter. | *Non bisogna portarglielo.* |

6° En français les pronoms personnels et relatifs se placent toujours devant le mot VOILA ; mais en italien, ils se placent toujours après, en formant un seul mot :

| | | | |
|---|---|---|---|
| Voilà, | *ecco.* | Le voilà, | *eccolo.* |
| Me voilà, | *eccomi.* | La voilà, | *eccola.* |

| | | | |
|---|---|---|---|
| Te voilà, | eccoti. | Les voilà, | eccoli. m. |
| Nous voilà, | eccoci. | Les voilà, | eccole. f. |
| Vous voilà, | eccovi. | En voilà, | eccone. |

7° Nous avons vu que, les pronoms personnels me, te, se, nous, vous se rendent, en italien, par *mi*, *ti*, *si*, *ci*, *vi*. Mais lorsque ces pronoms sont suivis des pronoms le, la, les, alors les pronoms personnels italiens changent l'I en *E* ; comme :

| | |
|---|---|
| Me le, | *me lo.* |
| Me la, | *me la.* |
| Me les, m. | *me li.* |
| Me les, f. | *me le.* |

EXEMPLE :

| | |
|---|---|
| Il me le prend, | *Egli me lo prende.* |
| Tu me la donne, | *Tu me la dai.* |
| Il me les rend, | *Egli me li rende.* m. |
| Il me les porte, | *Egli me le porta.* f. |

| | |
|---|---|
| Te le, | *te lo.* |
| Te la, | *te la.* |
| Te les, m. | *te li.* |
| Te les, f. | *te le.* |

EXEMPLE :

| | |
|---|---|
| Je te le donne. | *Io te lo do.* |
| Il te la portera. | *Egli te la porterà.* |
| Je te les promets. | *Io te li prometto.* m. |
| Elle te les montrera. | *Ella te le mostrerà.* f. |

| | |
|---|---|
| Se le, | *se lo.* |
| Se la, | *se la.* |
| Se les, m. | *se li.* |
| Se les, f. | *se le.* |

EXEMPLE :

| | |
|---|---|
| Il se le prit, | *Egli se lo prese.* |
| Il se la fera donner. | *Egli se la farà dare.* |
| Il se les prend, | *Egli se li prende.* m. |
| Il se les portera avec lui, | *Egli se le porterà con lui.* |

| | |
|---|---|
| Nous le, | *ce lo.* |
| Nous la, | *ce la.* |
| Nous les, m. | *ce li.* |
| Nous les, f. | *ce le.* |

EXEMPLE :

| | |
|---|---|
| Il nous le donne. | *Egli ce lo da.* |
| Il nous la conduira. | *Egli ce la condurrà.* |
| Il nous les rendra. | *Egli ce li restituirà.* m. |
| Il nous les promettra. | *Egli ce le prometterà.* f. |

| | |
|---|---|
| Vous le. | *ve lo.* |
| Vous la. | *ve la.* |
| Vous les. m. | *ve li.* |
| Vous les. f. | *ve le.* |

Exemple :

| Je vous le donne. | Io ve lo do. |
| Je vous la demande. | Egli ve la domanda. |
| Je vous les fait. | Egli ve li fa. m. |
| Il vous les promet. | Egli ve le promette. f. |

8° Ces pronoms se placent après l'infinitif (qui prend l'E final), après l'impératif, et après le participe.

Exemple :

| Pour me le donner. | Per darmelo. |
| Aportez-la moi. | Portatemela. |
| Pour te le montrer. | Per mostrartelo. |
| Pour te la rendre. | Per rendertela. |
| Donnez-le nous. | Datecelo. |
| Rendez-les nous. | Restituiteceli. m. |
| Pour vous le demander. | Per domandarvelo. |
| Il faut vous les faire. | Bisogna farveli. m. |
| En la regardant. | Guardandola. |
| En te parlant. | Parlandoti. |
| En vous écrivant. | Scrivendovi. |
| En se contentant. | Contentandosi. |
| En nous blâmant. | Biasimandoci. |

9° Lorsque ces pronoms sont suivis de la particule EN, comme M'EN, T'EN, S'EN, NOUS EN, VOUS EN, LEUR EN, s'expriment, en italien, par *ME NE*, *TE NE*, *SE NE*, *CE NE*, *VE NE*. Ces pronoms ainsi transformés se placent devant le verbe, exxepté à l'infinitif, à l'impératif et au participe il faut les mettre après, en faisant un seul mot, et en retranchant l'*e* final de l'infinitif. Exemple :

| | |
|---|---|
| Il m'en dona. | *Me ne diede.* |
| Je t'en prie. | *Io te ne prego.* |
| Il s'en alla. | *Egli se ne andò.* |
| Il nous en portera. | *Egli ce ne porterà.* |
| Il vous en donnera. | *Egli ve ne darà.* |
| M'en donner. | *Darmene.* |
| T'en dire. | *Dirtene.* |
| Donnez-m'en. | *Datemene.* |
| Vous en parler. | *Parlarvene.* |
| S'en aller. | *Andarsene.* |
| Montrez nous-en. | *Mostratecene.* |
| En vous en montrant. | *Mostrandovene.* |
| En nous en donnant. | *Dandocene.* |

10° Le pronom *LORO*, leur, ainsi que nous l'avons dit, se met après le verbe, soit que ce pronom est seul, soit lorsqu'il est joint avec NE (en) ; NE s'unit alors avec le verbe, et *LORO* en demeure détaché. Exemple :

| | |
|---|---|
| Je leur donnerai. | *Io darò loro.* |
| Pour leur en parler. | *Per parlarne loro* |
| Pour leur en promettre. | *Per prometterne loro.* |
| Leur en promettant. | *Promettendone loro.* |

11° Il faut observer qu'on peut aussi joindre tous ces pronoms

au participe passé, puisque le verbe auxiliaire est sous-entendu.
Exemple :

| | | | |
|---|---|---|---|
| M'étant aperçu, | avvedutomi. | au lieu de | essendomi avveduto. |
| S'étant levé, | levatosi. | | essendosi levato. |
| M'ayant autorisé, | autorizzatomi. | | avendomi autorizzato |
| Ayant profité, | approfittato. | | avendo approfittato. |

NOTA 1° Lorsqu'un ou deux de ces pronoms se trouvent en français entre deux verbes, on est libre, en italien, de les placer après l'infintif, ou de les transporter devant le premier verbe pourvu que ce ne soit pas un impersonnel.

Exemple :

Je veux vous le dire.              *Io ve lo voglio dire*, ou *io voglio dirvelo*.

Je puis vous en donner.            *Io ve ne posso dare*, ou *io possó darvene*.

2° Si le verbe à l'impératif se trouve n'avoir qu'une seule syllabe, il faut se souvenir de doubler la première consonne du pronom toutes les fois qu'on le joint au verbe. Exemple : (à l'exception du pronom *GLI*).

Va-t-en.           *Vanne* ou *vattene*.
Donne-moi.         *Dammi*.
Dis-lui.           *Dille*, pour le féminin.
Dis-lui.           *Digli*, pour le masculin.

3° Enfin, il faut remarquer que, par élégance on place tous ces pronoms après les personnes à d'autres temps que ceux que je viens de citer. EXEMPLE :

| | | | |
|---|---|---|---|
| Il me semblait, | *parevami*, | pour | *mi pareva.* |
| Il me répondait | *rispondevami*, | pour | *mi rispondeva.* |
| Il me semble, | *parmi*, | pour | *mi pare.* |
| Il lui faisait connaître, etc. (à madame.) | *facevale conoscere*, etc. | pour | *le faceva conoscere*, etc. |
| Il lui parlait (à monsieur), | *parlavagli*, | pour | *gli parlava.* |

4° Mais lorsque les temps des verbes finissent par une voyelle accentuée, on supprime l'accent, et on double la première consonne du pronom qu'on joint au verbe, à l'exception des pronoms *GLI* et *LORO*.

EXEMPLE :

| | | | |
|---|---|---|---|
| Il me montra, | *mostrommi*, | pour | *mi mostrò.* |
| Il me regarda, | *guardommi*; | pour | *mi guardò.* |
| Il s'arrêta, | *fermossi*, | pour | *si fermò.* |
| Il le pria, | *pregollo*, | pour | *lo pregò.* |
| Je vous le porterai, | *porterovvelo*, | pour | *ve lo porterò.* |
| Je vous en donnerai, | *darovvene*, | pour | *ve ne darò.* |
| Je t'en donnerai, | *darottene*, | pour | *te ne darò.* |
| Il s'en alla, | *andossene*, | pour | *se ne andò.* |
| Je lui parlerai (à madame,) | *parlerolle*, | pour | *le parlerò.* |
| Je lui ferai connaître, etc. (à monsieur,) | *farogli conoscere*, etc. | pour | *gli farò conoscere*, etc. |

NOTA. Je fais observer qu'il est fort difficile pour les étrangers de connaître au juste les cas où l'on peut faire usage de cette dernière forme de verbes. Ces exemples ne doivent servir qu'à leur apprendre à connaître la signification des mots, et à leur faire apprécier la beauté de ces variations.

Je finirai cette leçon en prévenant les étudians, de cette langue, qu'il est fort usité, en italien, de parler à la troisième personne du singulier en se servant des pronoms féminins. Mais je n'en donnerai la règle qu'après les verbes irréguliers ( Voyez leçon 29 ); parce qu'il est très nécessaire de connaître auparavant les leçons que nous allons voir.

# LEÇON XIV.

## Des Pronoms Possessifs.

1° En italien ces pronoms sont précédés de l'article

### Masculin Singulier.

| | | |
|---|---|---|
| *Il mio*, | mon, | le mien. |
| *Il tuo*, | ton, | le tien. |
| *Il suo*, | son, | le sien. |
| *Il nostro*, | notre, | le nôtre. |
| *Il vostro*, | votre, | le vôtre. |
| *Il loro*, | leur, | le leur. |

### Masculin Pluriel.

| | | |
|---|---|---|
| *I miei*, | mes, | les miens. |
| *I tuoi*, | tes, | les tiens. |
| *I suoi*, | ses, | les siens. |
| *I nostri*, | nos, | les nôtres. |
| *I vostri*, | vos, | les vôtres. |
| *I loro*, | leurs, | les leurs. |

### Féminin Singulier.

| | | |
|---|---|---|
| *La mia*, | ma, | la mienne. |
| *La tua*, | ta, | la tienne. |
| *La sua*, | sa, | la sienne. |
| *La nostra*, | notre, | la nôtre. |
| *La vostra*, | votre, | la vôtre. |
| *La loro*, | leur, | la leur. |

### Féminin Pluriel.

| | | |
|---|---|---|
| *Le mie*, | mes, | les miennes. |
| *Le tue*, | tes, | les tiennes. |
| *Le sue*, | ses, | les siennes. |
| *Le nostre*, | nos, | les nôtres. |
| *Le vostre*, | vos, | les vôtres. |
| *Le loro*, | leurs, | les leurs. |

### Exemple :

| | |
|---|---|
| Donnez-moi votre livre. | *Datemi il vostro libro.* |
| Prends ta plume. | *Prendi la tua penna.* |
| Rendez-moi mes mouchoirs. | *Rendetemi i miei fazzoletti.* |
| Apportez-moi mes lettres. | *Portatemi le mie lettere.* |

— 97 —

2° *LORO* est indéclinable, l'article seul désigne le genre ou le nombre.

3° On supprime l'article lorsque le pronom possessif se trouve devant les noms de parenté ou de dignité au singulier. Exemple :

| | |
|---|---|
| Mon frère souhaite vous parler. | *Mio fratello brama parlarvi.* |
| J'ai rencontré votre sœur. | *Ho incontrato vostra sorella.* |
| J'ai vu votre père. | *Ho veduto vostro padre.* |
| Sa majesté partira après-demain. | *Sua maestà partirà pasdomani.* |

Cependant il faut l'article devant le possessif, lorsqu'on met le pronom après le nom Exemple : *il fratello mio, la sorella mia, il padre mio, la madre mia, la maestà sua*, etc., ou *la maestà vostra*, etc.

4° Lorsque ces noms de parenté ou de dignité sont au pluriel, alors l'article doit reparaître. Exemple :

| | |
|---|---|
| Vos frères sont à Rome. | *I vostri fratelli sono in Roma.* |
| Mes sœurs vous saluent. | *Le mie sorelle vi salutano.* |
| Leurs majestés sont satisfaites. | *Le loro Maestà sono sodisfatte* |

5° Lorsque les noms de parenté sont accompagnés d'un pronom possessif et d'un adjectif, ou du pronom possessif *loro*, avec ou sans adjectif; ils exigent l'article, même au singulier. Exemple : ma chère mère, *la mia cara madre*; mon cher frère, *il mio caro fratello*; leur oncle, *il loro zio*; leur tante, *la loro zia*, etc.

6° Pour rendre en italien, monsieur votre père, madame votre mère, monsieur votre frère, etc., il faut dire : *il vostro signor padre, la vostra signora madre, il vostro signor fratello* etc.

7° Il faut se souvenir que, lorsqu'on adresse la parole à quelqu'un on supprime l'article. Exemple :

| | |
|---|---|
| Ecoutez-moi mon ami. | *Ascoltate amico mio.* |
| Ecoutez-moi mes enfans. | *Ascoltate figli miei.* |
| Mon cher ami laissez-moi en paix. | *Mio caro amico lasciatemi in pace.* |
| Répondez-moi mon ami. | *Rispondetemi amico mio.* |
| Parlez-moi mes amis. | *Parlatemi amici miei.* |

8° Lorsqu'on exprime *sposo* par *marito*, *sposa* par *moglie* ou *consorte* par *moglie*; *germano* par *fratello*, *germana* par *sorella*; *genitore* par *padre*, *genitrice* par *madre*, alors il faut mettre l'article et dire: *il mio sposo, la mia sposa, il mio germano, la mia germana, il mio genitore, la mia genitrice*, etc.

9° Pour traduire : c'est un de mes amis, ce sont de vos ennemis, ce sont plusieurs de vos parents; on dit sans article : *è un mio amico, sono vostri nemici, sono parecchi vostri parenti*, ou bien, *è un de' miei amici, sono de' vostri nemici, sono parecchi vostri parenti*, etc.

10° Il faut observer qu'on se sert en italien des pronoms possessifs dans les phrases suivantes et semblables ;

| | |
|---|---|
| Malgré moi. | *Malgrado mio* ou *mio malgrado.* |
| Malgré toi. | *Malgrado tuo*, ou *tuo malgrado.* |
| A cause de toi. | *Per causa tua.* |
| A cause de moi. | *Per causa mia.* |

11° Il y a beaucoup de phrases où le pronom possessif ne reçoit point d'article. EXEMPLE :

| | |
|---|---|
| C'est mon avis. | È mio parere. |
| A son gré. | A suo senno. |
| C'est mon plaisir. | È mio piacere. |
| C'est ma coutume. | È mio costume. |
| C'est une faute de ma part. | È un mio errore. |
| C'est votre faute. | È vostra colpa. |
| Pour mon conseil. | Per mio consiglio. |
| Par votre faute. | Per vostra colpa. |

Au reste, on apprendra ces phrases par la pratique.

12° Les pronoms possessifs s'emploient quelquefois substantivement avec l'article, et alors ils signifient ce qui nous appartient EXEMPLE :

| | |
|---|---|
| *Rendetemi il mio, ed io vi restituirò il vostro.* | Rendez-moi ce qui m'appartient; et je vous restituerai ce qui est à vous. |

13° Les expressions françaises, c'est à moi, c'est à toi, c'est à lui, c'est à nous, c'est à vous, signifiant ce qui nous appartient, il faut dire :

| | |
|---|---|
| (Cette plume) c'est à moi. | *Questa penna è mia.* |
| (Ce canif) c'est à toi. | *Questo temperino è tuo.* |
| (Cette maison) c'est à lui. | *Questa casa è sua.* |
| (Ce cheval) c'est à nous. | *Questo cavallo è nostro.* |
| (Ce livre) c'est à vous. | *Questo libro è vostro.* |
| (Cet argent) c'est à eux. | *Questo denaro è di loro.* |

Si l'on parle de plusieurs choses, on dira :

Pour le masculin. *Sono miei, sono tuoi, sono suoi, sono nostri, sono vostri, sono di loro.*

Pour le féminin. *Sono mie, sono tue, sono sue, sono nostre, sono vostre,* etc.

14° On remplace les pronoms possessifs par les pronoms personnels, *mi, ti, si, gli, ci, vi,* quand on parle des habillements ou des parties du corps. EXEMPLE :

| | |
|---|---|
| Otez votre chapeau. | *Levatevi il capppello.* |
| Mettez le mouchoir dans votre poche. | *Mettetevi il fazzoletto in tasca.* |
| Je le mis sur sa tête. | *Io glielo posi in capo.* |
| Otons-nous nos habits. | *Caviamoci i vestiti.* |
| Tu l'as mis à ton doigt. | *Te lo sei posto in dito.* |

NOTA. On trouve quelquefois par élégance et particulièrement dans la poésie, les articles supprimés devant les pronoms possessifs. EXEMPLE :

| | |
|---|---|
| *Ciascuno ha sua ventura dal dì che nasce.* | Chacun a son destin fixé du jour de sa naissance. |

# LEÇON XV.

## Des Pronoms Démonstratifs.

Les pronoms démonstratifs s'expriment en italien, de la manière suivante :

1° *Questo*,    ce,    cet    celui-ci.
    *Questa*,    cette,    celle-ci.
    *Questi*,    ces,    ceux-ci.
    *Queste*,    ces,    celles-ci.

Ces pronoms servent pour indiquer un objet qui est près de ce- qui parle, ou pour marquer une époque présente, ou un lieu près de celui qui parle, et ils marquent aussi les personnes près de celui qui parle.

2° *Quello*,    ce,    cet,    celui, celui-là.
    *Quella*,    cette,    celle, celle-là.
    *Quelli*,    ces,    ceux, ceux-là.
    *Quelle*,    ces,    celles, celles-là.

Ces pronoms indiquent un objet éloigné des personnes qui parlent, ou une époque passée ou future, ou un lieu éloigné, ou des personnes éloignées.

On ne doit pas oublier ce qui a été dit à la leçon VII, dans le *nota*, que le mot *quello* perd sa syllabe finale devant une consonne. C'est ainsi qu'on dit, *quel* pour *quello*, et au pluriel *quei* ou *que'* pour *quelli*: Devant une S suivie d'une autre consonne, on met *quello*, et le pluriel est *quelli* ou *quegli*. EXEMPLE: *Quel campo*, ce champ, *quei campi*, ces champs; *quello specchio*, ce miroir, *quegli specchj*, ces miroirs, etc.

   3° *Cotesto*,     ce,   cet, celui, celui-là.
       *Cotesta*,     cette,   celle, celle-là.
       *Cotesti*,      ces,    ces, ceux, ceux-là.
       *Coteste*,     ces,    celles, celles-là.

On se sert de ces pronoms pour désigner un objet près de celui qui écoute et souvent on s'en sert aussi pour les personnes. EXEMPLE:

*Dammi cotesto libro, e prendi questo.* — Donne-moi ce livre, et prends celui-ci.

*Innanzi che cotesto ladroncello vada altrove.* (Boccace). — Avant que ce petit frippon aille ailleurs.

*Veggendoti cotesti panni indosso*, etc. (Boccace). — Te voyant revêtu de ces habits, etc.

   4° *Costui*,    cet    homme-ci, ou celui-ci.
       *Colui*,     cet    homme-là, ou celui-là.
       *Costei*,    cette  femme-ci, ou celle-ci.
       *Colei*,     cette  femme-là, ou celle-là.
       *Costoro*,   ces    hommes-ci ou ceux-ci.  m. et f.
       *Coloro*,    ces    hommes-là, ou ceux.  m. et f.

Ces pronoms s'emploient comme sujet du verbe, en parlant des personnes et jamais à un animal ou à une chose inanimée, et quelquefois on s'en sert dans un sens peu respectueux.

EXEMPLE : (mot à mot).

| | |
|---|---|
| *Non perderò di vista colui che ha scritto contro di me, e non dimenticherò coloro che sono stati d'accordo con costui.* | Je ne perdrai pas de vue ce mauvais sujet qui a écrit contre moi, et je n'oublierai pas ces mauvais sujets qui ont été d'accord avec ce mauvais sujet. (1) |
| *Che faremo di costoro ?* | Que ferons-nous de ces mauvais sujets ? |

5° CE, joint au verbe ÊTRE, se supprime en italien. EXEMPLE : Ce sont de mes amis, *sono miei amici*; c'est un homme de courage, *è uomo di coraggio*. Mais si le verbe ÊTRE est suivi de la particule LA, le mot CE se traduit par *questo, quello, cotesto*, que l'on fait accorder avec le nom auquel ils se rapportent. EXEMPLE :

C'est là une belle vengeance.     *Questa è una bella vendetta.*

6° Le mot CELA ou CECI, se rend par *ciò, questo* ou *questa cosa*. EXEMPLE :

| | |
|---|---|
| *Su di ciò che ne dite ?* | Sur cela qu'en dites-vous ? |
| *Questo non mi conviene.* | Cela ne me convient pas. |

---

(1) Pour rendre le sens en général de ces pronoms, on dira : je ne perdrai pas de vue celui qui a écrit contre moi, et je n'oublierai pas ceux qui ont été d'accord avec cet homme.

7° Les mots CE QUE, CE QUI se traduisent par *CIO CHE* ou *QUEL CHE*. Exemple: ce qui me plaît, je ne l'ai pas, *ciò che mi piace non l'ho*. Cependant lorsque les mots CE QUI, se rapportent au premier membre de la phrase, ils se rendent par *IL CHE*.

Exemple:

Il a agi en frippon, *ce qui* m'oblige à le punir.     *Ha trattato da birbante il che m'obbliga a punirlo.*

8° Les mots TOUT CE QUI, TOUT CE QUE se traduisent par *tutto ciò che* ou *TUTTO QUEL CHE* ou *QUELLO CHE*, ou bien par *QUANTO*. Exemple: (selon le sens de la phrase,)

*Io fo tutto quel che posso.*     Je fais *tout ce que* je puis.
*Farò quanto dipenderà da me.*     Je ferai tout ce qui dépendra de moi.

9° CELUI QUI, CEUX QUI, se traduisent par *QUELLO CHE*, *QUELLI CHE*, ou bien par *colui che, coloro che*; il peuvent être aussi traduits par le mot *chi* toutes les fois que ces formes ne sont point en rapport avec un antécédent. Exemple:

Méfiez-vous de celui qui vous flatte.     *Diffidatevi di chi vi adula.*
Plaignons ceux qui souffrent.     *Compatiamo a chi soffre.*

NOTA. 1° On emploie par élégance au nominatif singulier *QUESTI, COTESTI* et *QUEGLI*, en parlant d'un homme.

Exemple:

*Questi fu premiato, e quegli* ou *cotesti punito.*     Celui-ci fut récompensé, et celui-là puni.

2° Pour donner plus de force au discours, les italiens mettent quelquefois les pronoms démonstratifs *questo*, *quello*, *questa*, *cotesto*, etc., avec les pronoms possessifs. EXEMPLE :

| | |
|---|---|
| Con quella sua lingua egli persuade ognuno. | Avec sa langue il persuade tout le monde. |
| Cotesto vostro discorso m'offende. | Votre discours m'offense. |

3° Quand on vient de nommer deux personnes ou deux choses dont ont continue à parler ; les pronoms QUESTO et QUESTA signifient la dernière, et QUELLO et QUELLA la première.

EXEMPLE :

| | |
|---|---|
| Colui che è sincero non sa ingannare ; colui che sa infingere sa anche ingannare : quello è degno di confidenza, questo è da temere. | Celui qui est sincère ne sait pas tromper ; celui qui sait feindre sait aussi tromper : celui-là est digne de confiance, celui-ci est à craindre. |
| La troppa sincerità e l'adulazione sono quasi del pari nocevoli : quella fa spesso male a noi stessi : questa c'inganna. | La trop sincérité et la flatterie sont presque également nuisibles ; celle-là fait souvent du mal à nous-mêmes, celle-ci nous trompe. |

4° Il y a aussi de adverbes de lieu qui répondent aux pronoms démonstratifs, *QUESTO*, *COTESTO*, *QUELLO* : ce sont *quì* ou *quà* ; *costì* ou *costà*, *lì* ou *là*, ou *quivi*.

5° Quelques-uns disent ; *stamattina* ou *stamane*, ce matin ; *stasera*, ce soir, *stanotte*, cette nuit ; pour *questa mattina*, *questa sera* ; *questa notte*.

# LEÇON XVI.

## Des Pronoms Interrogatifs et Relatifs.

Les pronoms interrogatifs français sont :

QUI, QUE, QUOI, QUEL, QUELLE. Ces pronoms se rendent en italien de la manière suivante :

1° QUI, interrogatif, se rend par *CHI*. Exemple :

| | |
|---|---|
| Qui êtes-vous ? | *Chi siete ?* |
| Qui vous a dit cela ? | *Chi v' ha detto questo ?* |
| De qui parlez-vous ? | *Di chi parlate ?* |
| Qui est-ce ? | *Chi è ?* |

2° QUE ou QUOI, interrogatif, se traduit par *CHE* ou *CHE COSA*. Exemple :

| | |
|---|---|
| Que faites-vous ? | *Che fate ?* ou *che cosa fate ?* |
| Qu'est-ce ? | *Che cosa è ?* |
| (Gallicisme) Qu'est-ce que c'est ? | *Che cos' è ?* |
| Qu'est-ce qu'il y a ? | *Che cosa c'è ?* |
| Qu'est ce que vous faites ? | *Che cosa fate ?* |
| A quoi sert le mérite sans bonheur ? | *A che giova il merito senza fortuna ?* |
| A quoi sert ma prudence ? | *Che cosa serve la mia prudenza ?* |
| De quoi s'agit-il ? | *Di che si tratta ?* |
| A quoi bon ? | *A che fine ?* |

3° Le pronom interrogatif QUEL ou QUELLE, suivi d'un nom se traduit, en italien, par *QUALE*, mais bien souvent par *CHE*.

EXEMPLE :

| | |
|---|---|
| Quel homme est-ce ? | *Che uomo è* |
| Quelle femme est-ce ? | *Che donna è ?* |
| Quelle maison est-ce? | *Che casa è ?* |
| Quelles affaires avez-vous ? | *Che affari avete ?* |

Mais si ce pronom est suivi d'un verbe, il faut le rendre par *QUALE* ou *QUALI*. EXEMPLE :

| | |
|---|---|
| Quelle est la maison ? | *Qual' è la casa ?* |
| Quels sont vos desirs ? | *Quali sono le vostre brame ?* |

4° Dans les exclamations, les mots QUEL, QUELLE, se traduisent, en italien, par *CHE* ou *QUALE* qui fait au pluriel *QUALI* ou *QUAI*. EXEMPLE :

| | |
|---|---|
| Quel homme ! | *Che uomo !* |
| Quel beau temps ! | *Che bel tempo !* |
| Quelle femme ! | *Che donna !* |
| Quelles beautés ! | *Che bellezze !* ou *quai bellezze !* |
| Quels prodiges ! | *Che prodigi !* ou *quai prodigi !* |

5° EST-CE QUE, *interrogatif*, s'exprime par *FORSE*. EXEMPLE :

| | |
|---|---|
| Est-ce que vous n'êtes pas content de moi ? | *Non siete forse contento di me ?* |

NOTA. En français, dans les *interrogations*, on met le pronom après le verbe. Nous avons vu, qu'en italien on supprime le pronom, car ce n'est que la seule inflexion de voix qui fait connaître l'interrogation.

## Pronoms relatifs.

Les pronoms relatifs français sont :

### QUI, QUE, QUOI, LEQUEL, DONT.

1° Le mot QUI relatif, se traduit en italien, par *CHI*, toutes les fois qu'il n'a pas d'antécédent c'est-à-dire qu'il n'est pas précédé d'un nom. EXEMPLE :

| | |
|---|---|
| Qui aime, estime. | *Chi ama, stima.* |
| Allez voir qui frappe. | *Andate a vedere chi batte.* |

2° QUI, relatif, lorsqu'il se rapporte à un substantif exprimé, se traduit, par *CHE* quand il est sujet, et par *CUI* quand il est régime. EXEMPLE :

| | |
|---|---|
| C'est la terre qui nous nourrit. | *È la terra che ci nutrisce.* |
| L'homme à qui je parle. | *L'uomo a cui parlo*, ou *cui parlo*, (sans préposition.) |

3° QUE, régime d'un verbe se traduit par *CHE* ou par *CUI*. EXEMPLE :

| | |
|---|---|
| Les exemples que vous lisez. | *Gli esempi che leggete*, ou *cui leggete.* |

4° A QUOI, *sans interrogation*, se traduit par *AL CHE*, se rapportant à une phrase antécédente. Exemple :

| | |
|---|---|
| César désira régner, à quoi il parvint enfin pour son malheur. | *Cesare desiderò di regnare, al che giunse finalmente per sua sventura.* |
| A quoi je répondis. | *Al che risposi.* |

5° A QUOI, relatif à un nom seulement se traduit par *A CUI*, ou *QUALE*, avec l'article Exemple :

| | |
|---|---|
| La chose à quoi l'homme intéressé songe le plus, c'est de tromper son semblable. | *La cosa a cui*, ou *alla quale, più pensa l'uomo interessato, è d'ingannare il suo simile.* |

6° DE QUOI, sans interrogation, se traduit par *DA*, dans les phrases suivantes et semblables. Exemple :

| | |
|---|---|
| Donnez-moi de quoi travailler. | *Datemi da lavorare.* |
| Donnez-lui de quoi écrire. | *Dategli da scrivere.* |

(REMARQUEZ).

| | |
|---|---|
| Je voudrais travailler, mais je n'ai pas de quoi. | *Vorrei lavorare, ma non ho l'occorente.* |

(REMARQUEZ AUSSI) : quelquefois le pronom relatif italien *CHE* signifie *QUANTO*, combien. Exemple :

| | |
|---|---|
| *Dio il sa CHE dolore io sento*, (*Boccace*). | Dieu le sait combien je sens de douleur. |

7° Voici comme on traduit, en italien, les pronoms relatifs suivants :

| | |
|---|---|
| Lequel, | *il quale.* |
| Duquel, | *del quale.* |
| Auquel, | *al quale.* |
| Duquel ou par lequel, | *dal quale.* |
| Lesquels, | *i quali.* |
| Desquels, | *dei* ou *de'quali.* |
| Auxquels, | *ai* ou *a'quali.* |
| Desquels ou par lesquels, | *dai* ou *da'quali.* |
| Laquelle, | *la quale, della quale, alla quale, dalla quale.* |
| Lesquelles, | *le quali, delle quali, alle quali, dalle quali.* |

8° Il faut observer que, le mot *QUALE* qui répond à *lequel, duquel,* etc., employé pour exprimer un doute ou pour interrogation, ne prend point d'article. EXEMPLE :

| | |
|---|---|
| Voici deux livres, lequel voulez-vous ? | *Ecco due libri, qual volete ?* |
| Voici du vin rouge et du vin blanc. | *Ecco vino nero e vino bianco,* |
| Duquel voulez-vous ? | *qual volete ?* |

9° Le mot *QUALE*, italien, avec *TALE*, signifie qualité ou ressemblance, répond en français *tel que, à tel que.*

Exemple :

| | |
|---|---|
| Quale è il padre, | Tel est le père. |
| Tale è il figlio, | Tel est le fils. |
| Tale è l'uno, | Tel est l'un. |
| Quale è l'altro, | Tel est l'autre. |
| Fu tale Fabrizio, in Roma qnale Aristide in Atene, | Fabricius fut à Rome tel qu'Aristide à Athènes. |

REMARQUEZ que le mot *TALE* se trouve quelquefois sousentendu. Exemple :

| | |
|---|---|
| Bisogna dire le cose quali sono, | Il faut dire les choses telles qu'elles sont. |
| Io sarò qual fui, | Je serai tel que je fus. |

10° Le mot français DONT, signifiant DUQUEL, DE LAQUELLE ou DESQUELS, etc., se traduit, en italien, par *DI CUI* ou *DEL QUALE*, *DELLA QUALE*, *DEI QUALI*, etc. Mais *CUI* est employé plus souvent. Exemple :

| | |
|---|---|
| C'est une faveur *dont* je vous remercie, | È un favore di cui io vi ringrazio. |
| La personne *dont* vous parlez, etc. | La persona di cui parlate, etc. |

11° Si le mot DONT est suivi d'un article, on transport cet article devant *CUI*, et l'on dit :

| | | | |
|---|---|---|---|
| Dont | le, | | Il di cui ou il cui. |
| Dont | la, | | La di cui ou la cui. |
| Dont | les, | m. | I di cui ou i cui. |
| Dont | les, | f. | Le di cui ou le cui. |

Exemple :

Un homme *dont* le nom est NAPOLÉON.

Un uomo *il cui* nome è Napoleone.

L'homme *dont* la réputation est sans tâche.

L'uomo *la di cui* riputazione è senza macchia.

Il faut observer que cette transposition d'article n'a lieu que lorsque le nom qui est après DONT, désigne une chose appartenant à celui qui le précéde, (à l'exception de la règle suivante).

12° Le mot DONT, signifiant PAR LEQUEL ou PAR LAQUELLE, se traduit, en italien, par *DA CUI* ou *DAL QUALE*, *DALLE*, etc. Et dans ce cas il ne faut pas transporter l'article devant *CUI*.

Exemple :

*Il fiume da cui il prato è irrigato.*

Le fleuve dont ou par lequel le pré est arrosé.

*L'esercito da cui è assediata la città,*

L'armée dont ou par laquelle la ville est assiégée.

13° Souvent, par élégance, on supprime l'article ou la préposition devant *CUI*. Exemple :

*Voi cui fortuna ha posto in mano il freno delle belle contrade*: (Pétrarque.) c'est-à-dire *a cui*.

Vous à qui la fortune a confié l'empire de ces belles contrées.

14° Le mot *où*, lorsqu'il est adverbe, se traduit, en italien par

*OVE* ou *DOVE*. Mais lorsqu'il signifie DANS LEQUEL, AUQUEL, DANS LAQUELLE, etc., on le traduit alors par *IN CUI, NEL QUALE, NELLA QUALE*, etc. Exemple :

| | |
|---|---|
| L'égoïsme est un vice presque général dans le siècle *où* nous vivons. | L'egoismo è un vizio quasi generale nel secolo *in cui* viviamo. |

15° Le mot *d'où*, signifiant DUQUEL, DE LAQUELLE, se traduit par *DA CUI, DAL QUALE, DALLA QUALE*, etc.

Exemple :

| | |
|---|---|
| C'est une chose *d'où* dépend mon bonheur. | È una cosa *da cui* dipende la mia felicità. |

NOTA. Dans la poésie italienne et aussi dans la prose, on se sert du mot *ONDE*. Ce mot remplace *DI CUI, DEL QUALE, DELLA QUALE, DEI QUALI, DA CUI, DAL QUALE, CON CUI, COL QUALE, COI QUALI, PER CUI*, etc., il répond au mot français DONT qui remplace DUQUEL, DE LAQUELLE, Exemple :

Exemple :

*Voi che ascoltate in rime sperse il suono di que' sospiri ONDE io nudriva il core.* (Pétrarque.)

Vous qui dans mes rimes éparses entendez les soupirs *dont* je nourrissais mon cœur.

On voit dans ce passage que le mot *ONDE* est pris pour *COI QUALI*.

*Amor depose la feratra e l' arco*, ONDE *sempre va carco*. (Tasso).
L'amour déposa le carquois et l'arc *dont* il est toujours chargé.
*Per quello usciuolo ONDE era entrato il mese fuori.* ( Boccace. )
Il le mit dehors par une petite porte par *laquelle* il était entré.

Le mot ONDE remplace souvent la conjonction *perciò*, c'est pourquoi, ou ainsi. EXEMPLE :

*Onde* vi prego di parlargliene.   *Ainsi* je vous prie de lui en parler.
*Odio la speme, e i desiri ed ogni laccio ONDE il mio cor è avvinto.* ( Boccace. )

Je hais l'espoir, les desirs et les liens qui enchaînent mon cœur.

# LEÇON XVII.

## Des Pronoms Indéterminés.

Ces pronoms sont : TOUT, CHAQUE, NUL ou AUCUN, QUELQUE, QUELCONQUE, QUEL QU'IL SOIT, MÊME, TEL, CHACUN, QUELQU'UN, QUICONQUE, PERSONNE, ou PAS UN, QUI QUE CE SOIT, AUTRUI, LES UNS LES AUTRES, RIEN.

Ces pronoms sont les uns relatifs à un nom exprimé ou sous-en-

entendu ; les autres sont employés substantivement dans un sens indéterminé. On les rend en italien, de la manière suivante :

1º TOUT exprimant une TOTALITÉ générale, se traduit par *TUTTO* et s'accorde comme en français avec l'article et le nom.

EXEMPLE :

| | |
|---|---|
| *Tout* le peuple. | *Tutto* il popolo. |
| *Toute* la France. | *Tutta* la Francia. |
| *Tous* les glorieux. | *Tutti* i gloriosi. |
| *Toutes* les puissances. | *Tutte* le potenze. |

2º TOUT, signifiant CHAQUE, se rend par *OGNI*, qui est toujours au singulier (voyez l'observation), et sert pour le masculin et le féminin. EXEMPLE :

| | |
|---|---|
| *Tout* homme raisonne. | *Ogni* uomo ragiona. |
| *Toute* femme prudente est estimée. | *Ogni* donna prudente è stimata. |
| *Chaque* homme. | *Ogni* uomo. |
| *Chaque* femme. | *Ogni* donna. |

3º TOUT, signifiant CHAQUE CHOSE, se traduit par *OGNI COSA*, ou par *TUTTO*, selon le sens de la phrase. EXEMPLE :

| | |
|---|---|
| Le despotisme a *tout* gâté. | Il despotismo ha guastato *ogni cosa*. |
| Trouvant *toute* (chose) agréable et gracieuse, j'y restai long temps. | Trovando *ogni cosa* grato e grazioso, vi dimorai molto tempo. |

4° TOUT LE MONDE, tenant la place de CHACUN ou de TOUS, se traduit par *OGNUNO*, *CIASCHEDUNO*, *CIASCUNO*, ou par *TUTTI* qui s'accorde avec le nom. EXEMPLE :

| | |
|---|---|
| *Tout* le monde sait sa leçon. | *Ognuno* sa la sua lezione. |
| *Tout* le monde en parle. | *Tutti* ne parlano. |
| *Tout* le monde est sorti de ma chambre. | *Tutti* sono sortiti di mia camera. |

5° NUL ou AUCUN se traduit par *NESSUNO*, *NIUNO*, *VERUNO*, en supprimant la négation *NON* quand l'un de ces mots se met après le verbe. EXEMPLE :

| | |
|---|---|
| *Aucun* climat n'est meilleur que celui de l'Italie. | *Nessun* clima è migliore dell' Italia. |
| Ne t'arrête *nulle* part. | *Non* ti fermare in *verun* luogo. |
| Je ne vois personne. | *Non* vedo *nessuno*. |

6° QUELQUE se traduit par *QUALCHE* ; il ne s'emploie qu'au singulier, et l'on dit au pluriel *alcuni* ou *alquanti*, masculin ; *alcune* ou *alquante* féminin. EXEMPLE :

| | |
|---|---|
| Il y a *quelque* temps que je ne l'ai pas vu. | È *qualche* tempo che non l'ho veduto. |
| J'ai vu *quelques* messieurs et *quelques* dames. | Ho veduto *alcuni* signori e *alcune* signore. |
| *Quelques* exemples suffisent pour connaître la règle | *Alquanti* esempj bastano per conoscere la regola. |
| Je l'ai vu *quelques* fois au théâtre. | Io l' ho veduto *alcune* volte al teatro. |

7° QUELQUE ou TOUT devant un adjectif suivi de QUE et d'un verbe se traduit par *PER QUANTO*, invariable, sans exprimer le QUE, ou bien en exprimant le QUE sans exprimer *QUANTO*, en mettant toujours le verbe au subjonctif. EXEMPLE :

| | |
|---|---|
| *Quelque* fier *que* vous soyez je ne vous estime pas. | *Per quanto* fiero voi siate, ou *per* fiero *che* siate, io non vi stimo. |
| *Tout* savant *que* vous êtes, etc. | *Per quanto* dotto voi siate, ou *per* dotto *che* siate, etc. |

8° QUELQUE devant un substantif suivi de QUE et d'un verbe au subjonctif, se traduit par *PER QUANTO*, qui s'accorde avec le substantif, et l'on n'exprime pas le QUE. EXEMPLE :

| | |
|---|---|
| *Quelques* larmes *qu'*elle répande. | *Per quante* lagrime ella sparga. |
| *Quelques* efforts *qu'*il fasse. | *Per quanti* sforzi egli faccia. |

9° QUELCONQUE, QUEL QUE SOIT, QUEL QU'IL SOIT; QUELLE QU'ELLE SOIT se traduisent, en italien, par *QUALSISIA* ou *QUALSIVOGLIA*, qui font au pluriel, *QUALSISIANO* ou *QUALSIVOGLIANO*. On peut même remplacer ces mots par le mot *QUALUNQUE* invariable, ou bien par *CHIUNQUE* accompagné du verbe *ÊTRE*. EXEMPLE :

| | |
|---|---|
| Dictez-moi deux phrases *quelconques*. | Dettatemi due frasi *qualunque*. |
| *Quelqu'il* soit. | *Chiunque* sia. |
| *Quelque* livre *que* ce soit. | *Qualsivoglia libro*. |
| *Quelle que soit* la chose que vous me disiez elle me sera toujours agréable. | *Qualunque* cosa voi mi diciate mi sarà sempre grata. |

10° MÊME se traduit par *MEDESIMO* ou *STESSO*. Exemple :

| | |
|---|---|
| Nous sommes arrivés dans le même jour. | Siamo giunti nello *stesso* giorno. |

REMARQUEZ qu'il ne faut pas confondre MÊME, adjectif avec MÊME, adverbe, dans le dernier cas, voyez les adverbes, leçon 30, n° 15, f° page...

11° TEL se rend en italien par *TALE*, *COTALE* qui signifient *certain*, un *certain*. Exemple :

| | |
|---|---|
| J'ai vu cet homme, ou ce *certain* homme qui vous doit de l'argent. | Ho veduto quel *tale* che vi deve denaro. |
| Il a une *certaine* mine qui ne me plait pas. | Egli ha una *cotal* cera che non mi piace. |

12° CHACUN se traduit par *OGNUNO*, *CIASCUNO*, *CIASCHEDUNO*. Exemple :

| | |
|---|---|
| *Chacun* chante à son plaisir. | *Ognuno* canta a suo piacere. |
| *Chacun* se met à sa place. | *Ciascuno* si mette al suo posto. |

13° QUELQU'UN se traduit par *QUALCHEDUNO*, *QUALCUNO*, *ALCUNO*, *UNO*. Exemple :

| | |
|---|---|
| Je vois *quelqu'un*. | Vedo *alcuno*. |
| Je vois *quelques uns*. | Veggo *alcuni* ou *taluni*. |
| J'attends *qaelqu'un* chez moi. | Aspetto *qualcheduno* in casa mia. |

14° QUICONQUE, QUI QUE CE SOIT, QUEL QU'IL SOIT, se

rendent par *CHIUNQUE, QUALUNQUE, CHICCHESIA*, ou *CHIUNQUE SIA*. Exemple :

| | |
|---|---|
| *Qui que ce soit* qui vient, vous lui direz que je suis sorti. | *Chiunque* verrà, gli direte ch'io sono fuori. |

15° AUTRUI se traduit par *ALTRUI*, ce mot est toujours régime. Exemple :

| | |
|---|---|
| Heureux celui qui vit aux dépens d'*autrui*. | Fortunato colui che vive alle spese d'*altrui*. |

16° L'*altrui*, avec l'article signifie le bien d'*autrui*. Exemple :

| | |
|---|---|
| Si deve astenersi di torre l'*altrui*. | On doit se garder de prendre le bien d'*autrui*. |

17° LES UNS, LES AUTRES, se rendent, en italien par *GLI UNI, GLI ALTRI*. Exemple

| | |
|---|---|
| La fortune abaisse *les uns* et élève *les autres*. | La fortuna abbassa *gli uni* ed innalza *gli altri*. |

18° Il faut remarquer qu'il y a des cas où l'on peut traduire *les uns, les autres* par *CHI, ALTRI*, ou bien par *QUESTI, QUEGLI*, Exemple :

| | |
|---|---|
| Dans ce monde, | In questo mondo. |
| *Les uns* pleurent, | *Chi* piange. |
| *Les autres* rient : | *Chi* ride. |
| *Les uns* travaillent, | *Altri* lavora. |

| | |
|---|---|
| *Les autres* trompent : | *Altri* inganna. |
| *Les uns* médisent. | *Questi* sparla. |
| *Les autres* méprisent. | *Quegli* sprezza. |

19° RIEN, se rend par *NIENTE* ou *NULLA*. Il faut supprimer la négation *NON* quand l'un de ces mots est devant le verbe, et il faut l'employer quand il est après. EXEMPLE :

| | |
|---|---|
| Je ne vois *rien*. | *Nulla* veggo. |
| Il ne voit *rien*. | *Non* vede *niente*. |

20° Il faut observer que lorsqu'une phrase renferme plusieurs verbes, les mots *NIENTE* ou *NULLA* se placent toujours après le verbe. EXEMPLE :

| | |
|---|---|
| Il ne veut *rien* faire. | *Non* vuole far *niente*. |

( Et non pas *niente far*. )

21° Le mot *NULLA* est employé quelquefois adjectivement.

EXEMPLE.

| | |
|---|---|
| E il ciel qual è se *nulla* nube il vela ? ( Petrarca. ) | Eh ! quel est le ciel qui soit toujours sans nuage ? |

22° Lorsque RIEN est synonyme de CHOSE, on peut le traduire, en italien, par *COSA*, en supprimant la préposition *DE* qui est après RIEN. EXEMPLE.

| | |
|---|---|
| Il n'y a *rien* de pire qu'une mauvaise langue. | Non v'è *cosa* peggiore che una cattiva lingua. |
| Il n'y a *rien* qui offense l'amitié autant que l'intérêt. | Non v'è *cosa* che offenda l'amicizia quanto l'interesse. |

## OBSERVATION.

Nous avons dit que le mot TOUT signifiant CHAQUE, se rend en italien par *OGNI* qui est toujours au singulier. Cependant il y a des cas où *OGNI* est au pluriel, comme ; il vient me voir tous les deux jours ; *egli viene a trovarmi ogni due giorni* ; il va en Italie tous les deux ans, *egli va in Italia ogni due anni* ; il paie son loyer tous les trois mois, *egli paga l'affitto ogni tre mesi*, etc. ; elle prend leçon tous les jours, *ella prende lezione ogni giorno*.

Quelquefois, par élégance on supprime l'article qui suit le pronom *TUTTO*. EXEMPLE :

| | |
|---|---|
| Il ne fait que se promener tout le jour. | Non fa altro che passeggiare *tutto dì*, au lieu de *tutto il dì*. |

*AVERE IL TUTTO*, ou *ESSERE IL TUTTO* signifie avoir *toute* l'autorité, *toute* la puissance. EXEMPLE :

| | |
|---|---|
| *Avendo* appo loro i ventiquattro Ambascidori che erano il *tutto* della terra. ( Boccace. ) | Ayant auprès d'eux les vingt-quatre Ambassadeurs qui avaient la puissance de *toute* la terre. |

Les expressions italiennes *TUTTO QUANTO, TUTTA QUANTA, TUTTI QUANTI, TUTTE QUANTE*, expriment collectivement toutes les parties d'un tout. EXEMPLE : *egli ci aspetta, alla campagna, tutti quanti*, il nous attend à la campagne tous tant que nous sommes ; *voi gli avete fatto molta paura, perchè trema tutto quanto* ; vous lui avez fait beaucoup de peur, car il tremble de la tête aux pieds ; *la casa è bruciata tutta quanta*, la maison tout entière est brûlée.

On voit par ce dernier exemple que lorsque le mot TOUT est employé en français comme adverbe, il est toujours adjectif en italien, car il s'accorde avec le substantif.

Je finirai cette leçon en démontrant quelques remarques particulières dont il y a question de synonymes, dans ces pronoms.

EXEMPLE :

| | |
|---|---|
| En *toutes* façons. | *In ogni modo.* |
| Il est *tout* naturel. | *È cosa naturalissima.* |
| *Tout* doucement. | *Adagio, pian piano.* |
| Parler *tout* bas. | *Parlare sotto voce*, ou *a voce sommessa.* |
| Parler *tout* haut. | *Parlare forte*, ou *ad alta voce.* |
| Par *tout* pays. | *In ogni paese*, ou *in ogni luogo.* |
| A *tout* hasard. | *Ad ogni evento.* |
| Quoiqu'il en soit. | *Comunque sia.* |
| *Toutes* les fois que. | *Ogni qualvolta.* |
| De *quelque* manière que ce soit. | *In qualunque modo.* |
| Ils ont gagné dix francs *chacun*. | Essi hanno quadagnato dieci franchi *per uno*(1). |

___

(1) Dans ce dernier exemple, et d'autres semblables ; le mot CHACUN se traduit en italien par *per uno*.

# LEÇON XVIII.

## Du Verbe auxiliaire *AVERE*, AVOIR.

### INDICATIF.

#### PRÉSENT,

| | |
|---|---|
| J'ai, | *io ho.* |
| Tu as, | *tu hai.* |
| Il a, | *egli ha.* |
| Nous avons | *noi abbiamo.* |
| Vous avez, | *voi avete.* |
| Ils ont, | *eglino hanno.* |

#### IMPARFAIT.

| | |
|---|---|
| J'avais, | *io aveva.* |
| Tu avais, | *tu avevi.* |
| Il avait, | *egli aveva.* |
| Nous avions, | *noi avevamo.* |
| Vous aviez, | *voi avevate.* |
| Ils avaient, | *eglino avevano.* |

#### PASSÉ DÉFINI.

| | |
|---|---|
| J'eus, | *io ebbi.* |
| Tu eus, | *tu avesti.* |
| Il eut, | *egli ebbe.* |
| Nous eûmes, | *noi avemmo.* |
| Vous eûtes, | *voi aveste.* |
| Ils eurent, | *eglino ebbero.* |

#### PASSÉ INDÉFINI.

| | |
|---|---|
| J'ai eu, | *io ho avuto,* etc. |
| Nous avons eu, | *noi abbiamo avuto,* etc. |

#### PASSÉ ANTÉRIEUR.

| | |
|---|---|
| J'ais eu, | *io ebbi avuto,* etc. |

#### PLUS-QUE-PARFAIT.

| | |
|---|---|
| J'avais eu, | *io aveva avuto,* etc. |

#### FUTUR.

| | |
|---|---|
| J'aurai, | *io avrò.* |
| Tu auras, | *tu avrai.* |
| Il aura, | *egli avrà.* |
| Nous aurons, | *noi avremo.* |
| Vous aurez, | *voi avrete.* |
| Ils auront, | *eglino avranno.* |

#### FUTUR ANTÉRIEUR.

| | |
|---|---|
| J'aurai eu, | *io avrò avuto;* etc. |

### CONDITIONNEL PRÉSENT.

| | |
|---|---|
| J'aurais, | *io avrei.* |
| Tu aurais, | *tu avresti.* |
| Il aurait | *egli avrebbe.* |
| Nous aurions, | *noi avremmo.* |
| Vous auriez, | *voi avreste.* |
| Ils auraient, | *eglino avrebbero.* |

### CONDITIONNEL PASSÉ.

| | |
|---|---|
| J'aurais eu, | *io avrei avuto*, etc. |

### IMPÉRATIF.

| | |
|---|---|
| N'aie pas, | *non avere.* |
| Aie, | *abbi.* |
| Qu'il ait, | *abbia.* |
| Ayons, | *abbiamo.* |
| Ayez, | *abbiate.* |
| Qu'ils aient, | *abbiano.* |

### SUBJONCTIF.

#### PRÉSENT OU FUTUR.

| | |
|---|---|
| Que j'aie, | *ch'io abbia.* |
| Que tu aies, | *che tu abbi*, ou *abbia.* |
| Qu'il ait, | *ch'egli abbia.* |
| Que nous ayons, | *che noi abbiamo.* |
| Que vous ayez, | *che voi abbiate.* |
| Qu'ils aient, | *ch'eglino abbiano.* |

#### IMPARFAIT.

| | |
|---|---|
| Que j'eusse, | ch'io avessi |
| Que tu eusses, | che tu avessi. |
| Qu'il eût, | ch'egli avesse. |
| Que nous eussions, | che noi avessimo. |
| Que vous eussiez, | che voi aveste. |
| Qu'ils eussent, | ch'eglino avessero. |

#### PASSÉ.

Que j'aie eu,        ch'io abbia avuto, etc.

#### PLUS-QUE-PARFAIT.

Que j'eusse eu,        ch'io avessi avuto, etc.

#### INFINITIF PRÉSENT.

Avoir,        avere.

#### PASSÉ.

Avoir eu,        avere avuto, etc.

#### PARTICIPE PRÉSENT.

| Ayant<br>ou<br>en ayant | { avendo.<br>in avere.<br>n'ell'avere.<br>con avere.<br>coll'avere. } | Tous les infinitifs deviennent *participes présents* lorsqu'ils sont précédés par une de ces prépositions avec ou sans article. |
|---|---|---|

PARTICIPE PASSÉ.

Eu, *avuto.* Pluriel, *avuti.*
Eue, *avuta,* *avute.*

GÉRONDIF PASSÉ.

Ayant eu, *avendo avuto*, etc.

NOTA. 1° Les interrogations, françaises, aurai-je? avons-nous? as-tu? a-t-il? etc. Il faut mettre, en Italien, les pronoms personnels après le verbe et dire : *avrò io? abbiamo noi? hai tu! ha egli?*

2° On peut aussi supprimer les pronoms, car le ton de la voix suffit pour indiquer l'interrogation. EXEMPLE : ai-je bien chanté? *ho cantato bene?* fait-il bien? *fa bene?*

3° Dans la négation il faut se servir de *non*, sans exprimer pas ou point. EXEMPLE : je n'ai pas de plume, *io non ho penne*; tu n'es pas riche, *tu non sei ricco*, etc.

3° Pour exprimer, j'en ai, tu en as, il en a, nous en avons, etc., on peut supprimer ou non les pronoms personnels, et dire : *io ne ho*, ou *ne ho*, *tu ne hai*, ou *ne hai*, *egli ne ha*, ou *ne ha*, *noi ne abbiamo*, ou *ne abbiamo*, etc. Je n'en ai pas, tu n'en as pas, etc. *Non ne ho*, *non ne hai*, etc. N'en ai-je pas? *non ne ho io?* N'en as-tu pas, *non ne hai tu?*, etc.

5° Le gallicisme AVOIR BEAU FAIRE, AVOIR BEAU DIRE, etc., se traduit, en italien, par *PER QUANTO* : Il a beau faire, etc., *per quanto faccia*; ils ont beau dire, *per quanto dicono*; vous avez beau avoir des soldats, *per quanti soldati abbiate*, etc.

# LEÇON XIX.

## Du *Verbe auxiliaire* ESSERE, ÊTRE.

#### Indicatif présent.

| | |
|---|---|
| Je suis, | *io sono.* |
| Tu es, | *tu sei.* |
| Il est, | *egli è.* |
| Nous sommes, | *noi siamo.* |
| Vous êtes, | *voi siete.* |
| Ils sont, | *eglino sono.* |

#### Imparfait.

| | |
|---|---|
| J'étais, | *io era.* |
| Tu étais, | *tu eri.* |
| Il était, | *egli era.* |
| Nous étions, | *noi eravamo.* |
| Vous étiez, | *voi eravate.* |
| Ils étaient, | *eglino erano.* |

PASSÉ DÉFINI.

| | |
|---|---|
| Je fus, | *io fui.* |
| Tu fus, | *tu fosti.* |
| Il fut, | *egli fu.* |
| Nous fûmes, | *noi fummo.* |
| Vous fûtes, | *voi foste.* |
| Ils furent, | *eglino furono.* |

PASSÉ INDÉFINI.

| | |
|---|---|
| J'ai été, | *io sono stato.* |
| Tu as été, | *tu sei stato.* |
| Il a été, | *egli è stato.* |
| Nous avons été, | *noi siamo stati.* |
| Vous avez été, | *voi siete stati.* |
| Ils ont été, | *eglino sono stati.* |

PASSÉ ANTÉRIEUR.

| | |
|---|---|
| J'eus été, | *io fui stato.* |
| Tu eus été, | *tu fosti stato.* |
| Il eut été, | *egli fu stato.* |
| Nous eûmes été, | *noi fummo stati.* |
| Vous eûtes été, | *voi foste stati.* |
| Ils eurent été, | *eglino furono stati.* |

PLUS-QUE-PARFAIT.

J'aurais été, *io era stato*, etc.

#### FUTUR.

| | |
|---|---|
| Je serai, | io sarò. |
| Tu seras, | tu sarai. |
| Il sera, | egli sarà. |
| Nous rerons, | noi saremo. |
| Vous serez, | voi sarete. |
| Ils seront, | eglino saranno. |

#### FUTUR ANTÉRIEUR.

| | |
|---|---|
| J'aurai été, | io sarò stato, etc. |

#### CONDITIONNEL PRÉSENT.

| | |
|---|---|
| Je serais, | io sarei. |
| Tu serais, | tu saresti. |
| Il serait, | egli sarebbe. |
| Nous serions, | noi saremmo. |
| Vous seriez, | voi sareste. |
| Ils seraient, | eglino sarebbero. |

#### CONDITIONNEL PASSÉ.

| | |
|---|---|
| J'aurais été, | io sarei stato, etc. |

#### IMPÉRATIF.

| | |
|---|---|
| Ne sois pas, | non essere. |
| Sois, | sii ou sia. |
| Qu'il soit, | sia. |
| Soyons, | siamo. |
| Soyez, | siate. |
| Qu'ils soient, | siano. |

## SUBJONCTIF.

### PRÉSENT OU FUTUR.

| | |
|---|---|
| Que je sois, | *ch'io sia.* |
| Tu sois, | *tu sii* ou *sia.* |
| Il soit, | *egli sia.* |
| Nous soyons, | *noi siamo.* |
| Vous soyez, | *voi siate.* |
| Ils soient, | *eglino siano,* ou *sieno.* |

### IMPARFAIT.

| | |
|---|---|
| Que je fusse, | *ch'io fossi.* |
| Tu fusses, | *tu fossi.* |
| Il fût, | *egli fosse.* |
| Nous fussions, | *noi fossimo.* |
| Que vous fussiez, | *che voi foste.* |
| Qu'ils fussent, | *ch' eglino fossero.* |

### PASSÉ.

Que j'aie été,     *ch' io sia stato,* etc.

### PLUS QUE PARFAIT.

Que j'eusse été,     *ch' io fossi stato,* etc.

### INFINITIF PRÉSENT.

Être.     *essere.*

### PASSÉ.

Avoir été,     *essere stato* ou *stata,* etc.

### Participe présent.

| | | |
|---|---|---|
| Étant<br>ou<br>en étant, | essendo.<br>in essere,<br>nell' essere.<br>con essere.<br>coll' essere. | Tous les infinitifs deviennent *participes présens* lorsqu'ils sont précédés par une de ces prépositions avec ou sans article. |

### Participe passé.

Été,  stato, *m.* stata *f.*
Pluriel.  stati, *m.* state *f.*

### Gérondif passé.

Ayant été,  essendo stato ou *stata*, *etc.*

## Remarques sur les Verbes AVERE et ESSERE.

1° Les italiens n'emploient pas la seconde personne du singulier de l'impératif négativement, il la remplacent par l'infinitif, et ils disent : *NON AVERE*, *NON ESSERE*, *NON AMARE*, etc. N'avoir pas, n'être pas, n'aimer pas, abrégés de *tu non devi avere*, *tu non devi essere*, *tu non devi amare*, etc.

2° Nous avons remarqué, dans les deux verbes auxiliaires, qu'il ne faut jamais employer le mot *QUE* devant la troisième personne de l'impératif. Cette règle est générale dans tous les verbes.

3° D'après la lecture de la conjugaison du verbe *ESSERE*, on a vu que ce verbe n'emprunte pas, comme en français, les temps du verbe *AVERE* pour former les temps composés, mais qu'il les forme avec ses propres temps simples; et l'on dit : *io sono stato, io era stato*, etc., et non pas *io ho stato, io aveva stato*, etc.

4° Le participe passé s'accorde en genre et en nombre avec le sujet ; ainsi l'on dit pour le masculin : *io sono stato* au singulier, et *noi siamo stati* au pluriel ; pour le féminin, on dit *io sono stata* au singulier, et *noi siamo state* au pluriel.

5° Il faut remarquer que le verbe *ESSERE*, n'est jamais employé impersonnellement comme *ÊTRE* en français. Il faut, en italien, le faire accorder avec le nom qui suit, parce que ce nom devient le sujet du verbe. EXEMPLE : Il est une heure, il est six heures, etc., *è un'ora, sono sei ore*; etc.

6° Je fais observer que, quelques-uns emploient des verbes poétiques et anciens dans certains temps du verbe *AVERE* et *ESSERE*. Ils disent : (1)

*Io avea* pour *aveva*, *egli avea* pour *aveva*; j'avais, il avait; *egli avria* pour *avrebbe*, il aurait ; *saria* pour *egli sarebbe*, il serait ; *sariano* pour *sarebbero*, il seraient ; *fussimo* pour *che noi fossimo*, que nous fussions ; *forano* pour *sarebbero*, ils seraient ; *fieno* pour *saranno*, ils seront ; *ero* pour *io era*, j'étais ; *avevo* pour *io aveva*, et ainsi d'autres.

7° Pour traduire en italien, c'est à moi, c'est à toi, c'est à lui, c'est à nous, c'est à vous, etc., de parler ou de faire, etc., quand ils sont suivis d'un verbe, on dit : *sta a me* ou *tocca a me*, *sta a te*

---

(1) Les étrangers ne doivent se servir des formes de ces verbes qu'avec réserve.

ou *tocca à te*, etc.; *di parlare*, *di fare* ou bien *s'aspetta a me*, *à te di fare*, etc.

8° Pour traduire *c'est de moi qu'on parle*, *c'est à toi que je l'ai ordonné*, ou autres phrases semblables, il faut dire : *di me si parla* ou *si parla di me* ; *a te l' ho commandato* ou *l' ho commandato a te*.

9° Pour traduire *c'est à vous que je parle*, *c'est à lui que je réponds*; *c'est à elle que je parlerai*, etc., il faut dire : *a voi dico* ou *io dico a voi*, *a lui io rispondo*, ou *rispondo a lui*; *a lei io parlerò* ou *parlerò a lei*.

10° On doit rendre la préposition française A par DA dans les phrases suivantes et semblables.

Les français disent :

| | |
|---|---|
| C'est une chose à faire, (pour, c'est une chose qu'on doit faire.) | *È cosa da fare* ou *da farsi*. |
| C'est un homme à respecter, (pour, c'est un homme qu'on doit respecter.) | *È uomo da rispettare*, ou *da rispettarsi*. |
| J'ai beaucoup de choses à faire, (pour, je dois faire beaucoup de choses.) | *Ho molte cose da fare*. |
| J'ai quelque chose à lui dire. | *Ho qualche cosa da dirgli*. |

On voit par ces exemples que, la préposition française A, précède un infinitif qui dépend du verbe AVOIR ou ÊTRE.

11° Enfin, on traduit :

| | |
|---|---|
| C'est vous qui l'avez tué. | *Siete voi che l'avete ucciso*. |

| | |
|---|---|
| C'est lui qui l'a dit. | È stato egli che l'ha detto. |
| C'est elle qui l'a caché. | Ella l'ha nascosto. |
| C'est toi qui l'as fait. | Sei tu che l'hai fatto. |

On peut aussi dire : *Voi l'avete ucciso ; egli l'ha detto ; tu l'hai fatto.* Mais en employant le verbe être, l'expression donne plus de force à la phrase.

12° C'est moi, c'est toi, c'est lui, c'est nous, c'est vous, ce sont eux, se traduisent, en italien, par : *Sono io, sei tu, è egli, siamo noi, siete voi, sono eglino.*

| On dit en français : | En italien, on dira : |
|---|---|
| Il n'est pas en moi de faire telle chose. | *Non è in mio potere,* ou *non è in mano mia di fare simil cosa.* |
| Il en est des peintres comme des poètes. | *Così accade dei pittori come dei poeti,* ou *lo stesso accade,* etc. |
| Avez-vous fini les phrases ? Pas encore. Où en êtes-vous ? J'en suis à la moitié. | *Avete finito le frasi ? Non ancora, A che segno,* ou *a che punto siete ? Sono alla metà* ou *a metà lavoro.* |
| Il se flatte d'être au-dessus de moi. | *Egli si adula d'essere da più di me.* |

13° Il y a une infinité d'*italianismes*, formés avec les verbes AVERE et ESSERE, AVOIR et ÊTRE. EXEMPLE :

| | |
|---|---|
| *Aver caro di...* | Être bien aise de... |
| *Aver caro uno.* | Chérir quelqu'un. |
| *Aver a mente.* | Se rappeler. |
| *Averla con uno.* | Être fâché contre quelqu'un. |

| | |
|---|---|
| *Aver fretta.* | Être pressé. |
| *Aversela a male.* | S'en formaliser, ou s'en fâcher. |
| *Abbiatemi per iscusato.* | Veuillez bien m'excuser. |
| *Essere in buon concetto.* | Jouir d'une bonne réputation. |
| *Essere in pessimo concetto.* | Avoir une très mauvaise réputation. |
| *Essere nelle grazie d'uno.* | Jouir de la faveur de quelqu'un. |
| *Essere a mal termine.* | Être dans une mauvaise position. |
| *Essere un poco di buono.* | Être un mauvais sujet. |
| *Essere scarso di roba.* | Être à court d'argent. |
| *Essere in ordine* ou *all'ordine.* | Être tout prêt. |

Du reste, c'est au maître d'apprendre à ses élèves les *italianismes*, et de leur faire l'explication en français, c'est-à-dire, de les décomposer, et de les rétablir dans le sens grammatical, et ainsi l'élève aura soin de bien remarquer les *italianismes* lorsqu'il les rencontrera dans la lecture des bons ouvrages italiens.

# LEÇON XX.

## Manière d'exprimer en Italien le verbe AVOIR employé impersonnellement avec l'adverbe Y.

1º Pour rendre en italien les expressions françaises, *il y a*, *il y avait*, etc., il faut commencer par supprimer le pronon *il* qui ne s'exprime pas dans la langue italienne, et il faut traduire l'adverbe *y* par *ci* quand il indique le lieu où l'on est, et par *vi* quand il indique le lieu où l'on n'est pas. Le verbe avoir se traduit par le verbe *essere*, en l'accordant avec le nom qui le suit. EXEMPLE :

| | |
|---|---|
| Dans tous les pays *il y a* le bon et le mauvais. | In ogni paese *v'è* il buono et il cattivo. |
| Cependant *il y a* des pays où *il n'y a* rien de bon. | Per altro *vi sono* paesi ove non *v'è* nulla di buono. |

On voit par ce dernier exemple que *sono* est au pluriel pour se mettre en accord avec *des pays*.

2º Lorsque l'adverbe *Y* est suivi du pronom *EN*, il faut changer *ci* et *vi* en *ce* et *ve*. EXEMPLE :

| | |
|---|---|
| Il y en a un. | *Ce n'è uno* où *ve n'è uno*. |

| | |
|---|---|
| Il y en a deux. | Ce ne sono due ou ve ne sono due. |
| Il y en aura un. | Ve ne sarà uno. |
| Il y en aura plusieurs. | Ve ne saranno molti. |
| Il n'y en a plus. | Non ce n'è più ou non ve n'è più. |

3° L'adverbe *y* en français sert à indiquer le lieu et le temps. En italien, on ne l'exprime point quand on parle d'un intervalle de temps. EXEMPLE :

| | |
|---|---|
| Il y a un an que je ne l'ai pas vu. | È un anno che non l' ho veduto. |
| Il y a 14 ans que je n'ai pas vu ma belle patrie. | Sono 14 anni ch' io non ho veduto la mia bella patria. |
| Il y a une heure que je vous attends. | È un' ora che v'aspetto. |

4° Il faut observer que, lorsqu'il s'agit d'une chose qui est tout-à-fait passée, comme : cela arriva il y a deux siècles, etc., on peut dire : *ciò accadde due secoli fa* ou *due secoli sono*, etc.

Pour aider la mémoire des commençans, je vais mettre ici tous les temps de ce verbe *impersonnel il y a*, *il y avait*, *il y eut*, etc.

### INDICATIF PRÉSENT.

| SINGULIR. | | PLURIEL. |
|---|---|---|
| Il y a, | c' è ou vè, | ci sono ou vi sono. |

### IMPARFAIT.

| | | |
|---|---|---|
| Il y avait, | c'era ou v'era, | c'erano ou v'erano. |

## Passé défini.

Il y eut,  ci fu,  ci furono ou vi furono.

## Passé composé.

Il y a eu,  c'è stato,  ci sono stati ou vi sono stati.

## Plus-que-parfait.

Il y avait eu,  c'era stato,  c'erano stati.

## Futur.

Il y aura,  ci sarà,  ci saranno ou vi saranno.

## Impératif.

Qu'il y ait,  che ci sia.  che ci siano ou vi siano.

## Subjonctif.

Qu'il y ait,  che ci sia,  che ci siano ou vi.

## Imparfait.

Qu'il y eût,  che ci fosse,  che ci fossero ou vi fossero.

## Conditionnel.

Il y aurait,  ci sarebbe,  ci sarebbero ou vi sarebbero.

## Passé parfait

Qu'il y ait eu,  che ci sia stato,  che ci siano stati.
S'il y avait eu,  se ci fosse stato,  se ci fossero stati.

— 140 —

| | | |
|---|---|---|
| Qu'il y eût eu, | *che vi fosse stato,* | *che ci fossero stati.* |
| Il y aurait eu, | *ci sarebbe stato.,* | *ci sarebbero stati.* |
| Quand il y aura eu, | *quando vi sarà stato,* | *quando vi saranno stati.* |

### INFINITIF.

Y avoir eu,                             *esservi stato.*

### GÉRONDIF.

Y ayant eu,                             *essendovi stato.*
Au féminin on mettra                    *stata, state.*

On doit observer que, quand après l'adverbe *y*, on trouve le verbe AVOIR suivi d'un participe (excepté *stato*), il faut alors exprimer les temps du verbe AVOIR par ceux du verbe *AVERE*, et non pas par ceux du verbe *ESSERE*. EXEMPLE :

| | |
|---|---|
| J'y ai travaillé. | *Io ci ho lavorato.* |
| Tu y as dîné. | *Tu ci hai pranzato.* |
| Il y a couché. | *Egli ci ha dormito.* |
| Nous y avons chanté. | *Noi ci abbiamo cantato.* |
| Vous y avez lu. | *Voi ci avete letto.* |
| Ils y ont dansé. | *Eglino ci hanno ballato.* |

Il faut observer la même règle pour tous les temps à moins que ce ne soit le participe *stato*, devant lequel on ne met jamais les temps du verbe *avere*.

| | |
|---|---|
| J'y ai été, | *io ci sono stato* ou *stata. f.* |
| Tu y as été, | *tu ci sei stato* ou *stata. f.* |

Il en est de même dans tous les temps et dans toutes les personnes

Les expressions françaises, *y en-a-t-il? y en avait-il? n'y en a-t-il point? n'y en aurait-il pas?* etc., se traduisent de la manière suivante :

| | SINGULIER. | PLURIEL. |
|---|---|---|
| Y en a-t-il ? | *ce n'è ?* | *ce ne sòno ?* ou *ve ne sono ?* |
| Y en avait-il ? | *ve n'era ?* | *ve n'erano ?* |
| N'y en a-t-il point ? | *non ce n'è ?* | *non ce ne sono ?* |
| N'y en aurait-il pas ? | *non ve ne sarebbe ?* | *non ve ne sarebbero ?* |
| Y en eût-il ? | *ve ne fu ?* | *ve ne furono ?* |
| N'y en aurait-il pas eu ? | *non ve ne sarebbe stato ?* | *non ve ne sarebbero stati ?* |
| Y en aurait-il ? | *ve ne sarebbe ?* | *ve ne sarebbero ?* |

| | |
|---|---|
| Pour y en avoir trop eu. | *Per esservene stato troppo.* |
| Y en ayant eu trop peu. | *Essendovene stato troppo poco.* |

NOTA. 1° Lorsqu'après les pronoms, me, te, nous, vous, on trouve Y suivi d'un verbe, il s'exprime de la manière suivante :

| | |
|---|---|
| Il m'y verra. | *Mi ci vedrà* |
| Il t'y donnera. | *Ti ci darà.* |

Mais en général, quand l'adverbe Y se rencontre avec des pronoms il vaut mieux se servir, en italien, des adverbes *quà*, *quì*, à la place de *ci*, et de se servir de *là*, *lì*, à la place de *vi*. EXEMPLE : (1).

Vous nous y trouverez.  *Voi ci troverete là.*
Il faut nous l'y envoyer.  *Bisogna mandarcelo ivi.*
Nous vous y trouverons.  *Noi vi troveremo quà.*

2° Je fais observer que, plusieurs auteurs anciens italiens ont employé souvent l'expression *egli vi ha* ou *havvi*, qui répond à l'expression française *il y a*, etc., et sert pour le singulier et pour le pluriel; quelquefois on l'emploie aussi aujourd'hui par élégance.

3° Je fais aussi observer que les Italiens emploient quelquefois le verbe *darsi* (se donner), dans le même sens que la forme *il y a*. EXEMPLE :

Non *si da* peso più grande di quello d'aver una moglie cattiva.   *Il n'y a* pas de plus lourd fardeau que celui d'avoir une femme méchante.

---

(1) En pareil cas, il faut consulter l'oreille pour éviter la dureté.

# LEÇON XXI.

## Manière d'exprimer le mot ON en italien.

1° Le mot ON s'exprime en italien par *SI*, (1) et le verbe que ce pronom régit, s'accorde avec le nom qui le suit :

EXEMPLE :

| | |
|---|---|
| On voit un homme. | *Si vede un uomo.* |
| On voit des hommes. | *Si vedono uomini.* |
| On voyait un soldat. | *Si vedeva un soldato.* |
| On vit des soldats. | *Si videro soldati.* |
| On verra l'exemple. | *Si vedrà l'esempio.* |
| On verra les exemples. | *Si vederanno gli esempi.* |

2° REMARQUEZ que, par élégance, on met *SI* après le verbe.

| | |
|---|---|
| On dit que vous parlez italien. | *Dicesi che voi parlate italiano.* |
| On voit un homme. | *Vedesi un uomo.* |

---

(1 Remarquons que le mot *si*, dans ce cas, ne signifie pas le pronom *se* en français. Le mot *si* n'est autre qu'un signe d'une forme passive, car lorsqu'on dit : *si vède, si dice*, etc. C'est comme si l'on disait : *Questa cosa è veduta, questa cosa è detta*, etc.

| | |
|---|---|
| On voit une femme. | *Vedesi una donna.* |
| On voyait un homme. | *Vedevasi un uomo.* |
| On vit l'enfant. | *Videsi il ragazzo.* |
| On verra l'exemple. | *Vedrassi l'esempio.* |

3° ON NE, s'exprime, en italien par *NON SI*. EXEMPLE :

| | |
|---|---|
| On ne doit pas oublier les bonnes actions. | *Non si deve dimenticare le buone azioni.* |
| On ne chante pas. | *Non si canta.* |

4° ON N'EN, se traduit par *NON SE NE*. EXEMPLE :

| | |
|---|---|
| On n'en parle pas. | *Non se ne parla.* |

On voit par ces exemples que la négation se place, en italien, avant tout.

5° ON, EN s'exprime par *SE NE*. EXEMPLE :

| | |
|---|---|
| On en parle toujours. | *Se ne parla sempre.* |

6° En italien, on n'exprime pas les pronoms *le*, *la*, *les*, lorsqu'ils se trouvent après le mot ON. EXEMPLE :

On le dit, *si dice* : on le fait, *si fa* ; on les désire, *si desiderano*.

7° Il faut remarquer qu'il y a des phrases qui seraient ambigues, si l'on traduisait ON par *SI* ; il faudra alors employer l'auxiliaire

*ESSERE*, et mettre le verbe qui suit le mot ON au participe passé.
EXEMPLE :

| | | | |
|---|---|---|---|
| On le flatte. | Si lusinga, | qui signifie, | il se flatte. |
| On la trompe. | S'inganna, | qui signifie, | elle se trompe. |
| On les voit. | Si vedono, | qui signifie, | ils se voient. |

EXEMPLE, en traduisant ON par le verbe *ESSERE*, en employant le participe passé.

| | | | |
|---|---|---|---|
| On le flatte. | È lusingato, | qui signifie, | il est flatté. |
| On la trompe. | È ingannata, | qui signifie, | elle est trompée. |
| On les voit. | Sono veduti, | qui signifie, | ils sont vus. |

8° On doit se souvenir que, dans les temps composés des verbes employés avec le mot ON, on se sert, en italien, du verbe *ESSERE*, et non pas comme en français du verbe *AVERE*, en faisant accorder le temps du verbe avec le nom qui le suit. EXEMPLE : On a dit, *si è detto*; on a écrit, *si è scritto*; on a acheté des livres, *si sono comprati dei libri*. Mais, dans les temps composés, il y a une autre manière de s'exprimer, sans avoir besoin de se servir du mot *si*, il faut employer le participe *STATO* : ainsi, au lieu de rendre, on a dit par *si è detto*, on peut dire : *è stato detto*; on m'avait parlé, *mi era stato parlato*; on a acheté des livres, *sono stati comprati dei libri*.

9° La manière suivante est la plus usitée, en italien, et lorsqu'on l'adopte, il faut faire accorder le participe avec le régime du verbe qui en devient alors le sujet.

EXEMPLE :

On m'a donné une boîte.   *Mi è stata data una scatola.*

| | |
|---|---|
| On me paiera les livres. | *Mi saranno pagati i libri.* |
| On m'a payé les plumes. | *Mi sono state pagate le penne.* |
| On m'a envoyé les lettres. | *Mi sono state mandate le lettere.* |

10° D'après ce que nous venons d'observer sur les temps composés du verbe AVOIR précédé du mot ON, il est aisé de connaître que lorsque ces temps ne sont pas suivis d'un participe, il faut se servir, en italien, des temps du verbe *AVERE* au lieu de ceux du verbe *ESSERE*. EXEMPLE :

| | |
|---|---|
| On a bien de la peine à vous persuader. | *Si ha molto tedio a persuadervi.* |
| On a beaucoup de plumes. | *Si hanno molte penne.* |
| On avait des livres à vendre. | *Si avevano dei libri da vendere.* |

11° Les pronoms *MI*, *TI*, *SI*, *GLI*, *CI*, *VI*, qui répondent en français, *me*, *te*, *se*, *lui*, *nous*, *vous*, employés comme régime indirect, précédés du mot ON, se placent en italien devant *SI*, et le pronom *LORO*, *leur* se met après le verbe. EXEMPLE :

| | |
|---|---|
| On me parle. | *Mi si parla.* |
| On te demande du pain. | *Ti si domanda pane.* |
| On lui demande des explications. | *Gli si domandano alcune spiegazioni.* |
| On nous fait croire. | *Ci si fa credere.* |
| On vous demande une réponse. | *Vi si domanda una risposta.* |
| On leur promet bien des choses. | *Si promettono loro molte cose.* |

12° On peut rendre la phrase plus élégante en faisant usage du verbe *ESSERE* ou *VENIRE*, en mettant le verbe qui suit ON au participe passé ; mais il faut observer qu'en employant le verbe *ESSERE* ou *VENIRE*, on n'exprime point le *SI*. EXEMPLE :

| | |
|---|---|
| On me demande une plume. | *Mi è domandata*, ou *mi viene domandata una penna*. |
| On m'écrit des lettres. | *Mi sono scritte*, ou *mi vengono scritte lettere*. |
| On lui demande justice. | *Gli è domandata*, ou *gli viene domandata giustizia*. |
| On vous demandera quelque chose. | *Vi sarà domandato*, ou *vi verrà domandato qualche cosa*. |
| On te parle italien. | *Ti è parlato*, ou *ti viene parlato italiano*. |

13° Lorsque les pronoms *me*, *te*, *lui*, *nous*, *vous*, sont employés comme régime direct, on tourne alors la phrase de la manière suivante :

| | | |
|---|---|---|
| On m'a vu. | (j'ai été vu). | *Sono stato veduto*. |
| On m'appelle. | (Je suis appelé). | *Io sono chiamato*. |
| On te blâme. | (Tu es blâmé). | *Tu sei biasimato*. |
| On lui en parlera. | (Lui en sera parlé). | *Gliene sarà parlato*. |
| On nous trahit. | (Nous sommes trahis). | *Siamo traditi*. |
| On vous en écrira. | (Vous en sera écrit). | *Ve ne sarà scritto*. |

On voit par ces exemples qu'il est très facile à former les autres temps.

14° Si le mot ON est suivi du pronom SE, il faut le traduire, en italien, par *UNO* ou *l'UOMO*, *TALUNO*, *ALCUNO*, *ALCUNI*,

*TALUNI*, *ALTRI*, ou *NOI*, selon le sens de la phrase. Exemple :

| | |
|---|---|
| On se fâche sans raison. | *Taluno si* mette in collera senza ragione. |
| Lorsque on n'a plus d'argent, on *se* repent d'avoir joué. | Quando non *si* ha piú denari, *uno si* pente d'aver giuocato. |
| Quand on est dans la douleur, on *se* plaint. | Quando *si* è fra spasimi, l'*uomo si* lamenta. |

15° Enfin, on pourrait rendre le mot *ON* par *UNO* ou l'*UOMO*, presque dans toutes les phrases, car le mot *ON* remplace, HOMME.

Exemple :

| | |
|---|---|
| Quand *on* jouit d'une parfaite santé, il faut se ménager. | Quando *uno* gode una perfetta salute, bisogna aversi cura. |
| Quand *on* goûte les plaisirs de la ville, ceux de la campagne deviennent insipides. | Quando l'*uomo* gusta i piaceri della città quei della campagna divengono insipidi. |

16° *ON Y* se rend par *VI SI* ou *CI SI*. Exemple :

| | |
|---|---|
| Dans la ville de Paris, *on y* voit beaucoup de monde. | Nella città di Parigi : *vi si* vede molta gente. |
| *On n'y* voit pas beaucoup de Turcs. | *Non vi si* vedono molti Turchi. |

On voit par ce dernier exemple que, la négation se place en italien avant tout.

17° REMARQUEZ, on traduit :

| | | |
|---|---|---|
| A-t-on entendu du bruit ? | par | Si è sentito dello strepito ? ou romore ? |
| Est-on d'accord là-dessus ? | | Vanno d'accordo in questo ? |
| Que fait-on ? | | Che cosa si fa ? |
| Que dira-t-on ? | | Che cosa mai si dirà ? |

# LEÇON XXII.

*Tous les verbes de la langue italienne se réduisent à trois conjugaisons : la 1$^{re}$ a la terminaison en ARE, la 2$^e$ en ERE, la 3$^e$ en IRE.*

---

Les trois verbes suivans serviront de modèle pour conjuguer tous les autres verbes réguliers.

| 1re Conjugaison. | 2me Conjugaison. | 3me Conjugaison. |
|---|---|---|
| Chanter. | Jouir. | Dormir. |
| CANTARE. | GODERE. | DORMIRE. |

## INDICATIF.

### PRÉSENT.

| Je chante, etc. | Je jouis, etc. | Je dors, etc. |
|---|---|---|
| Canto. | Godo. | Dormo. |
| Canti. | Godi. | Dormi. |
| Canta. | Gode. | Dorme. |
| Cantiamo. | Godiamo. | Dormiamo. |
| Cantate. | Godete. | Dormite. |
| Cantano. | Godono. | Dormono. |

### IMPARFAIT.

| Je chantais, etc. | Je jouissais, etc. | Je dormais, etc. |
|---|---|---|
| Io cantava. | Io godeva. | Io dormiva. |
| Tu cantavi. | Tu godevi. | Tu dormivi. |
| Egli cantava. | Egli godeva. | Egli dormiva. |
| Cantavamo. | Godevamo. | Dormivamo. |
| Cantavate. | Godevate. | Dormivate. |
| Cantavano. | Godevano. | Dormivano. |

### PASSÉ DÉFINI.

| Je chantai, etc. | Je jouis, etc. | Je dormis, etc. |
|---|---|---|
| Cantai. | Godei ou *etti*. | Dormii. |
| Cantasti. | Godesti. | Dormisti. |
| Cantò. | Godè ou *ette*. | Dormì. |
| Cantammo. | Godemmo. | Dormimmo. |
| Cantaste. | Godeste. | Dormiste. |
| Cantarono. | Goderano ou *ettero*. | Dormirono. |

### PASSÉ INDÉFINI.

J'ai chanté, etc.　　J'ai joui, etc.　　J'ai dormi, etc.
*Ho cantato*, etc.　　*Ho goduto*, etc.　　*Ho dormito*, etc.

### PASSÉ ANTÉRIEUR.

J'avais chanté, etc.　　J'avais joui, etc.　　J'avais dormi, etc.
*Jo aveva cantato.*　　*Jo aveva goduto.*　　*Jo aveva dormito.*

### FUTUR.

Je chanterai, etc.　　Je jouirai, etc.　　Je dormirai, etc.
*Canterò.*　　*Goderò.*　　*Dormirò.*
*Canterai.*　　*Goderai.*　　*Dormirai.*
*Canterà.*　　*Goderà.*　　*Dormirà.*
*Canteremo.*　　*Goderemo.*　　*Dormiremo.*
*Canterete.*　　*Goderete.*　　*Dormirete.*
*Canteranno.*　　*Goderanno.*　　*Dormiranno.*

### CONDITIONNEL.

Je chanterais, etc.　　Je jouirais, etc.　　Je dormirais, etc.
*Canterei.*　　*Goderei.*　　*Dormirei.*
*Canteresti.*　　*Goderesti.*　　*Dormiresti.*
*Canterebbe.*　　*Goderebbe.*　　*Dormirebbe.*
*Canteremmo.*　　*Goderemmo.*　　*Dormiremmo.*
*Cantereste.*　　*Godereste.*　　*Dormireste.*
*Canterebbero.*　　*Goderebbero.*　　*Dormirebbero.*

### IMPÉRATIF.

Ne chante pas.　　Ne jouis pas.　　Ne dors pas.

| | | |
|---|---|---|
| *Non cantare.* | *Non godere.* | *Non dormire.* |
| Chante. | Jouis. | Dors. |
| *Canta.* | *Godi.* | *Dormi.* |
| *Canti.* | *Goda.* | *Dorma.* |
| *Cantiamo.* | *Godiamo.* | *Dormiamo.* |
| *Cantate.* | *Godete.* | *Dormite.* |
| *Cantino.* | *Godano.* | *Dormano.* |

Il faut se souvenir qu'en italien on n'emploie jamais *CHE* à l'impératif.

## SUBJONCTIF PRÉSENT.

| *CHE ( QUE.)* | *CHE ( QUE.)* | *CHE ( QUE.)* |
|---|---|---|
| Je chante, etc. | Je jouisse, etc. | Je dorme, etc. |
| *Canti.* | *Goda.* | *Dorma.* |
| *Canti.* | *Goda* ou *Godi.* | *Dorma* ou *Dormi.* |
| *Canti.* | *Goda.* | *Dorma.* |
| *Cantiamo.* | *Godiamo.* | *Dormiamo.* |
| *Cantiate.* | *Godiate.* | *Dormiate.* |
| *Cantino.* | *Godano.* | *Dormano.* |

## IMPARFAIT.

| *CHE ( QUE.)* | *CHE ( QUE.)* | *CHE ( QUE.)* |
|---|---|---|
| Je chantasse, etc. | Je jouisse, etc. | Je dormisse, etc. |
| *Cantassi.* | *Godessi.* | *Dormissi.* |
| *Cantassi.* | *Godessi.* | *Dormissi.* |
| *Cantasse.* | *Godesse.* | *Dormisse.* |
| *Cantassimo.* | *Godessimo.* | *Dormissimo.* |

Cantaste.     Godeste.     Dormiste.
Cantassero.     Godessero.     Dormissero.

#### INFINITIF PRÉSENT.

Chanter.     Jouir.     Dormir.
*Cantare.*     *Godere.*     *Dormire.*

#### PASSÉ.

Avoir chanté.     Avoir joui.     Avoir dormi.
*Aver cantato.*     *Aver goduto.*     *Aver dormito.*

#### PARTICIPE PRÉSENT.

Chantant ou en chantant.     Jouissant ou en jouissant.     Dormant ou en dormant.
*Cantando.*     *Godendo.*     *Dormendo.*
*Con cantare.*     *Con godere.*     *Con dormire.*
*Col cantare.*     *Col godere.*     *Col dormire.*
*In cantare.*     *In godere.*     *In dormire.*
*Nel cantare.*     *Nel godere.*     *Nel dormire.*

Tous les infinitifs deviennent participes présens lorsqu'ils sont précédés par une des prépositions avec ou sans article. Voyez la règle dans la remarque des participes.

#### GÉRONDIF PASSÉ.

Ayant chanté.     Ayant joui.     Ayant dormi.
*Avendo cantato.*     *Avendo goduto.*     *Avendo dormito.*

**NOTA.** On aura observé que, le *futur* et le temps *conditionnel* du verbe *CANTARE* est terminé en *erò* et *erei*, et non pas en *arò* et *arei*. Cette règle est applicable à tous les verbes de la première conjugaison en *ARE*.

## Observation sur les Verbes réguliers en ARE.

1° Les verbes terminés en *CARE* et *GARE*, comme *vendicare*, venger, *pregare*, prier, prennent un *H* après le *C* et le *G*, lorsque le *c* ou le *g* se rencontrent devant les voyelles *E* ou *I*, comme dans les exemples suivans :

### VENDICARE, venger.

| Indicatif présent. | Futur. | Impératif. |
|---|---|---|
| Je venge, etc. | Je vengerai, etc. | Venge, etc. |
| Vendico. | Vendicherò. | Vendica. |
| Vendichi. | Vendicherai. | Vendichi. |
| Vendica. | Vendicherà. | Vendichiamo. |
| Vendichiamo. | Vendicheremo. | Vendicate. |
| Vendicate. | Vendicherete. | Vendichino. |
| Vendicano. | Vendicheranno. | |

| Subjonctif présent. | Conditionnel. |
|---|---|
| (CHE) *Vendichi.* | *Vendicherei.* |
| *Vendichi.* | *Vendicheresti.* |
| *Vendichi.* | *Vendicherebbe.* |
| *Vendichiamo.* | *Vendicheremmo.* |
| *Vendichiate.* | *Vendichereste.* |
| *Vendichino.* | *Vendicherebbero.* |

## PREGARE, prier.

| Indicatif présent. | Futur. | Impératif. |
|---|---|---|
| Je prie, etc. | Je prierai, etc. | Prie, etc. |
| *Prego.* | *Pregherò.* | *Prega.* |
| *Preghi.* | *Pregherai.* | *Preghi.* |
| *Prega.* | *Pregherà.* | *Preghiamo.* |
| *Preghiamo.* | *Pregheremo.* | *Pregate.* |
| *Pregate.* | *Pregherete.* | *Preghino.* |
| *Pregano.* | *Pregheranno.* | |

| Subjonctif présent. | Conditionnel. |
|---|---|
| ( CHE ) *Preghi.* | *Pregherei.* |
| *Preghi.* | *Pregheresti.* |
| *Preghi.* | *Pregherebbe.* |
| *Preghiamo.* | *Pregheremmo.* |
| *Preghiate.* | *Preghereste.* |
| *Preghino.* | *Pregherebbero.* |

2° Il faut que les étudians de cette langue fassent attention que, les verbes *SONARE*, sonner; *RINNOVARE*, renouveler; *GIOCARE*, jouer; *NOTARE*, nager; *ARROLARE*, enrôler, *ROTARE*, tournoyer; *INFOCARE*, embraser, et leurs composés, comme : *ARROTARE*, aiguiser, etc., prennent la diphthongue *UO* dans les trois temps du présent, lorsque l'accent prosodique tombe sur l'*O* de *UO*; mais il faut supprimer l'*U* quand l'accent passe sur une autre syllabe; comme on voit dans les exemples suivans :

*SONARE*, sonner.

**INDICATIF PRÉSENT.**

| Je sonne, etc. | *Io suóno,* | *noi soniámo.* |
| | *Tu suóni,* | *voi sonáte.* |
| | *Egli suóna.* | *Eglino suónano.* |

**IMPÉRATIF.**

| Sonne, etc. | *Suóna,* | *Sonáte.* |
| | *Suóni,* | *Suónino.* |
| | *Soniámo,* | |

**SUBJONCTIF PRÉSENT.**

| Que je sonne, etc. | *Ch' io suóni,* | *Soniámo.* |
| | *Tu suóni,* | *Soniáte.* |
| | *Egli suóni,* | *Suónino.* |

3° Quand la racine d'un verbe renferme la syllabe *GI*, *CI* ou *GLI*, comme *MANGIARE*, manger; *PASSEGIARE*, se promener; *ALLACIARE*, lacer; *SBADIGLIARE*, bailler, etc., on n'ajoute jamais d'*i* dans la conjugaison : ce serait donc une faute d'écrire avec deux *i mangiiamo*, nous mangeons, *tu laccii, tu mangii, tu passeggii*, etc.

4° Il faut remarquer que, dans les verbes *Principiare*, commencer, et *Odiare*, haïr, on ajoute un *i* à la seconde personne du singulier du présent de l'indicatif, et aux trois personnes du subjonctif présent.

| | | | |
|---|---|---|---|
| Je commence, | *io principio.* | | |
| Tu commences, | *tu principii.* | | |
| Je hais, | *io odio.* | *Chio principii.* | *Chio odii.* |
| Tu hais, | *tu odii.* | *principii.* | *odii.* |
| | | *principii.* | *odii.* |

Il est important de savoir que, si l'on n'ajoutait pas un *i* dans la conjugaison de ces temps, on changerait la signification, comme :

*Principi*, signifie les princes; *tu odi*, signifie, tu entends.

## *Verbes réciproques ou réfléchis.*

On appelle verbes réciproques ou réfléchis ceux qui, dans tous leurs temps, sont accompagnés des pronoms *mi, ti, si, ci, vi, si,* et en français de leurs correspondants, *me, te, se, nous, vous, se.*

EXEMPLE :

*Io mi pento,*  je me repens.
*Tu ti penti,*  tu te repens.

| | |
|---|---|
| *Egli si pente,* | il se repent. |
| *Noi ci pentiamo,* | nous nous repentons. |
| *Voi vi pentite,* | vous vous repentez. |
| *Eglino si pentono,* | ils se repentent. |

Dans la formation de leurs temps composés, c'est toujours le verbe ESSERE, être, qu'ils demandent, et jamais le verbe *avere*, avoir. EXEMPLE :

*Jo mi sono pentito,*     je me suis repenti, etc.

Ce verbe nous servira d'exemple pour d'autres, comme, *ricordarsi*, se souvenir ; *dolersi*, se plaindre ; *rattristarsi*, se chagriner ; *battersi*, se battre, etc.

Quant aux verbes *passifs*, il suffit pour les former de joindre le participe du verbe dont on veut avoir le passif, à la conjugaison du verbe ESSERE, ÊTRE, comme en français. Mais on doit se souvenir que le participe passé s'accorde avec le sujet. Je donnerai pour exemple le présent de l'indicatif, qui servira de règle pour les autres temps.

| | |
|---|---|
| Je suis aimé, | *Io sono amato.* |
| Tu es aimé, | *Tu sei amato.* |
| Il est aimé, | *Egli è amato.* |
| Nous sommes aimés, | *Noi siamo amati.* |
| Vous êtes aimé, | *Voi siete amati.* |
| Ils sont aimés. | *Eglino sono amati.* |

# Modèles des Verbes conjugués avec des Pronoms.

### INFINITIF.

### *FUGGIRSENE.*

S'enfuir.

### INDICATIF PRÉSENT.

Je m'enfuis, etc.
*Io me ne fuggo.*
*Tu te ne fuggi.*
*Egli se ne fugge.*
*Noi ce ne fuggiamo.*
*Voi ve ne fuggite.*
*Eglino se ne fuggono.*

### PASSÉ INDÉFINI.

Je me suis enfuis, etc.
Nous nous sommes enfuis, etc.
*Io me ne sono fuggito*, etc.
*Noi ce ne siamo fuggiti.*

### PLUS-QUE-PARFAIT.

Je m'étais enfuie, etc.
Nous nous étions enfuies, etc.
*Io me n'era fuggita*, etc.
*Noi ce n'eravamo fuggite*, etc.
Au masculin, on dira : *fuggito, fuggiti.*

### IMPÉRATIF.

Ne t'enfuis pas.
Enfuis-toi, etc.
*Non te ne fuggire.*
*Fuggitene.*

|  |  |
|---|---|
|  | *Fuggasene.* |
|  | *Fuggiamocene.* |
|  | *Fuggitevene.* |
|  | *Fuggansene*, pour *fuggansone.* |

PARTICIPE PRÉSENT.

|  |  |
|---|---|
| S'enfuyant. | *Fuggendosene.* |

PARTICIPE PASSÉ.

|  |  |
|---|---|
| S'étant enfui, etc. | *Fuggitosene. fuggitisene, fuggitasene, fuggitesene*, pour *essendosene fuggito.* etc. |

(Quand aux autres temps, point de difficulté.)

L'expression française, S'EN DONNER, se rend, en italien, par GODERSELA, qui répond à GODERE-SE-LA. Le pronom *LA* peut faire croire que c'est la *vita*, vie.

Ce verbe conjugué avec ces pronoms signifie généralement *divertirsi*, se récréer, ou se réjouir.

| GODERSELA. | S'EN DONNER. |
|---|---|

INDICATIF PRÉSENT.

| | |
|---|---|
| *Io me la godo.* | Je m'en donne. |
| *Tu te la godi.* | Tu t'en donnes. |
| *Egli se la gode.* | Il s'en donne. |
| *Noi ce la godiamo.* | Nous nous en donnons. |
| *Voi ve la godete.* | Vous vous en donnez. |
| *Eglino se la godono.* | Ils s'en donnent. |

### Imparfait.

*Io me la godeva*, etc.        Je m'en donnais, etc.

### Passé défini.

*Io me la godei*, etc.        Je m'en donnai, etc.

### Passé indéfini.

| | |
|---|---|
| *Io me la sono goduta.* | Je m'en suis donné. |
| *Tu te la sei goduta.* | Tu t'en es donné. |
| *Egli se l'è goduta.* | Il s'en est donné. |
| *Noi ce la siamo goduta.* | Nous nous en sommes donné. |
| *Voi ve la siete goduta.* | Vous vous en êtes donné. |
| *Eglino se la sono goduta.* | Ils s'en sont donné. |

### Passé antérieur.

*Io me la era goduta.*        Je m'en étais donné, etc.

On peut aussi employer le verbe AVOIR, et dire : *io me l'ho goduta ; io me l'aveva goduta*, etc.

### Futur.

*Io me la goderò*, etc.        Je m'en donnerai, etc.

### Conditionnel.

*Io me la goderei*, etc.        Je m'en donnerais, etc.

### Impératif.

| | |
|---|---|
| *Non te la godere.* | Ne t'en donne pas. |
| *Goditela.* | Donne-t-en. |

| | |
|---|---|
| *Se la goda.* | Qu'il s'en donne. |
| *Godiamocela.* | Donnons-nous-en. |
| *Godetevela.* | Donnez-vous-en. |
| *Se la godano.* | Qu'ils s'en donnent. |

### Subjonctif présent.

*Ch'io me la goda*, etc.   Que je m'en donne, etc.

### Imparfait.

*Ch'io me la godessi*, etc.   Que je m'en donnasse, etc.

### Gérontif.

| | |
|---|---|
| *Godendomela.* | En m'en donnant. |
| *Essendomela* ou *avendomela goduta.* | M'en étant donné. |

## Modèle des Verbes conjugués avec la particule VIA.

Il faut remarquer que, le mot *VIA* littéralement signifie RUE ; mais on le met quelquefois après les personnes de certains verbes de mouvement. Ces verbes conjugués ainsi, expriment tous l'idée d'un objet que l'on veut écarter loin de soi, une idée générale d'éloignement.

Exemple :

| | | |
|---|---|---|
| *Mandare,* | signifie, | envoyer. |
| *Mandar via alcuno,* | signifie, | renvoyer quelqu'un. |

| | | | | | |
|---|---|---|---|---|---|
| *Andare*, | signifie, | *aller :* | *Andar via*, | signifie, | *s'en aller.* |
| *Levare*, | signifie, | *ôter :* | *Levar via*, | signifie, | *enlever.* |
| *Portare*, | signifie, | *porter :* | *Portar via*, | signifie, | *emporter.* |
| *Fuggire*, | signifie, | *fuir :* | *Fuggir via*, | signifie, | *s'enfuir.* |

Je donnerai pour exemple le présent de l'indicatif, qui servira de règle pour les autres temps.

| Je renvoie, etc. | J'emporte, etc. | Je m'enfuis, etc. |
|---|---|---|
| *Io mando via.* | *Io porto via.* | *Io fuggo via.* |
| *Tu mandi via* | *Tu porti via.* | *Tu fuggi via,* |
| *Egli manda via.* | *Egli porta via.* | *Egli fugge via.* |
| *Noi mandiamo via.* | *Noi portiamo via.* | *Noi fuggiamo via.* |
| *Voi mandate via.* | *Voi portate via.* | *Voi fuggite via.* |
| *Eglino mandano via.* | *Eglino portano via.* | *Eglino fuggono via.* |

# LEÇON XXIII.

## Des Verbes Impersonnels.

La langue italienne a trois sortes de verbes impersonnels.

La première comprend les verbes proprement, impersonnels, tels que :

| | | | |
|---|---|---|---|
| *Accade,* | il arrive. | *Piove,* | il pleut. |
| *Avviene,* | il arrive. | *Tuona,* | il tonne. |
| *Basta,* | li suffit. | *Grandina,* | il grêle. |

| | | | |
|---|---|---|---|
| *Bisogna,* | il faut. | *Nevica,* | il neige. |
| *Conviene,* | il convient. | *Gela,* | il gèle. |
| *Pare,* | il paraît. | *Lampeggia,* | il éclaire. |
| *Sembra,* | il semble. | *Balena,* | il éclaire. |

On voit qu'en italien on n'exprime pas le pronom *IL*, n'ayant rapport à aucune personne. Cependant quelquefois il est employé par quelques auteurs anciens et modernes; mais il n'est pas nécessaire de les imiter.

Ces verbes, de même que les autres de cette espèce, se conjugent par la troisième personne de chaque temps, comme,

| | |
|---|---|
| *Bisogna,* | il faut. |
| *Bisognava,* | il fallait. |
| *Bisognò,* | il fallut. |
| *Bisognerà,* | il faudra. |
| *Bisognerebbe,* | il faudrait. |
| *Che bisogni,* | qu'il faille. |
| *Che bisognasse,* | qu'il fallût. |

Les verbes *impersonnels* en français n'ont que la troisième personne du singulier, mais en italien ils prennent la troisième personne du pluriel quand ils sont suivis d'un nom au pluriel. EXEMPLE :

| | |
|---|---|
| Il arrive plusieurs choses. | *Accadono molte cose* |
| Il pleut des pierres. | *Piovano pietre,* ou *sassi.* |
| Il est dix heures. | *Sono le dieci.* |

Il faut observer que, dans les temps composés, ces verbes demandent l'auxiliaire *ESSERE* au lieu d'*AVERE*.

Exemple :

| | |
|---|---|
| Il a suffi. | È bastato. |
| Il a fallu. | È abbisognato. |
| Il a tonné. | È tonato. |
| Il a plu. | È piovuto. |

La seconde espèce comprend ceux qui ont rapport aux verbes réciproques. Ils se conjuguent avec les pronoms *mi*, *ti*, *gli*, ou *le*, *ci*, *vi*, *loro*. Ces pronoms peuvent être placés après le verbe.

Indicatif présent.

| | |
|---|---|
| *Mi dispiace*, | je suis fâché. |
| *Ti dispiace*, | tu es fâché. |
| *Gli dispiace*, m. | il est fâché. |
| *Le dispiace*. f. | elle est fâchée. |
| *Ci dispiace*, | Nous sommes fâchés. |
| *Vi dispiace*, | vous êtes fâchés. |
| *Dispiace loro*, | ils sont fâchés ou elles sont fâchées. |

| | | |
|---|---|---|
| Imparfait. | *Mi dispiaceva*, etc. | J'étais fâché. |
| Passé défini. | *Mi dispiacque*, etc. | je fus fâché. |
| Futur. | *Mi dispiacerà*, etc. | je serai fâché. |
| Subjonctif. | *Che mi dispiacia*, etc. | que je sois fâché. |
| Imparfait. | *Che mi dispiacesse*, etc. | que je fusse fâché. |
| Conditionnel. | *Mi dispiacerebbe*, etc. | je serais fâché |

REMARQUEZ que, au lieu de *mi dispiace*, on peut dire, *mi rincresce*, *ti rincresce*, *gli rincresce*, etc.

On conjuguera de même :

| | |
|---|---|
| *Mi pare*, | il me semble. |
| *Ti pare*, | il te semble. |
| *Gli pare*, | il lui semble, etc. |

La troisième enfin comprend les verbes actifs qui deviennent *impersonnels* par leur union avec la particule *si* qui répond au mot français *on*; comme, on aime, *si ama*; on dit, *si dice*.

La particule *si* se met aussi après les verbes, comme nous avons vu à la leçon 21. EXEMPLE :

On aime, *amasi*; on dit, *dicesi*, etc.

# LEÇON XXIV.

## Remarques importantes sur les Verbes.

1° Les Italiens n'emploient en général le verbe *AMARE*, aimer, que pour exprimer l'amour, l'amitié ou pour les choses que l'on peut personnifier; dans tout autre sens, ils se servent du verbe *PIACERE*, plaire, qui s'accorde avec l'objet aimé. EXEMPLE :

| | |
|---|---|
| J'aime ma mère. | *Amo mia madre.* |
| J'aime mon père. | *Amo mio padre.* |
| Il aime la vertu. | *Egli ama la virtù.* |
| Il aime le rôti. | *Gli piace l'arrosto.* |
| Il aime les noix. | *Gli piacciono le noci.* |
| Il aime ses aises. | *Gli piacciono i suoi comodi.* |
| Cette dame aime la musique. | *Quella signora le piace la musica.* |
| J'aime à me coucher tard. | *Ho piacere di andare a letto tardi.* |
| Il aime à se lever matin. | *Egli ha piacere di alzarsi per tempo.* |

2° Le verbe FALLOIR suivi d'un nom, se rend, en italien, par *VOLERE*, précédé de *CI* ou *VI*. Mais le verbe italien prend la forme du pluriel si le nom qui suit est au pluriel. Exemple :

| | |
|---|---|
| Dans ce monde, il faut beaucoup de patience. | In questo mondo ci vuol molta pazienza. |
| Il faut du pain. | Ci vuol pane. |
| Il faut des soldats. | Ci vogliono soldati. |

3° Si le verbe FALLOIR est suivi d'un verbe, il se rend par *BISOGNARE, CONVENIRE, FAR d'UOPO, ESSERE MESTIERI* ou *FAR MESTIERI*. Exemple :

| | |
|---|---|
| Il faut plaindre les malheureux. | Fa d'uopo compiangere gl'infelici. |
| Il faudrait être sans cœur pour supporter l'injustice. | Bisognerebbe essere senza cuore per reggere all'ingiustizia. |

4° Si le verbe FALLOIR est précédé des pronoms *me, te, se, nous, vous*, etc., il faut l'exprimer par *ABBISOGNARE, OCCORRERE, AVER BISOGNO*. Exemple :

| | |
|---|---|
| Il me faut un habit. | M'abbisogna un vestito. |
| Il te faut des plumes. | Ti occorrano penne. |
| Il nous faut de l'argent. | Ci abbisogna denaro. |

5° Les expressions françaises

| | | |
|---|---|---|
| Peu s'en faut. | | Ci vuol poco ou poco manca. |
| Peu s'en fallait. | se traduisent par | Poco mancava. |
| Peu s'en est fallu. | | Poco è mancato. |

6° Les expressions françaises : *il s'en faut de beaucoup, il s'en fallait de beaucoup*, etc., se rendent par *molto ci vuole* ou *molto ci manca*, *molto ci mancava*, etc.

7° Le verbe ARRIVER se traduit, en italien, par ARRIVARE, GIUNGERE, CAPITARE quand il s'agit des personnes, mais lorsqu'il se rapporte aux évènemens, il se traduit par ACCADERE, AVVENIRE, SUCCEDERE, INTERVENIRE, OCCORRERE, SEGUIRE.

### Exemple.

| | |
|---|---|
| Il lui est arrivé un malheur. | *Gli è succeduto una disgrazia.* |
| Nous sommes arrivés hier. | *Siamo giunti jeri.* |
| Il est arrivé de la troupe. | *È arrivato della truppa.* |

8° Le verbe ALLER, se rend en italien par, VENIRE, lorsqu'il est question d'*aller* chez ou avec la personne à laquelle on parle Exemple :

| | |
|---|---|
| Demain j'irai chez vous. | *Domani verrò da voi.* |
| Ce soir j'irai avec vous. | *Questa sera verrò con voi.* |
| Où allez-vous ? | *Ove andate?* |
| Je vais chez vous. | *Vengo da voi.* |

9° Les français emploient les verbes ALLER et VENIR, pour exprimer la proximité d'une action faite ou à faire ; mais les italiens s'expriment de la manière suivante :

| | |
|---|---|
| Je viens de recevoir une lettre. | *Jo ho poc' anzi ricevuto una lettera* ou *io ho testè ricevuto una lettera.* |
| Il vient de mourir. | *Egli è morto poco fa, testè, da poco tempo in quà.* |

| | |
|---|---|
| Je viens de parler à Monsieur, etc. | *Ho parlato or ora al signor, etc.* |
| Il va revenir. | *Torna a momenti* ou *subito.* |
| Je vais sortir. | *Ora sto per sortire.* |
| Il va bientôt partir. | *È in procinto di partire.* |
| Je vais vous raconter. | *Ora vi racconterò.* |
| Je vais venir. | *Vengo subito.* |
| Je viens d'entendre sonner les heures ; je vais aller déjeuner. | *Intendo sonare l'orologio ; me ne andrò a fare colazione.* |

10° Dans les temps composés des verbes qui demandent pour auxiliaire le verbe ÊTRE ; les italiens se servent plus élégamment du verbe *VENIRE* au lieu de *ESSERE*. Exemple :

| | |
|---|---|
| On m'a dit que cela n'est pas vrai. | *Mi vien detto che ciò non sia vero*, au lieu de, *mi è stato detto.* |

11° On doit savoir que les verbes *passifs* ne sont autre chose que les participes des verbes *actifs* conjugués avec le verbe *essere*, être. Mais il faut remarquer que, la forme *passive* est fort usitée en italien, tandis qu'elle l'est peu en français. Exemple :

| | |
|---|---|
| *Pietro ama la virtù.* | Pierre aime la vertu. |

On tournerait cette phrase d'*actif* en *passif*, disant :

| | |
|---|---|
| *La virtù è amata da Pietro.* | La vertu est aimée de Pierre. |

On peut aussi employer la particule *si*, signe du *passif*, et dire :

| | |
|---|---|
| *La virtù si ama da Pietro.* | La vertu est aimée de Pierre. |
| *La virtù è amata da tutti* ou *si ama da tutti*, ou bien, *la virtù viene amata da tutti.* | La vertu est aimée de tout le monde. |

On voit par ces exemples que pour rendre *passive* la forme *active*, il faut changer la construction de la phrase, de manière que le sujet devienne régime et prenne la préposition *da*, ou bien avec la particule *si*, ou avec le verbe *venire*.

Ainsi on est libre de choisir l'une de ces trois manières.

Cependant il faut consulter l'harmonie de la phrase.

12° Nous venons d'observer que la forme *passive* est fort usitée, en italien, voici d'autres exemples.

Parmi des verbes que les français considèrent comme exprimant une action, il y en a beaucoup qui sont regardés par les Italiens comme exprimant *un état*. EXEMPLE :

| | |
|---|---|
| Ce cheval a coûté mille francs. | *Questo cavallo è costato mille franchi.* |
| Tout à coup il a paru dans ma chambre, et après il a disparu. | *Improvvisamente è comparso nella mia camera, e dopo è sparito.* |

13° Il faut remarquer qu'il y a des verbes qui sont *réfléchis* en français, et qui ne le sont pas en italien. Il y en a d'autres qui sont réfléchis en italien et ne le sont pas en français. EXEMPLE : *se promener*, on ne dira pas en italien *passeggiarsi*, mais *passeggiare*; je me suis promené, *ho passeggiato*. Au contraire, les verbes *scordarsi*, oublier; *degnarsi*, daigner; *vergognarsi*, rougir, etc., sont réfléchis en italien, et l'on dit : *mi sono scordato*, j'ai oublié; *degnatevi ascoltarmi*, daigné m'écouter; *egli si è vergognato*, il a rougi.

14° Les verbes *AVERE*, *DOVERE*, *ESSERE*, devant un infinitif ne font qu'embellir la phrase. Exemple :

| | |
|---|---|
| Je vous prie de vous souvenir de moi. | *Sono a pregarvi di aver memoria di me.* |
| Je ne doute pas que votre protection ne me soit favorable. | *Jo non dubito che la sua protezione abbia ad essermi, ou sia per essermi favorevole.* |

15° Le verbe *ANDARE*, aller, et tous les verbes de mouvement, tels que *VENIRE*, venir ; *MANDARE*, envoyer ; *CORRERE*, courir, etc., suivis d'un autre verbe à l'infinitif qui en dépend, prennent la préposition *A* lorsque le verbe qui suit commence par une consonne, et *AD* lorsqu'il commence par une voyelle.

Exemple :

| | |
|---|---|
| Allons voir. | *Andiamo a vedere.* |
| Venez voir. | *Venite a vedere.* |
| Je vais voir. | *Vado a vedere.* |
| Envoyons dire. | *Mandiamo a dire.* |
| Venez m'avertir. | *Venite ad avvisarmi.* |

16° On se sert très souvent, en italien, des verbes *ANDARE*, *VENIRE* ; avec le participe présent, pour exprimer une certaine continuation ou succession de temps. Exemple :

| | |
|---|---|
| *Jo vo cercando.* | Je cherche, etc. |
| *In tempo di primavera l'erba va spuntando, i frutti vanno maturando.* | Dans le printemps l'herbe pousse ; les fruits murissent. |

17° Les verbes *AVVERTIRE*, *BADARE* prendre garde, sont suivis d'une négation. Exemple :

| | |
|---|---|
| *Avvertite* ou *badate di non cadere.* | Prenez garde de tomber. |
| *Badate di non ingannarvi.* | Prenez garde de vous tromper. |

18° Pour traduire en italien, *il a manqué de tomber*, *il a manqué le coup*, ou autres phrases semblables ; dans le premier cas, il faut dire : *egli è quasi quasi caduto*, dans le second cas, on dit : *egli ha fallato il colpo*, etc.

19° Quand on souhaite à quelqu'un le bon jour, le bon appétit, ou une bonne santé, etc., on doit employer, en italien, le verbe *AUGURARE*, et non pas *DESIDERARE*. Exemple :

| | |
|---|---|
| Je vous souhaite une bonne santé. | *Vi auguro una buona salute.* |
| Mon frère souhaite le bonjour à votre père. | *Mio fratallo augura il buon giorno a vostro padre.* |

20° Observez, qu'on n'exprime pas, en italien, le verbe VALOIR, employé, en français, dans la phrase suivante et autres semblables. Exemple :

| | |
|---|---|
| Il vaut mieux sauver un coupable que de condamner un innocent. | *È meglio salvare un colpevole che condannare un innocente.* |

On voit que le verbe *valoir* est exprimé, en italien, par le verbe *être*.

21° Les Italiens, se servent souvent du verbe *STARE*, avec le participe présent, pour marquer l'action actuelle. EXEMPLE.

| | |
|---|---|
| *Che stavi tu facendo poco fa?* | Qu'est-ce que tu faisais tantôt ? |
| *Io stava scrivendo delle lettere.* | J'écrivais des lettres. |
| *Egli sta dormendo.* | Il dort actuellement. |
| *Io sto scrivendo.* | Je suis occupé à écrire. |

22° Les verbes *ANDARE*, *DARE*, *FARE*, *STARE*, aller, donner, faire, rester, forment *idiotismes* dans une infinité de phrases. Voici quelques EXEMPLES :

| | |
|---|---|
| *Egli va in collera.* | Il se fâche. |
| *Ci va la vita.* | Il s'agit de la vie. |
| *Questa cosa non va fatta.* | Cette chose ne doit pas être faite. |
| *Io gli darò ad intendere.* | Je lui ferai accroire. |
| *Egli mi ha dato parola.* | Il m'a promis. |
| *Egli ha dato fuoco alla casa.* | Il a mis le feu à la maison. |
| *Dar di piglio.* | Prendre ce qui n'appartient pas. |
| *Io do principio.* | Je commence. |
| *Egli si da bel tempo.* | Il s'amuse. |
| *Egli da nelle furie.* | Il devient furieux. |
| *Io do del signore.* | Je traite de monsieur. |
| *Voi gli date dell'asino.* | Vous le traitez d'âne. |
| *Dar di penna.* | Effacer avec la plume. |
| *Dare in luce.* | Publier un ouvrage. |
| *Dar da dire.* | Faire causer sur son compte. |

| | |
|---|---|
| *Darsi pensiero di una cosa.* | S'inquiéter, prendre du souci pour, etc. |
| *Darsi pace.* | Mettre son esprit en repos. |
| *Farsi animo.* | Prendre courage. |
| *Fate pace.* | Accordez-vous. |
| *Fatevi innanzi.* | Approchez-vous. |
| *Fatevi indietro.* | Reculez. |
| *Farsi beffe di....* | Se jouer de ... |
| *Far la parte di....* | Jouer le rôle de.... |
| *Far sicurtà.* | Se porter garant. |
| *Far consapevole uno.* | Informer quelqu'un. |
| *Far colazione.* | Déjeûner. |
| *Io sto per partire.* | Je suis sur le point de partir. |
| *Sta per piovere.* | Il va pleuvoir. |
| *Il vostro amico sta per tor moglie.* | Votre ami va se marier bientôt. |
| *Stare ad ascoltare.* | Écouter. |
| *Io me ne sto al detto.* | Je m'en rapporte à ce qu'on dit. |
| *Dove state di casa?* | Où demeurez-vous ? |
| *Stare in piedi.* | Se tenir debout. |
| *Stare allegro.* | Être gai. |
| *Stare di buona voglia.* | Chasser la mélancolie. |
| *Star per morire.* | Être en danger de mourir. |
| *State in pace.* | Soyez d'accord. |

Et ainsi beaucoup d'autres qu'on rencontrera dans la lecture italienne.

# LEÇON XXV.

## *De l'emploi du Subjonctif.*

La conjonction QUE entre deux verbes régit le plus souvent après elle le subjonctif. Cependant il y a des cas où on trouve le second verbe à l'indicatif, (ce qui arrête ceux qui traduisent du français en italien).

Pour savoir si le second verbe doit être au subjonctif ou à l'indicatif, il faut recourir au verbe principal de la phrase.

1° Si le verbe principal marque l'évidence, ou la certitude, le second verbe doit être à l'indicatif. EXEMPLE :

| | |
|---|---|
| Je suis sûr que vous avez reçu l'argent. | *Io sono certo che voi avete ricevuto il denaro.* |
| Vous voyez bien que je ne m'amuse pas. | *Voi ben vedete che non mi diverto.* |

2° Mais lorsque le premier verbe marque la *volonté*, le *désir*, le *commandement*, la *permission*, la *crainte*, ou toutes idées dubitatives, le second verbe doit être au subjonctif. EXEMPLE :

| | |
|---|---|
| Voulez-vous que je parle pour vous ? | *Volete ch'io parli per voi ?* |

| | |
|---|---|
| Je crains qu'il ne chante pas. | *Temo che non canti.* |
| Je croyais que vous étiez malade. | *Io credeva che voi foste ammalato.* |
| Il paraît qu'il est parti. | *Pare ch'egli sia partito.* |
| Je ne savais pas où il était allé. | *Io non sapeva ove egli fosse andato.* |
| On dit qu'il est mort sur le champ de bataille. | *Si dice che sia morto sul campo di battaglia.* |
| Jugez combien il fut surpris. | *Giudicate quanto egli fosse sorpreso.* |
| Il me semble qu'aujourd'hui vous étes de mauvaise humeur | *Mi pare che oggi siate di malavoglia.* |

3° Souvent en français après le mot *quand* on met le conditionnel; comme: quand cela serait, quand cela arriverait, ou quand même cela serait, quand même cela arriverait, etc. En italien on se sert de l'imparfait du subjonctif, et l'on dit: *quando ciò fosse, quando ciò accadesse, quand'anche ciò fosse*, etc., et non pas *quando ciò sarebbe, quando ciò accaderebbe*.

### EXEMPLE :

| | |
|---|---|
| Quand l'avare possederait tout l'or du monde, il ne serait pas content. | *Quando l'avaro possedesse tutto l'oro del mondo non sarebbe contento.* |
| Je sais que vous avez été au théâtre avec mon frère. | *Io so che siete stato al teatro con mio fratello.* |
| Quand même cela serait, seriez vous fâché? | *Quand'anche ciò fosse vi dispiacerebbe?* |

4° Lorsque le pronom *QUALE* est devant un verbe, et qu'on ne parle pas par *interrogation*, il faut mettre le verbe qui suit au subjonctif. Exemple :

Je ne sais pas *quel est* votre nom.
*Non so qual sia il vostro nome.*

5° Si l'on parle par *interrogation*, on met le verbe à l'indicatif présent :

Quel est votre nom?
*Qual è il vostro nome?*

D'après les exemples que nous venons de citer, il est facile de concevoir que, lorsqu'en français le second verbe est au présent de l'indicatif, il doit être, en italien, au présent du subjonctif, et lorsque le second verbe est exprimé par d'autres temps, on doit employer l'imparfait du subjonctif. C'est ainsi que les verbes *vouloir, prier, craindre, desirer, croir, douter, espérer, paraître, ne pas savoir, toute hypothèse, toute opinion, une adhésion conditionnel ou de complaisance, la négation, l'incertitude, la surprise, l'idée d'une chose futur ou de doute,* doivent régir le subjonctif, de quelque manière que l'idée dubitative soit exprimée.

## OBSERVATION.

1° Lorsque le verbe PARAITRE ou SEMBLER est en français à la troisième personne du pluriel, suivi de l'infinitif, en italien, il faut traduire PARAITRE ou SEMBLER par la troisième personne du singulier, et l'infinitif par la troisième du pluriel du subjonctif.

Exemple :

| | |
|---|---|
| Vos soldats paraissaient avoir envie de se battre. | *Pareva che i vostri soldati avessero voglia di battersi.* |

2° Souvent les Français se servent de l'imparfait du subjonctif où les Italiens se servent du conditionnel. Exemple : Il m'eût fait plaisir, on ne dira pas en italien, *m'avesse fatto piacere*, mais *m'avrebbe fatto piacere*, parce qu'on peut dire : il m'aurait fait plaisir ; car en italien l'imparfait du subjonctif dépend toujours d'une conjonction.

3° Il faut remarquer que le futur et le conditionnel précédés d'un verbe qui présente une idée *dubitative*, peuvent s'exprimer, en italien par le subjonctif.

Exemple :

| | |
|---|---|
| Je crois qu'il chantera demain soir. | *Io credo che canti domani sera.* |
| J'espérais qu'il chanterait ce soir. | *Io sperava che cantasse questa sera.* |

4° Il faut aussi remarquer, qu'il y a des circonstances dans lesquelles les italiens emploient le subjonctif où les français font usage de l'infinitif. Exemple :

| | |
|---|---|
| On lui ordonna de ne pas sortir et d'attendre son maître. | *Gli fu comandato non uscisse e aspettasse il suo padrone.* |

Dans cette dernière phrase et autres semblables, cette forme du subjonctif est préférable.

## Remarques sur la Particule conditionnelle SE (SI).

1° La particule conditionnelle *SE* répond à la particule française SI, elle régit le verbe à l'indicatif comme en français, toutes les fois qu'il ne désigne ni doute, ni condition. EXEMPLE :

| | |
|---|---|
| Vous savez bien si je travaille par intérêt, et si je dis la vérité. | *Voi ben sapete se lavoro per interesse, et se dico il vero.* |

2° Lorsque cette même particule est douteuse, elle régit le verbe au subjonctif présent. EXEMPLE :

| | |
|---|---|
| Je ne sais pas s'il a écrit à son frère. | *Jo non so s'egli abbia scritto a suo fratello.* |

3° Lorsqu'elle désigne une condition, elle régit en français l'imparfait de l'indicatif, et, en italien, elle gouverne l'imparfait du subjonctif, presque toujours suivi du conditionnel. EXEMPLE :

| | |
|---|---|
| Si j'avais le temps, je viendrais vous voir plus souvent. | *S'io avessi tempo, verrei a vedervi più spesso.* |

On voit que dans cette phrase la particule *si* est conditionnelle ; car la promesse faite par le second membre *je viendrais*, est subordonnée à la condition exprimée dans le premier *si j'avais le temps*.

4° Mais lorsque la particule *si* ne marque point une condition, c'est-à-dire lorsqu'on parle d'un temps passé, et que la chose indiquée a déjà eu lieu, alors il faut employer l'imparfait de l'indicatif, comme en français. Exemple :

| | |
|---|---|
| Dans ma jeunesse si j'étudiais, j'étais récompensé, si je n'étudiais pas, j'étais puni. | *Nella mia giovinezza s'io studiava, era ricompensato, s'io non studiava era punito.* |

5° Après la particule conditionnelle SE (SI), on se sert en italien du futur, toutes les fois qu'on veut parler d'une action à venir, quoique les français en pareil cas emploient le présent.

Exemple :

| | |
|---|---|
| S'il vient, nous le verrons. | *Se verrà lo vedremo.* |
| J'irai le voir demain, si j'ai le temps. | *Andrò a vederlo demani, se avrò tempo.* |

Et non pas *se viene*, *se ho tempo*, car la personne pourrait avoir le temps le jour où elle parle, et non pas l'avoir le lendemain ; et suivant la nature du discours, un futur doit répondre à l'autre.

## *Observation définitive.*

D'après ce que nous venons de voir, sur l'emploi du subjonctif, je ferai observer, aux étudians de cette langue, que plusieurs auteurs italiens, se soumettent à la puissance de la volonté et laissent à l'entendement la faculté de concevoir la même idée d'une manière *positive* ou d'une manière *dubitative* (1).

C'est ainsi que dans certains cas, l'intention seule peut suffire pour déterminer le choix du mode *indicatif* ou *subjonctif*. Mais il est très-difficile pour les étrangers de connaitre les circonstances où on peut remplacer le mode *indicatif* à la place du *subjonctif*. C'est pourquoi on doit suivre les règles signalées dans cette importante leçon.

## *Du Gérondif.*

Les gérondifs des verbes italiens de la première conjugaison sont

---

(1) Il en est de même de l'emploi des prépositions: plusieurs auteurs italiens, se soumettent à l'indépendance intellectuelle. Ainsi selon le point de vue sous lequel l'entendement conçoit l'idée; l'on peut dire, *vado a Roma*, je vais à Rome (si l'esprit ne s'occupe que de l'idée du mouvement de direction vers Rome). Si, abstraction faite du mouvement, l'esprit n'est affecté que de l'action d'arriver dans Rome; *vado in Roma*; *sbarcare in terra* ou *a terra*, débarquer à terre; *mettere pane in tavola* ou *sulla tavola*, mettre du pain sur la table, et ainsi d'autres.

Dans la lecture des ouvrages italiens, on trouve des changemens d'emploi des prépositions. Mais je le répète : les étrangers doivent suivre les règles signalées dans les leçons des prépositions. (Voyez les leçons V et VI.)

terminés par *ANDO*, comme *CANTANDO*; ceux des verbes de la seconde et de la troisième sont terminés par *ENDO*, comme *GODENDO*, *DORMENDO*, ainsi que nous avons vu dans les trois conjugaisons.

La préposition française *EN* qui précède le gérondif, se rend, en italien, par *IN*; mais on la sous-entend presque toujours.

Exemple :

L'égoisme va toujours en crois-    *L'egoismo va sempre crescendo.*
sant ou croissant.

Il y a une manière d'exprimer, en italien, la valeur du gérondif; c'est de prendre l'infinitif du verbe substantivement, et de le faire précéder des prépositions *IN* ou *CON*, combinés avec l'article ou sans article. Voici quelques règles :

1° Quand le gérondif exprime entre deux évènemens une certaine dépendance dont il est lui-même la cause, et qu'on peut le tourner par l'indicatif en employant la conjonction LORSQUE; c'est le cas de se servir de l'infinitif pris substantivement avec les prépositions *IN* ou *CON*, etc. Exemple : Ce n'est pas en se livrant à ses passions qu'on vit content, c'est en les réglant. On peut tourner : Ce n'est pas lorsqu'on se livre à ses passions qu'on vit content, c'est lorsqu'on les règle.

En italien on dira : *Non è vero che nell'abbandonarsi alle sue passioni si vive contento, ma più tosto nel regolarle.*

2° Si le gérondif présentait l'évènement qu'il exprime comme un moyen, un instrument nécessaire pour en produire ou en amener un autre, il faudrait alors faire choix des prépositions *CON* ou *COL*. Exemple :

| | |
|---|---|
| Ce n'est pas en priant qu'on gagne les honneurs ; mais c'est en les méritant qu'on parvient à les obtenir. | *Non col pregare si guadagna gli onori, ma col meritarli si previene ad ottenerli.* |

3° Lorsque le participe est précédé des mots AYANT ou ÉTANT ; on peut sous-entendre, en italien, *AVENDO* et *ESSENDO*, ainsi que nous l'avons dit à la leçon 13, numéro 11. Exemple :

| | |
|---|---|
| M'étant aperçu qu'il voulait entrer, je fermai la porte. | *Accortomi ch'egli voleva entrare, io chiusi la porta.* |
| Ayant vu la porte fermée, il appela mon père. | *Veduto la porta chiusa, egli chiamò mio padre.* |

4° On peut aussi faire usage des mots AYANT et ÉTANT, et dire :

*Essendomi accorto ch'egli voleva entrare, io chiusi la porta. Avendo veduto la porta chiusa, egli chiamò mio padre.*

Voici un tour de phrases particulier aux italiens.

| | |
|---|---|
| *Scritto ch'ebbe la lettera se ne andò.* | Après qu'il eut écrit la lettre, il s'en alla. |
| *Finito che avrà il suo lavoro, vi pagherà.* | Lorsqu'il aura fini son ouvrage il vous paiera. |
| *Giunto ch'egli sarà, noi partiremo.* | Lorsqu'il sera arrivé, nous partirons. |
| *Letto che avrà la gramatica, etc.* | Lorsqu'il aura lu la grammaire, etc. |

## OBSERVATION.

Nous avons vu jusqu'ici ( et nous verrons même par la suite ) qu'il n'y a presque point de locution que l'on ne puisse point exprimer, en italien, de deux ou trois manières, et ces manières présentent des formes propres à frapper l'immagination, ou des désinences variées au moyen desquelles on peut établir un accord *HARMONIQUE* avec tous les sons d'une phrase.

Je dis *ACCORD HARMONIQUE*, parce que chaque mot italien étant terminé par une voyelle qui a un son plein et éclatant, et cette voyelle elle-même étant ordinairement une lettre caractéristique de genre et de nombre, il résulterait une dissonance choquante d'un mot qui aurait une terminaison masculine, par exemple, et qu'on ferait suivre immédiatement, et sans nécessité, d'un mot dont la terminaison serait féminine. — C'est de ce principe que découlent presque toutes les règles qui concernent, en italien, l'accord des différentes parties du discours ; c'est de là aussi que doivent dériver en partie les règles de l'accord du participe passé dans la langue italienne.

# LEÇON XXVI.

## Remarques sur les Participes.

Le participe est ainsi appelé parce qu'il *participe* de nom et du verbe ; car c'est du verbe dont il est fermé, et il sert comme adjectif pour qualifier le substantif.

1° Le participe *présent* exprime une action produite par quelque sujet, comme *amante*, aimant, *vegnente*, venant.

2° Il exprime une action reçue, comme *amato*, aimé ; *lodato*, loué.

3° Les participes suivent les mêmes règles que les adjectifs, c'est-à-dire qu'il faut les accorder avec leurs *substantifs* en genre et en nombre. EXEMPLE :

| | |
|---|---|
| *Un uomo amante.* | Un homme aimant. |
| *Le donne amanti.* | Les femmes aimant. |
| *Un uomo lodato.* | Un homme loué. |
| *Una donna lodata.* | Une femme louée. |
| *Le donne amate.* | Les femmes aimées. |
| *Gli uomini amati.* | Les hommes aimés. |

4° Il faut observer qu'il arrive quelquefois que l'emploi du participe est remplacé, en italien, par une autre forme verbale. EXEMPLE :

| | |
|---|---|
| On voit un homme lisant. | *Si vede un uomo che legge.* |
| On voit une femme courant. | *Si vede una donna che corre.* |
| Ils étaient plutôt mourant que vivant. | *Erano più morti che vivi.* |

On voit dans ces phrases, qu'en italien, on ne pourrait pas dire : *si vede un uomo leggente; si vede una donna corrente; erano più morenti che viventi.*

5° Quant au participe passé, il faut observer qu'il s'accorde ordinairement, comme en français, avec son régime direct, lorsque ce régime précède le participe.

EXEMPLE :

| | |
|---|---|
| La lettre que j'ai écrite aujourd'hui ne partira que demain. | *La lettera che ho scritta oggi non partirà che domani.* |

6° Quand le régime est placé après le participe on peut faire accorder, ou non, le participe avec son régime : *ho scritto la lettera,* ou bien, *ho scritta la lettera*, j'ai écrit la lettre. C'est l'oreille qui en détermine le choix.

7° Le participe passé précédé d'un pronon, régime direct, doit toujours s'accorder. EXEMPLE :

Je les ai appelés, *io li ho chiamati*, et non pas *chiamato.*

8° Le participe *passé* quand il se combine avec le verbe *être* s'accorde avec son sujet. EXEMPLE :

| | |
|---|---|
| L'homme diligent est loué. | *L'uomo diligente è lodato.* |
| La vertu est estimée. | *La virtù è stimata.* |
| Ils se sont vengés. | *Essi si sono vendicati.* |
| Elles se sont trompées. | *Esse si sono ingannate.* |

9° Le participe suivi d'un infinitif s'accorde en italien avec son sujet. EXEMPLE :

| | |
|---|---|
| Elles se sont fait attendre. | *Elleno si sono fatte aspettare.* |

10° Le participe s'accorde avec son régime lorsque celui-ci est au pluriel ainsi que son sujet. EXEMPLE :

| | |
|---|---|
| Ils se sont dit des grossièretés. | *Essi si sono dette delle villanie.* |

Dans cette sorte de phrases le participe français est invariable ; mais en italien on choquerait l'oreille en employant un participe au singulier tout à côté d'un nom au pluriel.

11° Lorsque dans une phrase, on trouve plusieurs nominatifs dont un est masculin, et l'autre ou les autres sont féminins, le participe se met au pluriel et s'accorde avec le masculin s'il s'agit des personnes; mais s'il n'est pas question de personnes, il est permis de faire accorder le participe ou l'adjectif avec le masculin ou avec le féminin. C'est l'oreille qui en détermine le choix.

12° Enfin, en lisant les auteurs italiens, on remarquera que, le participe passé est très souvent employé substantivement. EXEMPLE :

| | |
|---|---|
| *Il vostro servitore non è uomo segreto, poichè m'ha raccontato l'accaduto.* | Votre domestique n'est pas un homme secret, car il m'a raconté ce qui était arrivé. |

NOTA, Le participe passé du verbe *FARE*, faire, prend deux *TT*, et l'on dit *FATTO*. Fato écrit avec un seul *t*, signifie le destin.

Il faut remarquer qu'on emploie souvent, en italien, comme participes de la première conjugaison, des mots qui sont plutôt des adjectifs : comme *adorno* pour *adornato*, orné ; *asciuto* pour *asciugato*, séché ; *desto* pour *destato*, éveillé ; *guasto* pour *guastato*, gâté ; *pago* pour *pagato*, payé ; *privo* pour *privato*, privé ; et plusieurs autres qu'on apprendra par la lecture des auteurs.

# LEÇON XXVII.

## *Verbes irréguliers de la première conjugaison en* ARE.

La première conjugaison a quatre verbes irréguliers ; savoir : *ANDARE, DARE, FARE, STARE*.

On remarquera que ces verbes ne sont pas irréguliers dans tous leurs temps.

### INDICATIF PRÉSENT.

| | |
|---|---|
| Je vais, etc. *Io vado* ou *vo*. | *Noi andiamo*. |
| *Tu vai*. | *Voi andate*. |
| *Egli va*. | *Eglino vanno*. |

### Imparfait.

| | | |
|---|---|---|
| J'allais, etc. | *Io andava.* | *Noi andavamo.* |
| | *Tu andavi.* | *Voi andavate.* |
| | *Egli andava.* | *Eglino andavano.* |

### Passé défini.

| | | |
|---|---|---|
| J'allai, etc. | *Io andai.* | *Noi andammo.* |
| | *Tu andasti.* | *Voi andaste.* |
| | *Egli andò.* | *Eglino andarano.* |

### Passé indéfini.

| | | |
|---|---|---|
| Je suis allé, etc. | *Io sono andato.* | *Siamo andati.* |
| | *Tu sei andato.* | *Siete andati.* |
| | *Egli è andato.* | *Sono andati.* |

Si le sujet du verbe est du genre féminin, on dit : *sono andata, sei andata, è andata.*

Pluriel. *Siamo andate, siete andate, sono andate.*

### Futur.

| | | |
|---|---|---|
| J'irai, etc. | *Andrò.* | *Andremo.* |
| | *Andrai.* | *Andrete.* |
| | *Andrà.* | *Andranno.* |

### Conditionnel.

| | | |
|---|---|---|
| J'irais, etc. | *Andrei.* | *Andremmo.* |
| | *Andresti.* | *Andreste.* |
| | *Andrebbe.* | *Andrebbero.* |

## Impératif.

| | | |
|---|---|---|
| Ne va pas, | *Non andare.* | |
| Va, etc. | *Va.* | *Andiamo.* |
| | *Vada.* | *Andate.* |
| | | *Vadano.* |

## Subjonctif Présent.

| | | |
|---|---|---|
| Que j'aille, etc. | *Che io vada.* | *Che andiamo.* |
| | *Che tu vada.* | *Che andiate.* |
| | *Ch'egli vada.* | *Che vadano.* |

## Imparfait.

| | | |
|---|---|---|
| Que j'allasse, etc. | *Ch'io andassi.* | *Che andassimo.* |
| | *Che tu andassi.* | *Che andaste.* |
| | *Ch'egli andasse.* | *Che andassero.* |

## Participe présent.

Allant. *Andando.*

## Participe passé.

Allé. *Andato.*

---

## *DARE*, Donner.

### Indicatif présent.

| | | |
|---|---|---|
| Je donne, etc. | *Io do.* | *Noi diamo.* |
| | *Tu dai.* | *Voi date.* |
| | *Egli da.* | *Eglino danno.* |

### Imparfait.

| Je donnais, etc. | Io dava. | Noi davamo. |
| | Tu davi. | Voi davate. |
| | Egli dava. | Eglino davano. |

### Passé défini.

| Je donnai, etc. | Io diedi. | Noi demmo. |
| | Tu desti. | Voi deste. |
| | Egli diede ou diè. | Eglino diedero ou dettero. |

### Passé indéfini.

| J'ai donné. | Io ho dato, etc. |

### Futur.

| Je donnerai, etc. | Io darò. | Daremo. |
| | Tu darai | Darete. |
| | Egli darà. | Daranno. |

### Conditionnel.

| Je donnerais, etc. | Darei. | Daremmo. |
| | Daresti. | Dareste. |
| | Darebbe. | Darebbero. |

### Impératif.

| Ne donne pas. | | Non dare. |
| Donne, etc. | Da. | Diamo. |
| | Dia. | Date. |
| | | Diano ou dieno. |

### Subjonctif présent.

| | | |
|---|---|---|
| Que je donne, etc. | *Ch' io dia.* | *Che diamo.* |
| | *Che tu dia.* | *Che diate.* |
| | *Ch'egli dia.* | *Che diano* ou *dieno.* |

### Imparfait.

| | | |
|---|---|---|
| Que je donnasse, etc. | *Ch' io dessi.* | *Che dessimo.* |
| | *Che tu dessi.* | *Che deste.* |
| | *Ch' egli desse.* | *Che dessero.* |

### Participe présent.

En donnant.     *Dando.*

### Participe passé.

Donné.     *Dato, data, dati, date.*

---

## *FARE*, faire.

### Indicatif présent.

| | | |
|---|---|---|
| Je fais, etc. | *Io fo* ou *faccio.* | *Noi facciamo.* |
| | *Tu fai.* | *Voi fate.* |
| | *Egli fa.* | *Eglino fanno.* |

### Imparfait.

| | | |
|---|---|---|
| Je faisais, etc. | *Io faceva.* | *Noi facevamo.* |
| | *Tu facevi.* | *Voi facevate.* |
| | *Egli faceva.* | *Eglino facevano.* |

### Passé indéfini.

| Je fis, etc. | Io feci. | Noi facemmo. |
| | Tu facesti. | Voi faceste. |
| | Egli fece. | Eglino fecero. |

### Passé indéfini.

| J'ai fait. | Io ho fatto, etc. |

### Futur.

| Je ferai, etc. | Io farò. | Noi faremo. |
| | Tu farai. | Voi farete. |
| | Egli farà. | Eglino faranno. |

### Conditionnel.

| Je ferais, etc. | Io farei. | Noi faremmo. |
| | Tu faresti. | Voi fareste. |
| | Egli farebbe. | Eglino farebbero. |

### Impératif.

| Ne fais pas. | Non fare. | |
| Fais, etc. | Fa. | Facciamo. |
| | Faccia. | Fate. |
| | | Facciano. |

### Subjonctif présent.

| Que je fasse, etc. | Ch'io faccia. | Che facciamo. |
| | Che tu faccia. | Che facciate. |
| | Ch' egli faccia. | Che facciano. |

### Imparfait.

| | | |
|---|---|---|
| Que je fisse, etc. | *Ch' io facessi.* | *Che facessimo.* |
| | *Che tu facessi.* | *Che faceste.* |
| | *Ch' egli facesse.* | *Che facessero.* |

### Participe présent.

En faisant. *Facendo.*

### Participe passé.

Ayant fait. *Avendo fatto, fatta, fatti, fatte.*

---

## *STARE*, rester.

### Indicatif présent.

| | | |
|---|---|---|
| Je reste, etc. | *Io sto.* | *Noi stiamo.* |
| | *Tu stai.* | *Voi state.* |
| | *Egli sta.* | *Eglino stanno.* |

### Imparfait.

| | | |
|---|---|---|
| Je restais, etc. | *Io stava.* | *Noi stavamo.* |
| | *Tu stavi.* | *Voi stavate.* |
| | *Egli stava.* | *Eglino stavano.* |

### Passé défini.

| | | |
|---|---|---|
| Je restai, etc. | *Io stetti.* | *Noi stemmo.* |
| | *Tu stesti.* | *Voi steste.* |
| | *Egli stette.* | *Eglino stettero.* |

#### Passé indéfini.

Je suis resté, etc.      *Io sono stato, tu sei stato, egli è stato, etc.*

#### Futur.

Je resterai, etc.
- *Io starò.*
- *Tu starai.*
- *Egli starà.*
- *Noi staremo.*
- *Voi starete.*
- *Eglino staranno.*

#### Conditionnel.

Je resterais, etc.
- *Io starei.*
- *Tu staresti.*
- *Egli starebbe.*
- *Noi staremmo.*
- *Voi stareste.*
- *Eglino starebbero.*

#### Impératif.

Ne reste pas.    *Non istare.*
Reste, etc.
- *Sta.*
- *Stia.*
- *Stiamo.*
- *Stiate.*
- *Stiano* ou *stieno.*

#### Subjonctif présent.

Que je reste, etc.
- *Che io stia.*
- *Che tu stia.*
- *Ch'egli stia.*
- *Che stiamo.*
- *Che stiate.*
- *Che stiano* ou *stieno.*

#### Imparfait.

Que je restasse, etc.
- *Ch'io stessi.*
- *Che tu stessi.*
- *Ch'egli stesse.*
- *Che stessimo.*
- *Che steste.*
- *Che stessero.*

PARTICIPE PRÉSENT.

En restant.      *Stando.*

PARTICIPE PASSÉ.

Resté, restée.      *Stato*, *stata*, etc.

NOTA. 1° Les verbes composés de *dare*, comme *circondare*, environner; *ricordare*, mentionner, etc, se conjuguent comme *cantare*. Il n'y a que le verbe *ridare*, redonner, qui se conjugue comme *dare*.

2° Les verbes dérivés de *fare*, comme *assuefare*, s'accoutumer; *confare*, s'accorder; *contrafare*, contrefaire, *disfare*, défaire, *soddisfare*, satisfaire, se conjuguent comme *fare*.

3° Les verbes *contrastare*, contester; *sovrastare*, avoir l'inspection, et autres dérivés sont réguliers, et se conjuguent comme *cantare*.

# LEÇON XXVIII.

## *Verbes irréguliers de la seconde conjugaison en ERE.*

### OBSERVATION.

De tous les verbes de la seconde conjugaison, il n'y en a qu'un petit nombre de réguliers, environ soixante, on les trouvera marqués : Tous les autres sont irréguliers.

Il ne faut cependant pas s'étonner de ce grand nombre de verbes irréguliers, puisque l'irrégularité dans la plupart ne tombe que sur le passé défini et sur le participe passé.

Pour faciliter la connaissance de ces irrégularités, je vais faire une liste par ordre alphabétique de tous les verbes en *ERE*, et je conjuguerai seulement ceux qui sont irréguliers dans d'autres temps que le passé défini et le participe passé. De manière que, les temps qui ne sont pas indiqués se conjuguent régulièrement sur les temps marqués.

Les verbes qu'on trouvera marqués d'une étoile * placée devant chaque verbe, sont en *ERE* long. Tous les autres sans étoile sont en *ERE* bref.

J'ai eu soin de réunir tous ces verbes, et de les distinguer, afin que les étrangers puissent trouver du premier coup-d'œil les verbes qu'ils cherchent, et connaître de suite ceux qui sont en *ERE* bref.

On doit se souvenir que le passé défini n'a que trois personnes *IRRÉGULIÈRES* : la première et la troisième du singulier, et la troisième du pluriel ; les autres sont *régulières*. Ainsi, quand on connait la première personne, on doit connaître les autres ; car en changeant l'*I* de la première personne en *E*, on forme la troisième du singulier ; et en ajoutant *ro* à celle-ci, on forme la troisième du pluriel.

## Le Passé défini suivant servira de règle pour tous les autres.

### CONOSCERE, connaître.

| | | |
|---|---|---|
| Irrégulier. | Io conobb-i. | je connus. |
| Régulier. | Tu conosc-esti. | tu connus. |
| Irrégulier. | Egli conobb-e. | il connut. |
| Régulier. | Noi conosc-emmo. | nous connûmes. |
| Régulier. | Voi conosc-este. | vous connûtes. |
| Irrégulier. | Eglino conobb-ero. | ils connûrent. |

| | | Passé défini. | Participe passé. |
|---|---|---|---|
| Abbattere, | démolir. | Régulier. | |
| *Accadere, | arriver. | Voyez Cadere. | |
| Accendere, | allumer. | accesi. | acceso. |
| Accingere, | se préparer. | accinsi. | accinto. |
| Accogliere, | accueillir. | Voyez Sciogliere. | |
| Accorgersi, | s'apercevoir. | accorsi. | accorto. |
| Accorrere, | accourir. | accorsi. | accorso. |
| Accrescere, | accroître. | accrebbi. | accresciuto. |

Addurre pour adducere. Alléguer.

Indicatif présent.

Io adduco,     adduci, etc.

Imparfait.     Io adduceva, etc.

| | |
|---|---|
| Passé défini. | *Io addussi*, etc. |
| Futur. | *Io addurrò*, etc. |
| Conditionnel. | *Addurrei*, etc. |
| Impératif. | *Adduci, adduca*, etc. |
| Subjonctif présent. | *Ch'iò adduca, adduca*, etc. |
| Imparfait. | *Ch'iò adducessi*, etc. |
| Participe présent. | *Adducendo*. |
| Participe passé. | *Addotto*. |

| | | Passé défini. | Participe passé. |
|---|---|---|---|
| *Affiggere*, | afficher. | *affissi*. | *affisso*. |
| *Affliggere*, | affliger. | *afflissi*. | *afflitto*. |
| *Aggiungere*, | ajouter. | *aggiunsi*. | *aggiunto*. |
| *Algere*, | se glacer. Ce verbe poétique n'a que le passé défini : *alsi, algesti, alse, algemmo, algeste, alsero*. | | |
| *Alludere*, | faire allusion, | *allusi*, | *alluso*. |
| *Ammettere*, | admettre, | *ammisi*, | *ammesso*. |
| *Ancidere*, | tuer, | *ancisi*, | *anciso*, |
| *Angere*, | affliger, | verbe poétique, n'a que *ange*, il afflige. | |
| *Antivedere*, | prévoir, | voyez | *vedere*. |
| *Appendere*, | attacher, | *appesi*, | *appeso*. |
| *Apporre*, | joindre, | voyez | *porre*. |
| *Apprendere*, | apprendre, | *appresi*, | *appreso*. |
| *Ardere*, | brûler, | *arsi*, | *arso*. |
| *Arrendersi*, | se rendre, | *arresi*, | *arreso*. |
| *Arridere*, | sourire, | *arrisi*, | *arriso*. |
| *Arrogere*, | ajouter, | n'a que *arroge*, il ajoute. | |
| *Ascendere*, | monter, | *ascesi*, | *asceso*. |
| *Ascondere*, | cacher, | *ascosi*, | *ascoso*. |
| *Ascrivere*, | mettre au nombre, | *ascrissi*, | *ascritto*. |

|  |  | Passé défini. | Participe passé. |
|---|---|---|---|
| *Aspergere*, | asperger, | *aspersi*, | *asperso*. |
| *Assistere*, | assister. | Régulier. Participe P. | *assistito*. |
| *Assolvere*, | absoudre, | *assolsi*, | *assolto*. |
| *Assorbere*, | absorber, | *assorsi*, | *assorto*. |
| *Assumere*, | entreprendre, | *assunsi*, | *assunto*. |
| \* *Astenere*, | abstenir, | voyez | *tenere*. |
| *Astergere*, | nettoyer, | *astersi*, | *asterso*. |
| *Astrarre*, | abstraire, | voyez | *trarre*. |
| *Astringere*, | contraindre, | *astrinsi*, | *astretto*. |
| *Attendere*, | attendre, | *attesi*, | *atteso*. |
| \* *Attenere*, | tenir, | voyez | *tenere*. |
| *Attingere*, | atteindre, | *attinsi*, | *attinto*. |
| *Attorcere*, | tordre, | *attorsi*, | *attorto*. |
| *Attrarre*, | attirer, | voyez | *trarre*. |
| *Avvedersi*, | s'apercevoir, | voyez | *vedere*. |
| *Avvincere*, | lier, | *avvinsi*, | *avvinto*. |
| *Avvolgere*, | envelopper, | *avvolsi*, | *avvolto*. |
| *Battere*, | battre. | Régulier. | |

---

## *BERE* pour *BEVERE*, boire.

### Indicatif présent.

*Io bevo* ou *beo*.  
*Tu bevi* ou *bei*.  
*Egli beve* ou *bee*.

*Noi beviamo*.  
*Voi bevete*.  
*Eglino bevono* ou *beono*.

### Imparfait.

Io beveva ou bevea.  Bevevamo.
Tu bevevi.  Bevevate.
Egli beveva ou bevea.  Bevevano ou beveano.

### Passé défini.

Bevei ou bevetti.  Bevemmo ou beemmo.
Bevesti.  Beveste ou beeste.
Bevé ou bevette.  Bevettero ou bevvero.

### Futur.

Berò ou beverò.  Beremo.
Berai ou beverai.  Berete ou beverete.
Berà ou beverà.  Beranno ou beveranno.

### Conditionnel.

Berei ou beverei.  Beremmo ou beveremmo.
Beresti ou beveresti.  Bereste ou bevereste.
Berebbe ou beverebbe.  Berebbero ou beverebbero.

### Impératif.

Non bere.  Ne bois pas.
Bevi ou bei.  Bevete ou beete.
Beva.  Bevano ou beano.
Beviamo.

### Subjonctif présent.

Ch'io beva ou bea  Beviamo.
Beva ou bea.  Beviate.

| | |
|---|---|
| | *Beva* ou *bea*. | *Bevano* ou *beano*. |
| Imparfait. | | *Ch'io bevessi*, etc. |
| Participe présent. | | *Bevendo*. |
| Participe passé. | | *Bevuto* ou *beuto*. |

---

## * CADERE, tomber.

### Indicatif présent.

*Io cado, cadi, cade*, etc.

Imparfait. *Io cadeva*, etc.

### Passé défini.

| | |
|---|---|
| *Io caddi*. | *Cademmo*. |
| *Tu cadesti*. | *Cadeste*. |
| *Egli cadde* ou *cadette*. | *Caddero* ou *cadettero*. |

| | |
|---|---|
| Futur. | *Caderò* ou *cadrò*, etc. |
| Conditionnel. | *Caderei* ou *cadrei*, etc. |
| Subjonctif Présent. | *Ch'io cada, cada*, etc. |
| Imparfait. | *Ch'io cadessi*, etc. |
| Participe présent. | *Cadendo*. |
| Participe passé. | *Caduto*. |

\* *Caggere*, tomber, verbe ancien, dont il ne reste que *caggia*, et *caggendo*.......... chez les poètes.

* *Calere*, se soucier. Ce verbe n'a que les troisièmes personnes, et il se conjugue avec les pronoms *mi*, *ti*, *si*, *ci*, *vi*, comme *mi cale*, je me soucie, etc. ( Peu usité en prose. )
En forme poétique, *mettere in un cale*, signifie mépriser, ne pas se soucier.

*Cedere*, céder.   Régulier.

|  |  | Passé défini. | Participe passé. |
|---|---|---|---|
| *Chiedere*, | demander, | *chiesi*, | *chiesto*, |
| *Chiudere*, | fermer, | *chiusi*, | *chiuso*, |
| *Cingere*, | ceindre, | *cinsi*, | *cinto*, |
| *Circoncidere*, | circoncire, | *circoncisi*, | *circonciso*. |
| *Circonscrivere*, | circonscrire, | *circonscrissi*, | *circonscritto*. |
| *Cogliere*, | cueillir, | voyez | *sciogliere*. |
| *Colere*, | révérer, | ce verbe poétique, n'a que *colo*, je révère, *cole*, il révère. | |
| *Combattere*, | combattre, | Régulier. | |
| *Commettere*, | commettre, | *commisi*, | *commesso*. |
| *Commuovere*, | attendrir, | voyez | *muovere*. |
| *Competere*, | disputer, | Régulier. | |
| *Compiacere*, | complaire, | voyez | *piacere*. |
| *Compiangere*, | plaindre, | *compiansi*. | *compianto*. |
| *Comporre*, | composer, | voyez | *porre*. |
| *Comprendere*, | comprendre, | *compresi*, | *compreso*. |
| *Comprimere*, | comprimer, | *compressi*, | *compresso*. |
| *Compromettere* | compromettre, | *compromisi*, | *compromesso*. |
| *Compungere*, | affliger, | *compunsi*, | *compunso*. |

|  |  | Passé défini. | | Participe passé. |
|---|---|---|---|---|
| Concedere, | accorder ; | concessi | ou | concedei. |
|  | Participe passé. | concesso | ou | conceduto. |
| Concludere, | conclure, | conclusi, | | concluso. |
| Concernere, | concerner, | Régulier. | | |
| Concorrere, | concourir, | concorsi, | | concorso. |
| Condiscendere, | condescendre, | condiscesi, | | condisceso. |

* Condolersi ; faire un compliment de condoléance, voyez dolere.

| Condurre, | conduire, | voyez | addure. |
|---|---|---|---|
| Configere, | clouer, | confissi, | confisso. |
| Congiungere, | joindre, | congiunsi, | congiunto. |
| Connettere, | ajouter, unir, | connessi, | connesso. |
| Conoscere, | connaître, | conobbi, | conosciuto. |
| Conquidere, | affliger, | conquisi, | conquiso. |
| Consistere, | consister, | Régulier. Participe. | consistito. |
| Cospergere, | asperger, | cospersi, | cosperso. |
| Contendere, | contester, | contesi, | conteso. |
| * Contenere, | contenir, | voyez | tenere. |
| Contorcere, | tondre, | contorsi, | contorto. |
| Contrapporre, | opposer, | voyez | porre. |
| Contrarre, | contracter, | voyez | trarre. |
| Convincere, | convaincre. | convinsi, | convinto. |
| Correggere, | corriger, | corressi, | corretto. |
| Correre, | courir, | corsi, | corso. |
| Corrispondere, | correspondre, | corrisposi, | corrisposto. |
| Corrodere, | ronger, | corrosi, | corroso. |
| Corrompere, | corrompre, | corrupi, | corrotto. |
| Cospargere, | arroser, | cosparsi, | cosparso. |

| | | | |
|---|---|---|---|
| *Costringere*, | forcer, | *costrinsi*, | *costretto*. |
| *Credere*, | croire, | Régulier. | |
| *Crescere*, | croître, | *crebbi*, | *cresciuto*. |
| *Crocifiggere*, | crucifier, | *crocifissi*, | *crocifisso*. |

## *CUOCERE*, cuire.

### INDICATIF PRÉSENT.

Io *Cuoco*.      *Cociamo*.
*Cuoci*.      *Cocete*.
*Cuoce*.      *Cuocono*.

IMPÉRATIF.   Io *coceva*, *cocevi*, etc.

### PASSÉ DÉFINI.

Io *Cossi*.      *Cocemmo*.
*Cuocesti*.      *Cuoceste*.
*Cosse*.      *Cossero*.

FUTUR.   Io *cocerò*, *cocerai*, etc.
CONDITIONNEL.   Io *cocerei*, etc.

IMPÉRATIF.   *Cuoci*.      *Cocete*.
*Cuoca*.      *Cuocano*.
*Cociamo*.

### SUBJONCTIF PRÉSENT.

Ch'io *cuoca*.      *Cociamo*.
*Cuoca*.      *Cociate*.
*Cuoca*.      *Cuocano*.

| | Imparfait. | Ch' io cocessi, etc. |
| | Gerondif. | Cocendo. |
| Participe present. | | Cocente. |
| Participe passé. | | Cotto. |

| | | Passé défini. | Participe passé. |
|---|---|---|---|
| *Decadere, | déchoir. | voyez | cadere. |
| Decidere, | décider. | decisi, | deciso. |
| Decrescere, | décroître. | voyez | crescere. |
| Dedurre, | déduire. | voyez | addurre. |
| Deludere, | tromper. | delusi, | deluso. |
| Deporre, | déposer. | voyez | porre. |
| Deprimere, | déprimer. | depressi, | depresso. |
| Deridere, | railler. | derisi, | deriso. |
| Descrivere, | décrire. | descrissi, | descritto. |
| Desistere, | désister. Régulier. Participe Passé. | | desistito. |
| *Detenere, | arrêter. | voyez | tenere. |
| Detrarre, | déduire. | voyez | trarre. |
| Difendere, | défendre. | difesi, | difeso. |
| Diffondere, | répandre. | diffusi, | diffuso. |
| Dimettere, | démettre. | dimisi, | dimesso. |
| Dipendere, | dépendre. | Régulier. | |
| Dipingere, | peindre. | dipinsi, | dipinto. |
| Dirigere, | diriger. | dirissi, | diretto. |
| Disapprendere, | désapprendre. | disappresi, | disappreso. |
| *Discadere, | déchoir. | voyez | cadere. |
| Discendere, | descendre. | discesi, | disceso. |
| Discernere, | discerner. | discersi, | discerto. |
| Disciogliere, | délier. | voyez | sciogliere. |

|  |  | Passé defini. | Participe passé. |
|---|---|---|---|
| *Discorrere*, | causer. | *discorsi*, | *discorso*. |
| *Discredere*, | ne pas croire. | Régulier. | |
| *Discutere*, | discuter. | *discussi*, | *discusso*. |
| *Disgiungere*, | séparer. | *disgiunsi*, | *disgiunto*. |
| *Dismettere*, | démettre. | *dismisi*, | *dismesso*. |
| *Dispergere*, | disperser. | *dispersi*, | *disperso*. |
| * *Dispiacere*, | déplaire. | voyez | *piacere*. |
| *Disporre*, | disposer. | voyez | *porre*. |
| *Dissolvere*, | dissoudre. | *dissolsi*, | *dissolto*. |
| * *Dissuadere*, | dissuader. | *dissuasi*, | *dissuaso*. |
| *Distendere*, | étendre. | *distesi*, | *disteso*. |
| *Distinguere*, | distinguer. | *distinsi*, | *distinto*. |
| *Distogliere*, | détourner. | voyez | *togliere*. |
| *Distrarre*, | distraire. | voyez | *trarre*. |
| *Distruggere*, | détruire. | *distrussi*, | *distrutto*. |
| *Disvellere*, | arracher. | *disvelsi*, | *disvelto*. |
| *Dividere*, | diviser. | *divisi*, | *diviso*. |

* **DOLERE** ou **DOLERSI**, se plaindre.

Ce verbe se conjugue avec les pronoms *mi*, *ti*, *si*, au singulier, et *ci*, *vi*, *si*, au pluriel.

### Indicatif présent.

Je me plains.  *Io mi dolgo* ou *doglio.*
              *Ti duoli.*              *Vi dolete.*

|                   | Si duole.                      | Si dolgono   ou |
|                   | Ci dogliamo.                   | Dogliano.       |

IMPARFAIT.   Io mi doleva, etc.
PASSÉ DÉFINI.   Io mi dolsi, ti dolesti, si dolse, etc.

### PASSÉ INDÉFINI.

Je me suis plaint.    Mi sono doluto, etc.
FUTUR.                Io mi dorrò, ti dorrai, etc.
CONDITIONNEL.         Io mi dorrei, etc.

### IMPÉRATIF.

Duoliti.          Doletevi.
Dolgasi.          Dolgansi.
Dogliamoci.

### SUBJONCTIF PRÉSENT.

Ch'io mi dolga.          Che ci dogliamo.
Che tu ti dolga.         Che vi dogliate.
Che si dolga.            Che si dolgano.

IMPARFAIT.   Ch'io mi dolessi, etc.
GÉRONDIF.    Dolendosi.
PARTICIPE.   S'étant plaint.    Dolutosi.

Il faut observer que le verbe *Dolere* signifie aussi *avoir mal* ou *être douloureux*, et que quand il s'emploie dans cette acception, il devient *impersonnel*.

J'ai mal à la tête.            Mi duole il capo.
Les jambes me font mal.        Mi dolgono le gambe.
J'ai mal aux yeux.             Mi dolgono gli occhi.
Il a mal aux dents.            Gli dolgono i denti, etc.

\* *DOVERE*, devoir.

INDICATIF PRÉSENT.

*Io devo* ou *debbo*.          *Dobbiamo*.
*Tu devi*.                     *Dovete*.
*Egli deve*.                   *Debbono* ou *devono*.

| | |
|---|---|
| IMPARFAIT. | *Io doveva*, etc. |
| PASSÉ DÉFINI. | Régulier. |
| FUTUR. | *Io dovrò*, etc. |
| CONDITIONNEL. | *Io dovrei*, etc. |
| SUBJONCTIF PRÉSENT. | *Ch'io debba*, etc. |
| IMPARFAIT. | *Ch'io dovessi*, etc. |
| GÉRONDIF | *Dovendo*. |
| PARTICIPE PASSÉ. | *Dovuto*. |

| | | PASSÉ DÉFINI. | PARTICIPE PASSÉ. |
|---|---|---|---|
| *Eccedere*, | excéder. | Régulier. | |
| *Eleggere*, | élire, | *elessi*, | *eletto*. |
| *Elidere*, | élider. | *elisi*, | *eliso*. |
| *Eludere*, | éluder, | *elusi*, | *eluso*. |
| *Empiere*, | remplir, | Régulier. PARTICIPE. | *empiuto*. |
| \* *Equivalere*, | équivaloir, | voyez | *valere*. |
| *Ergere*, | ériger, | *ersi*, | *erto*. |
| *Erigere*, | élever, | *eressi*, | *eretto*. |
| *Escludere*, | exclure, | *esclusi*, | *escluso*. |
| *Esigere*, | exiger. | Régulier. PARTICIPE. | *esatto*. |
| *Esistere*, | exister. | Régulier. PARTICIPE. | *esistito*. |

*Espellere*, expulser. Ce verbe poétique, n'a que *espulse*, il expulsa ; *espulsero*, ils expulsèrent.

*Espore*, exposer. voyez *porre*.
*Esprimere*, exprimer, *espressi*, *espresso*.
*Estendere*, étendre, *estesi*, *esteso*.
*Estinguere*, éteindre, *estinsi*, *estinto*.
*Estollere*, exalter ou élever. Ce verbe poétique n'est guère en usage qu'à l'infinitif et à la troisième personne du présent de l'indicatif *estolle*, il exalte ou il élève.

*Estrarre*, extraire, voyez *trarre*.
*Fendere*, fendre. Régulier. PARTICIPE. *fesso* ou *fenduto*.
*Fiedere*, blesser ou frapper. Ce verbe poétique n'a que les temps suivans :

INDICATIF PRÉSENT.

Je blesse. *Io fiedo, tu fiedi, egli fiede, eglino fiedono.*
IMPARFAIT. Je blessais. *Io fiedeva*, etc.
PASSÉ DÉFINI. *Io fiedei, tu fiedesti*, etc.

SUBJONCTIF PRÉSENT.

*Ch'io fieda, ch'egli fieda, ch'eglino fiedano.*
IMPARFAIT. *Ch'io fiedessi*, etc.
GÉRONDIF. *Fiedendo.*

| | | PASSÉ DÉFINI. | PARTCIPE PASSÉ. |
|---|---|---|---|
| *Figgere*, | ficher, | *fissi*, | *fisso*. |

|  |  | PASSÉ DÉFINI. | PARTICIPE PASSÉ. |
|---|---|---|---|
| *Fingere*, | feindre, | *finsi*, | *finto*. |
| *Fondere*, | fondre, | *fusi*, | *fuso*. |
| *Frammettere*, | entremettre ; | *frammisi*, | *frammesso*. |
| *Frangere*, | briser, | *fransi*, | *franto*. |
| *Frapporre:* | entremettre, | voyez | *porre*. |
| *Fremere*, | frémir. | Régulier. | |
| *Friggere*, | frire, | *frissi*, | *fritto*. |
| *Gemere*, | gémir. | Régulier. | |
| *Genuflettere*, | s'agenouiller, | *genuflessi*, | *genuflesso*. |
| * *Giacere*, | être couché, | voyez | *piacere*. |
| *Giungere*, | arriver, | *giunsi*, | *giunto*. |
| * *Godere*, | jouir. | Régulier. | |
| *Illudere*, | tromper, | *illusi*, | *illuso*. |
| *Immergere*, | plonger, | *immersi*, | *immerso*. |
| *Imporre*, | ordonner, | voyez | *porre*. |
| *Imprimere*, | imprimer, | *impressi*, | *impresso*. |
| *Impromettere*, | promettre, | *impromisi*, | *imprommesso*. |
| *Inchiudere*, | enfermer, | *inchiusi*, | *inchiuso*. |
| *Incidere*, | graver, | *incisi*, | *inciso*. |
| *Incingere*, | engrosser, | *incinsi*, | *incinto*. |
| *Includere*, | enfermer, | *inclusi*, | *incluso*. |
| *Incorrere*, | encourir, | *incorsi*, | *incorso*. |
| *Indurre*, | induire, | voyez | *addurre*. |
| *Infingere*, | feindre, | *infinsi*, | *infinto*. |
| *Infondere*, | infuser, | *infusi*, | *infuso*. |
| *Inframmettere*, | entremettre, | *inframmisi*, | *inframmesso*. |
| *Infrangere*, | rompre, | *infransi*, | *infranto*. |
| *Ingiungere*, | enjoindre, | *ingiunsi*, | *ingiunto*. |
| *Inscrivere*, | inscrire, | *inscrissi*, | *inscritto*. |
| *Insistere*, | insister, | Régulier. PARTICIPE *insistito*. | |

|  |  | Passé défini. | Participe passé. |
|---|---|---|---|
| *Insorgere,* | se soulever, | *insorsi,* | *insorto.* |
| *Intendere,* | entendre, | *intesi,* | *inteso.* |
| *Intercedere,* | intercéder, | *intercessi,* | *interceduto.* |
| *Intermettere,* | discontinuer, | *intermisi,* | *intermesso.* |
| *Interporre,* | interposer, | voyez | *porre.* |
| *Interrompere,* | interrompre, | *interruppi.* | *interrotto,* |
| *Intessere,* | entrelacer. | Régulier, | |
| *Intingere,* | tremper, | *intinsi,* | *intinto.* |
| *Intramettere,* | entremettre, | *intramisi,* | *intrammesso* |
| *Intraprendere,* | entreprendre, | *intrapresi,* | *intrapreso.* |
| \* *Intrattenere,* | entretenir, | voyez | *tenere.* |
| *Intridere,* | détremper, | *intrisi,* | *intriso.* |
| *Introdurre,* | introduire, | voyez | *addurre.* |
| *Invadere,* | envahir, | *invasi,* | *invaso.* |
| *Involgere,* | envelopper, | *involsi,* | *involto.* |
| *Ledere,* | léser, | *lesi,* | *leso.* |
| *Leggere,* | lire, | *lessi,* | *letto.* |
| *Licere* ou *lecere,* | être permis. | \multicolumn{2}{l}{Ce verbe poétique n'a que la troisième} |

*Licere* ou *lecere,* être permis. Ce verbe poétique n'a que la troisième personne de l'indicatif au singulier, qui est *lice.* Exemple :

| *Non più si brama, ne bramar piu lice.* | (Pétrarque). | On ne désire plus rien, et il n'est plus permis de rien désirer. | |
|---|---|---|---|
| *Lucere.* | luire, | Régulier. (Sans participe.) | |
| *Manomettere,* | entamer, | *manomisi,* | *manomesso.* |
| \* *Mantenere* | maintenir, | voyez | *tenere.* |
| *Mergere,* | plonger, | *mersi,* | *merso.* |
| *Mescere,* | mêler. | Régulier. | |
| *Mettere,* | mettre, | *misi,* | *messo.* |
| *Mietere,* | moissonner. | Régulier. | |
| *Miscredere,* | être incrédule. | Régulier. | |

|  |  | Passé défini. | Participe passé. |
|---|---|---|---|

*Molcere*, calmer. Ce verbe poétique n'a que *molci*, tu calmes ; *egli molce*, il calme.

Imparfait. *Io molceva, tu molcevi, egli molceva*, je calmais, etc.

| *Mordere*, | mordre, | *morsi*, | *morso*. |
|---|---|---|---|
| *Mungere*, | traire, | *munsi*, | *munto*. |

---

## *MUOVERE*, mouvoir

### Indicatif présent.

| *Io muovo*. | *Moviamo*. |
|---|---|
| *Muovi*. | *Movete*. |
| *Muove*. | *Muovono*. |
| Imparfait. | *Io moveva*, etc. |
| Passé défini. | *Io mossi, movesti*, etc. |
| Futur. | *Io moverò*. |
| Conditionnel. | *Io moverei*, etc. |

### Impératif.

| *Muovi*. | *Movete*. |
|---|---|
| *Muova*. | *Muovano*. |
| *Moviamo*. | |

### Subjonctif présent.

| *Ch'io muova*. | *Moviamo*. |
|---|---|
| *Muova*. | *Moviate*. |
| *Muova*. | *Muovano*. |

| | | |
|---|---|---|
| Imparfait. | | Ch'io movessi, etc. |
| Participe présent. | | Movendo. |
| Participe passé. | | Mosso. |

| | | Passé défini. | Participe passé. |
|---|---|---|---|
| Nascere, | naître, | nacqui, | nato. |
| Nascondere, | cacher, | nascosi, | nascoso, ou nascosto. |
| Negligere, | négliger, | neglessi, | negletto. |
| Nuocere, | nuire, | \multicolumn{2}{l}{Ce verbe se conjugue comme *muovere*,} |

Nuocere, nuire, — Ce verbe se conjugue comme *muovere*, excepté au passé défini, où il fait *nocqui, nocesti, nocque; nocemmo, noceste, nocquero.* Participe passé. *Nociuto.*

| | | | |
|---|---|---|---|
| Offendere, | offenser, | offesi, | offeso. |
| Omettere, | omettre, | omisi, | omesso. |
| Opporre, | opposer, | voyez | porre. |
| Opprimere, | accabler, | oppressi, | oppresso. |
| \* Ottenere, | obtenir, | voyez | tenere. |

---

### \* PARERE, paraître.

Indicatif présent.

| | |
|---|---|
| Io pajo. | Pajamo ou pariamo. |
| Pari. | Parete. |
| Pare. | Pajono. |

Imparfait.    Io pareva, etc.

PASSÉ DÉFINI.

| | |
|---|---|
| *Io parvi.* | *Paremmo.* |
| *Paresti.* | *Pareste.* |
| *Parve.* | *Parvero.* |
| FUTUR. | *Parrò, parrai*, etc. |
| CONDITIONNEL. | *Parrei*, etc. |

IMPÉRATIF.

| | |
|---|---|
| *Pari.* | *Parete.* |
| *Paja.* | *Pajano.* |
| *Pariamo.* | |

SUBJONCTIF PRÈSENT.

| | |
|---|---|
| *Ch'io paja.* | *Pariamo.* |
| *Paja.* | *Pajate.* |
| *Paja.* | *Pajano.* |
| IMPARFAIT DU SUBJONCTIF. | *Paressi*, etc. |
| GÉRONDIF. | *Parendo.* |
| PARTICIPE PASSÉ. | *Paruto* ou *parso.* |

Il faut se souvenir que le verbe *parere*, quand il signifie *sembler*, devient un verbe *impersonnel*.

Voyez les verbes *impersonnels*, leçon 23.

| | | PASSÉ DÉFINI. | PARTICIPE PASSÉ. |
|---|---|---|---|
| *Pascere,* | paître, | Régulier. | |
| *Pendere,* | pendre, | Régulier. | |

|   |   | Passé défini. | Participe passé. |
|---|---|---|---|
| *Percorrere*, | parcourir, | *percorsi*, | *percorso*. |
| *Percuotere*, | frapper, | voyez | *muovere*. |
| *Perdere*, | perdre. | \multicolumn{2}{l}{Ce verbe fait au passé défini, *persi* ou *perdei* ; et *perso* ou *perduto*, au participe passé.} |
| *Permettere*, | permettre, | *permisi*, | *permesso*. |
| *Persistere*, | persister, | Régulier. Participe passé | *persistito*. |
| * *Persuadere*, | persuader, | *persuasi*, | *persuaso*. |

*Perdere*, perdre. Ce verbe fait au passé défini, *persi* ou *perdei* ; et *perso* ou *perduto*, au participe passé.

---

### * PIACERE, plaire.

#### Indicatif présent.

| | |
|---|---|
| *Io piaccio*. | *Piacciamo*. |
| *Piaci*. | *Piacete*. |
| *Piace*. | *Piacciono*. |
| Imparfait. | *Io piaceva*, etc. |

#### Passé défini.

| | |
|---|---|
| *Io piacqui*. | *Piacemmo*. |
| *Piacesti*. | *Piaceste*. |
| *Piacque*. | *Piacquero*. |
| Futur. | *Piacerò*, etc. |
| Conditionnel. | *Piacerei*, etc. |

#### Impératif.

| | |
|---|---|
| *Piaci*. | *Piacete*. |
| *Piaccia*. | *Piacciano*. |
| *Piacciamo*. | |

| | | |
|---|---|---|
| Subjonctif présent. | *Ch'io piaccia*, etc. | |
| Imparfait. | *Ch'io piacessi*, etc. | |
| Participe passé. | *Piaciuto.* | |

| | | Passé défini. | Participe passé. |
|---|---|---|---|
| *Piangere*, | pleurer, | *piansi*, | *pianto.* |
| *Piovere*, | pleuvoir, | Régulier. | |
| *Pingere*, | peindre, | *pinsi*, | *pinto.* |
| *Porgere*, | présenter, | *porsi*, | *porto.* |

## *PORRE* pour *PONERE*, Mettre.

### Indicatif présent

| | |
|---|---|
| *Io pongo.* | *Poniamo.* |
| *Poni.* | *Ponete.* |
| *Pone.* | *Pongono.* |
| Imparfait. | *Io poneva*, etc. |

### Passé défini.

| | |
|---|---|
| *Io posi.* | *Ponemmo.* |
| *Ponesti.* | *Poneste.* |
| *Pose.* | *Posero.* |
| Futur. | *Porrò, porrai*, etc. |
| Conditionnel | *Porrei*, etc. |

### Impératif.

| | |
|---|---|
| *Poni.* | *Ponete.* |
| *Ponga.* | *Pongano.* |
| *Poniamo.* | |

| | |
|---|---|
| Subjonctif présent. | Ch'io ponga, etc. |
| Imparfait. | Ch'io ponessi, etc. |
| Gérondif. | Ponendo. |
| Participe passé. | Posto. |

| | | | |
|---|---|---|---|
| Posporre, | mépriser ou estimer moins, | voyez | Porre. |
| * Possedere, | posséder, | voyez | sedere. |

---

### * Potere, Pouvoir.

**Indicatif présent.**

| | |
|---|---|
| Io posso. | Possiamo. |
| Puoi. | Potete. |
| Può. | Possono. |

| | |
|---|---|
| Imparfait. | Io poteva, etc. |
| Passé défini. | Io potei, etc. |
| Futur. | Io potrò, potrai, etc. |
| Conditionnel. | Io potrei, etc. |

(Sans impératif.)

**Subjonctif présent.**

| | |
|---|---|
| Ch'io possa. | Possiamo. |
| Possa. | Possiate. |
| Possa. | Possano. |

| | |
|---|---|
| Imparatif. | Ch'io potessi. |
| Gérondif. | Potendo. |
| Participe passé. | Potuto. |

|   |   | Passé défini. | Participe passé. |
|---|---|---|---|
| *Precidere*, | couper, | *precisi*, | *preciso.* |
| *Precorrere*, | dévancer, | *precorsi*, | *precorso.* |
| *Prefiggere*, | déterminer, | *prefissi*, | *prefisso.* |
| *Premere*, | presser, | Régulier. | |
| *Premettere*, | poser avant | *premisi*, | *premesso.* |
| *Prendere*, | prendre, | *presi*, | *preso.* |
| *Preporre*, | préposer, | voyez | *porre.* |
| *Prescegliere*, | choisir, | voyez | *scegliere.* |
| *Prescindere*, | laisser de côté, ou séparer. | | Régulier. |
| *Prescrivere*, | prescrire, | *prescrissi*, | *prescritto.* |
| \* *Presedere*, | présider, | voyez | *sedere.* |
| *Presumere*, | présumer, | *presunsi*, | *presunto.* |
| *Pretendere*, | prétendre, | *pretesi*, | *preteso.* |
| \* *Prevalere*, | prévaloir, | voyez | *valere.* |
| \* *Prevedere*, | prévoir, | voyez | *vedere.* |
| *Produrre*, | produire, | voyez | *addurre.* |
| *Profondere*, | dissiper, | *profusi*, | *profuso.* |
| *Promettere*, | promettre, | *promisi*, | *promesso.* |
| *Promovere*, | promouvoir, | *promossi*, | *promosso.* |
| *Propendere*, | pencher, | Régulier. | |
| *Proporre*, | proposer, | voyez | *porre.* |
| *Prorompere*, | éclater, | *proruppi*, | *prorotto.* |
| *Proscrivere*, | proscrire, | *proscrissi*, | *proscritto.* |
| *Proteggere*, | protéger, | *protessi*, | *protetto.* |
| *Protrarre*. | tirer des lignes, | voyez | *trarre.* |
| *Provvedere*, | pourvoir, | voyez | *vedere.* |
| *Pungere*, | piquer, | *punsi*, | *punto.* |

|   |   | PASSÉ DÉFINI. | PARTICIPE PASSÉ. |
|---|---|---|---|
| *Rabbattere,* | rabaisser, | Régulier. | |
| *Raccogliere,* | ramasser, | voyez | scogliere. |
| *Radere,* | raser, | *rasi,* | raso. |
| *Raggiungere,* | rejoindre, | *raggiunsi,* | raggiunto. |
| \* *Rattenere,* | arrêter, | voyez | tenere. |
| \* *Ravvedersi,* | se corriger, | voyez | vedere. |
| *Ravvolgere,* | envelopper, | *ravvolsi,* | ravvolto. |
| *Recidere,* | trancher, | *recisi,* | reciso. |
| *Redimere,* | racheter. (Peu employé.) Régulier. PARTICIPE PASSÉ redento. | | |
| *Reggere,* | régir, | *ressi,* | retto. |
| *Rendere,* | rendre, | *resi,* | reso. |
| *Reprimere,* | réprimer, | *repressi,* | represso. |
| *Rescrivere,* | écrire de nouveau, | *rescrissi,* | rescritto. |
| *Resistere,* | résister. | Régulier. PARTICIPE PASSÉ resistito. | |
| *Riaccendere,* | allumer de nouveau, | *riaccesi,* | riacceso. |
| *Riassumere,* | reprendre, | *riassunsi,* | riassunto. |
| *Ribattere,* | refrapper. | Régulier. | |
| \* *Ricadere,* | retomber, | voyez | cadere. |
| *Ricevere,* | recevoir. | Régulier. | |
| *Richiedere,* | requérir, | *richiesi,* | richiesto. |
| *Richiudere,* | renfermer, | *richiusi,* | richiuso. |
| *Ricingere,* | environner, | *ricinsi,* | ricinto. |
| *Ricommettere,* | commettre de nouveau, | *ricommisi,* | ricommesso. |
| *Ricomporre,* | régler, | voyez | porre. |
| *Rimpromettere,* | promettre de nouveau, | *rimpromisi,* | rimpromesso. |
| *Ricongiungere,* | rejoindre, | *rincongiunsi,* | ricongiunto. |
| *Ricondurre,* | ramener, | voyez | addure. |
| *Riconoscere,* | reconnaître, | *riconnobbi,* | riconosciuto. |
| *Ricorreggere,* | recorriger, | *ricorressi,* | ricorretto. |

|  |  | Passé défini. | Participe passé. |
|---|---|---|---|
| *Ricorrere*, | recourir, | *ricorsi*, | *ricorso*. |
| *Ricuocere*, | cuire de nouveau, | voyez, | *cuocere*. |
| *Ridere*, | rire, | *risi*, | *riso*. |
| *Ridurre*, | réduire, | voyez, | *addurre*. |
| *Riederre*, | retourner, | Ce verbe poétique n'a que les temps suivans : *tu riedi*, tu retournes ; *egli riede* ; il retourne ; *ch'egli rieda*, qu'il retourne ; *ch'eglino riedano*, qu'ils retournent. | |
| *Riflettere*, | réfléchir, | Régulier. | |
| *Rigiungere*, | rejoindre, | *rigiunsi*, | *rigiunto*. |
| \* *Rigodere*, | jouir de nouveau. | Régulier. | |
| *Rileggere*, | relire, | *rilessi*, | *riletto*. |
| *Rilucere*, | reluire. | *rilussi*, | (sans participe. |

---

## \* RIMANERE, Rester.

### Indicatif présent.

| Io rimango. | Rimaniamo. |
|---|---|
| Rimani. | Rimanete. |
| Rimane. | Rimangono. |

| Imparfait. | Io rimaneva, etc. |
|---|---|
| Passé défini. | Io rimasi, etc. |
| Futur. | Io rimarrò, etc. |
| Conditionnel. | Io rimarrei, etc. |

IMPERATIF.

*Rimani.*             *rmianete.*
*Rimanga.*           *rimangano.*
*Rimaniamo.*

SUBJONCTIF PRESENT.    *Ch'io rimanga*, etc.
IM-PARFAIT.             *Ch'io rimanessi*, etc.
GERONDIF.              *Rimanendo.*
PARTICIPE PASSE.       *Rimaso* ou *rimasto.*

|  |  | PASSÉ DÉFINI. | PARTICIPE PASSÉ. |
|---|---|---|---|
| *Rimettere,* | remettre, | *rimisi,* | *rimesso.* |
| *Rimordere,* | remordre, | *rimorsi,* | *rimorso.* |
| *Rinascere,* | renaître, | *rinacqui,* | *rinato.* |
| *Rinchiudere,* | renfermer, | *rinchiusi,* | *rinchiuso.* |
| *Rincrescere,* | déplaire, | *rincrebbi,* | *rincresciuto.* |
| *Ripercuotere,* | refrapper, | voyez. | *muovere.* |
| *Ripetere,* | répéter, | régulier. | |
| *Riporre,* | replacer, | voyez. | *porre.* |
| *Riprendere,* | reprendre, | *ripresi,* | *ripreso.* |
| *Riprodurre,* | reproduire, | voyez. | *adurre.* |
| *Riscegliere,* | choisir de nouveau, | voyez. | *scegliere.* |
| *Riscrivere,* | récrire, | *riscrissi,* | *riscritto.* |
| *Riscuotere,* | exiger, | voyez. | *muovere.* |
| * *Risedere,* | résider, | voyez. | *sedere.* |
| *Risolvere,* | résoudre, | *risolsi,* | *risolto.* |
| *Risorgere,* | se relever, | *risorsi,* | *risorto.* |
| *Rispingere,* | repouser, | *rispinsi,* | *rispinto.* |
| *Risplendere,* | briller, | régulier. | |
| *Rispondere,* | répondre, | *risposi,* | *risposto.* |

|  |  | Passé défini. | Participe passé. |
|---|---|---|---|
| Ristringere, | restreindre, | *ristrinsi*, | *ristretto*. |
| \* Ritenere, | retenir, | voyez. | tenere. |
| Ritingere, | reteindre, | *ritinsi*, | *ritinto*. |
| Ritessere, | tisser de nouveau, | régulier. | |
| Ritogliere, | reprendre, | voyez. | sciogliere. |
| Ritorcere, | retordre, | *ritorsi*, | *ritorto*. |
| \* Rivedere, | revoir, | voyez. | vedere. |
| Rivendere, | revendre, | régulier. | |
| Rivivere, | revivre, | *rivissi*, | *rivivuto*. |
| Rivolgere, | retourner, | *rivolsi*, | *rivolto*. |
| Rodere, | ronger, | *rosi*, | *roso*. |
| Rompere, | rompre, | *ruppi*, | *rotto*. |

---

## \* SAPERE, Savoir.

### Indicatif présent.

| Io so. | noi sapiamo. |
|---|---|
| Tu sai. | voi sapete. |
| Egli sa. | eglino sanno. |

Imparfait.    Ia sapeva, etc.

Passé défini.    Io seppi, sapesti, etc.

Futur    Io saprò, etc.

Conditionnel.    Io saprei, etc.

Impératif.    Sappi.    sappiate.
             Sappia.    sappiano.
             Sappiamo.

| | | |
|---|---|---|
| | Subjonctif présent. | Ch'io sappia, etc. |
| | Imparfait. | Ch'io sapessi, etc. |
| | Participe passé. | Saputo. |
| * Scadere, | déchoir. | voyez cadere. |

---

## SCEGLIERE, Choisir.

Indicatif présent.

Io scelgo.                Scegliamo.
Scegli.                   Scegliete.
Sceglie.                  Scelgono.

| | |
|---|---|
| Imparfait | Io sceglieva, etc. |
| Passé défini. | Io scelsi, scegliesti, etc. |
| Futur. | Io sceglierò, etc. |
| Conditionnel. | Io sceglierei, etc. |
| Impératif. | Scegli.    Scegliete. |
| | Scelga.    Scelgano. |
| | Scegliamo. |
| Subjonctif présent. | Ch'io scelga, etc. |
| Imparfait. | Ch'io scegliessi, etc. |
| Gérondif. | Scegliendo. |
| Participe passé. | Scelto. |

| | | Passé défini. | Participe passé. |
|---|---|---|---|
| Scendere, | descendre. | scesi. | sceso. |
| Scernere, | descerner. | scersi. | scerto. |
| Schiudere, | ouvrir. | schiusi. | schiuso. |

## *SCIOGLIERE*, ou *SCIORRE*. délier.

### Indicatif présent.

| Je délie. | *Io sciolgo.* | *sciogliamo.* |
|---|---|---|
| | *sciogli.* | *sciogliete.* |
| | *scioglie.* | *sciogliono* ou *sciolgono.* |

Imparfait. *Io scioglieva*, etc.

Passé défini. *Io sciolsi, sciogliesti*, etc.

Futur. *Io scioglierò* ou *sciorrò*, etc.

Conditionnel. *Io scioglierei* ou *sciorrei*, etc.

Impératif. *Sciogli, sciogliete.*
*Sciolga, sciolgano.*
*Sciogliamo.*

Subjonctif présent. *Ch'io sciolga*, etc.

Imparfait. *Ch'io sciogliesi*, etc.

Participe passé. *Sciolto.*

|  |  | Passé défini. | Participe passé. |
|---|---|---|---|
| *Scommettere,* | parier, | *scommisi,* | *scommesso.* |
| *Scomporre,* | gâter ce qui a été composé, voyez, | | *porre.* |
| *Sconfiggere,* | vaincre, | *sconfissi,* | *sconfitto.* |
| *Scontorcere,* | tordre, | *scontorsi,* | *scontorto.* |
| *Sconvolgere,* | bouleverser, | *sconvolsi,* | *sconvolto.* |
| *Scorgere,* | découvrir, | *scorsi,* | *scorto.* |
| *Scorrere,* | parcourir, | *scorsi,* | *scorso.* |
| *Scrivere,* | écrire, | *scrissi,* | *scritto.* |
| *Scuotere,* | ébranler. | voyez, | *muovere.* |

26

## * SEDERE, s'asseoir.

**INDICATIF PRÉSENT.**

Io siedo ou seggo.         Sediamo ou seggiamo.
Siedi.                     Sedete.
Siede.                     Sedono ou siedono.

IMPARFAIT.         Io sedeva, etc.
PASSÉ DÉFINI.      Io sedei, etc.
FUTUR.             Io sederò, etc.
CONDITIONNEL.      Io sederei, etc.

**IMPÉRATIF.**

Siedi.                     Sedete.
Sieda ou segga.            Siedano.
Sediamo ou seggiamo.

SUBJONCTIF PRÉSENT.  Ch'io sieda ou segga, etc.
IMPARFAIT.           Ch'io sedessi, etc.
GÉRONDIF.            Sedendo.
PARTICIPE PASSÉ.     Seduto.

|  |  | PASSÉ DÉFINI. | PARTICIPE PASSÉ. |
|---|---|---|---|
| Sedurre, | séduire, | voyez, | addurre. |
| Smungere, | déssécher, | smunsi, | smunto. |
| Smuovere, | émouvoir, | voyez, | muovere. |
| Socchiudere, | fermer à moitié, | socchiusi, | socchiuso. |
| Soccorrere, | secourir, | soccorsi, | soccorso. |
| * Soggiacere, | être sujet, | voyez, | piacere. |
| Soggiungere, | ajouter, | soggiunsi, | soggiunto. |

\* *SOLERE*, avoir coutume.

### Indicatif présent.

| J'ai coutume. | Io soglio. | Sogliamo. |
| | Tu suoli. | Solete. |
| | Egli suole. | Sogliono. |

**Imparfait**   Io soleva, etc.

### Subjonctif présent.

| Ch'io soglia. | Sogliamo. |
| Soglia. | Sogliate. |
| Soglia. | Sogliano. |
| **Gérondif.** | Solendo. |
| **Participe.** | Solito. |

Il faut observer que le verbe *solere* manque de passé défini, de futur et de conditionnel, on y supplée en joignant le verbe *ESSERE* avec le participe *SOLITO*, et l'on dit :

| Io sono solito. | J'ai coutume. |
| Tu sei solito. | Tu as coutume. |
| Egli è solito. | Il a coutume. |
| Noi siamo soliti. | Nous avons coutume. |
| Voi siete soliti. | Vous avez coutume. |
| Eglino sono soliti. | Ils ont coutume. |

Il en est de même dans les temps, comme, *io era solito*, j'avais coutume; *io non era solito*, je n'avais pas coutume; *fui solito*, j'eus coutume ; *sarò solito*, j'aurai coutume ; *sarei solito*, j'aurais coutume, etc.

| | | PASSÉ DÉFINI. | PARTICIPE PASSÉ. |
|---|---|---|---|
| *Sommergere*, | submerger, | *sommersi* | *sommerso*. |
| *Sommettere*, | soumettre, | *sommisi*, | *sommesso*. |
| *Sopporre*, | placer une chose sous une autre, | voyez, | *porre*. |
| *Sopraggiungere*, | survenir, | *sopraggiunsi*, | *sopraggiunto*. |
| *Soprapporre*, | mettre dessus, | voyez, | *porre*. |
| *Soprascrivere*, | mettre l'adresse à une lettre, | *soprascrissi*, | *sóprascritto*. |
| * *Soprasedere*, | superséder, | voyez, | *sedere*. |
| *Sopravvivere*, | survivre, | voyez, | *vivere*. |
| *Soprintendere*, | avoir la surintendance, | *soprintesi* | *soprinteso*. |
| *Sorgere*, | s'élever, | *sorsi*, | *sorto*. |
| *Sorprendere*, | surprendre, | *sorpresi*, | *sorpreso*. |
| *Sorreggere*, | soutenir, | *sorresi*, | *sorretto*. |
| *Sorridere*, | sourire, | *sorrisi*, | *sorriso*. |
| *Soscrivere*, | souscrire, | *soscrissi*, | *soscritto*. |
| *Sospendere*, | surprendre, | *sospesi*, | *sospeso*. |
| *Sospingere*, | pousser, | *sospinsi*, | *sospinto*. |
| * *Sostenere*, | soutenir, | voyez | *tenere*. |
| *Sottintendere*, | sous-entendre, | *sottintesi*, | *sottinteso*. |
| *Sottomettere*, | soumettre, | *sottomisi*, | *sottomesso*. |
| *Sottoporre*, | mettre dessous, | voyez | *porre*. |
| *Sottoscrivere*, | souscrire, | *sottoscrissi*, | *sottoscritto*. |
| *Sottrarre*, | soustraire, | voyez | *trarre*. |
| *Sovraggiungere* | survenir, | *sovraggiunsi*, | *sovraggiunto*. |
| *Spandere*, | répondre, ou divulguer. | | Régulier. |
| *Spargere*, | répandre, | *sparsi*, | *sparso*. |

## SPEGNERE, Éteindre.

### Indicatif présent.

Io spengo ou spegno.    Spegniamo.
Spegni.    Spegnete.
Spegne.    Spengono.

Imparfait.    Io spegneva, etc.
Passé défini.    Io spensi, spegnesti, etc.
Impératif.    Spegni.    Spegnete.
     Spenga.    Spengano.
     Spegniamo.
Subjonctif présent.    Ch'io spenga, etc.
Imparfait.    Ch'io spegnessi, etc.
Participe passé.    Spento.

|  |  | Passé défini. | Participe passé. |
|---|---|---|---|
| Spendere, | dépenser, | spesi, | speso. |
| Spergere, | disperser, | spersi, | sperso. |
| * Spiacere, | déplaire, | voyez | piacere. |
| Spingere, | pousser, | spinsi, | spinto. |
| Splendere, | briller. | Régulier. | |
| Sporgere, | présenter, | sporsi, | sporto. |
| Spremere, | presser. | Régulier. | |
| Spromettere, | retirer sa parole, | spromisi, | spromesso. |
| * Sprovvedere, | dépourvoir, | voyez | vedere. |
| Stendere, | étendre, | stesi, | steso. |
| Storcere, | tordre, | storsi, | storto. |
| Stravolgere, | tourner, | stravolsi, | stravolto. |
| Stridere, | crier. | Régulier. | |

|  |  | Passé défini. | Participe passé. |
|---|---|---|---|
| *Stringere*, | serrer, | *strinsi*, | *stretto*. |
| *Struggere*, | fondre, | *strussi*, | *strutto*. |
| *Succedere*, | succéder, | *successi*, | *successo*. |
| *Succombere*, | succomber. | Régulier. | |
| *Suddividere*, | subdiviser, | *suddivisi*, | *suddiviso*. |
| *Suggere*, | sucer. | Régulier. Participe passé | *succhiato*. |
| *Supporre*, | supposer, | voyez | *porre*. |
| *Supprimere*, | supprimer, | *suppressi*, | *suppresso*. |
| *Sussistere*, | subsister. | Régulier. Participe passé | *sussistito*. |
| *Svellere*, | arracher, | *svelsi*, | *svelto*. |
| *Svolgere*, | détourner, | *svolsi*, | *svolto*. |
| * *Tacere*, | taire, | voyez | *piacere*. |
| *Tangere*, | toucher. | Ce verbe poétique n'a que *tange*, il touche. | |
| * *Temere*, | craindre. | Régulier. | |
| *Tendere*, | tendre, | *tesi*, | *teso*. |

---

## * TENERE, Tenir.

### Indicatif présent.

*Io tengo*.   *Teniamo*.
*Tieni*.   *Tenete*.
*Tiene*.   *Tengono*.

Imparfait.   *Io teneva*, etc.

Passé défini.   *Io tenni, tenesti*, etc.

Futur.   *Io terrò, terrai*, etc.

Conditionnel.  *Io terrei, terresti*, etc
Impératif.  *Tieni.      Tenete.*
  *Tenga.     Tengano.*
  *Teniamo.*

Subjonctif présent.

*Ch'io tenga.      Teniamo.*
  *Tenga.         Teniate.*
  *Tenga          Tengano*
Gérondif.  *Tenendo.*
Participe passé.  *Tenuto.*

|   |   | Passé défini. | Participe Passé. |
|---|---|---|---|
| *Tergere,* | nettoyer, | *tersi,* | *terso.* |
| *Tessere,* | tisser, | Régulier. |   |
| *Tingere,* | teindre, | *tinsi,* | *tinto.* |
| *Togliere,* | ôter, | voyez | *sciogliere.* |
| *Tondere,* | tondre, | Régulier. Participe passé. | *tosato.* |
| *Torcere,* | tordre, | *torsi,* | *torto.* |
| *Tradurre,* | traduire, | voyez | *addurre.* |
| *Trafiggere,* | percer, | *trafissi,* | *trafitto.* |
| *Tramettere,* | entremettre, | *tramisi,* | *tramesso.* |

## TRARRE pour *Traere*, Tirer ou Attirer.

### Indicatif présent.

| J'attire. | *Io traggo.* | *Traiamo.* |
| | *Tu trai.* | *Traete.* |
| | *Egli trae.* | *Traggono.* |

| Imparfait. | *Io traeva* ou *traea*, etc. |
| Passé défini. | *Io trassi, traesti*, etc. |
| Futur. | *Io trarrò, trarrai*, etc. |
| Conditionnel. | *Io trarrei*, etc. |
| Impératif. | *Trai.* | *Traete.* |
| | *Tragga.* | *Traggano.* |
| | *Traiamo.* | |

### Subjonctif présent.

| | *Ch'io tragga.* | *Traiamo.* |
| | *Tragga.* | *Traiate.* |
| | *Tragga.* | *Traggano.* |

| Imparfait. | *Ch'io traessi*, etc. |
| Gérondif. | *Traendo.* |
| Participe passé. | *Tratto.* |

| | Passé défini. | Participe passé. |
| --- | --- | --- |
| *Trascegliere*, choisir, | voyez | *scegliere.* |
| *Trascendere*, surmonter, | *trascesi,* | *trasceso.* |

|   |   | Passé défini. | Participe passé. |
|---|---|---|---|
| *Trascorrere*, | outre-passer, | *trascorsi*, | *trascorso*. |
| *Trascrivere*, | transcrire, | *trascrissi*, | *trascritto*. |
| *Trasfondere*, | transfuser, | *trasfusi*, | *trasfuso*. |
| *Trasmettere*, | transmettre, | *trasmisi*, | *trasmesso*. |
| \* *Trasparere*, | être transparent, | *trasparsi*, | *trasparso*. |
| *Trasporre*, | transposer, | voyez | *porre*. |
| *Trasvolgere*, | mettre en désordre, | *trasvolsi*, | *trasvolto*. |
| \* *Trattenere*, | entretenir, | voyez | *tenere*. |
| \* *Travedere*, | voir de travers, | voyez | *vedere*. |
| *Uccidere*, | tuer, | *uccisi*, | *ucciso*. |
| *Ungere*, | oindre, | *unsi*, | *unto*. |
| *Urgere*, | presser, | | |

Ce verbe poétique n'a que les temps suivans :

*Urge*, il presse ; *urgeva*, il pressait *urgevano*, ils pressaient.

---

\* *VALERE*, Valoir.

Indicatif présent.

*Io valgo* ou *vaglio*.   *Vagliamo*.
*Vali*.   *Valete*.
*Vale*.   *Valgono* ou *vagliono*.

Imparfait.   *Io valeva*, etc.

Passé défini.   *Io valsi, valesti*, etc.

| | |
|---|---|
| Futur. | *Io varrò*, etc. |
| Conditionnel. | *Io varrei*, etc. |
| Impératif. | *Vali.     Valete.* |
| | *Valga.    Valgano* ou |
| | *Vagliamo.  Vagliano.* |

### Subjonctif Présent.

*Ch'io valga* ou *vaglia.*      *Vagliamo.*
*Valga* ou *vaglia.*            *Vagliate.*
*Valga* ou *vaglia.*            *Vagliano.*

| | |
|---|---|
| Imparfait. | *Ch'io valessi*, etc. |
| Participe passé. | *Valuto.* |

---

\* *VEDERE*, Voir.

### Indicatif présent.

*Io vedo* ou *veggo.*      *Vediamo.*
*Vedi.*                    *Vedete.*
*Vede.*                    *Vedono* ou *veggono.*

| | |
|---|---|
| Imparfait. | *Io vedeva*, etc. |

### Passé défini.

*Io viddi* ou *vidi.*      *Vedemmo.*
*Vedesti.*                 *Vedeste.*

*Vidde* ou *vide*.   *Viddero* ou *videro*.

FUTUR.   *Io vedrò*, *vedrai*, etc.

CONDITIONNEL.   *Io vedrei*, etc.

IMPÉRATIF.   *Vedi*, *veda* ou *vegga*, *vediamo*, *vedete*, *vedano* ou *veggano*.

SUBJONCTIF PRÉSENT.

*Ch'io veda* ou *vegga*.   *Vediamo*.
*Veda* ou *vegga*.   *Vediate*.
*Veda* ou *vegga*.   *Vedano* ou *veggano*.

IMPARFAIT.   *Ch'io vedessi*, etc.
GÉRONDIF.   *Vedendo*.
PARTICIPE PASSÉ.   *Veduto*.

|  |  | PASSÉ DÉFINI. | PARTICIPE PASSÉ. |
|---|---|---|---|
| *Vilipendere*, | vilependre, | *vilipesi*, | *vilipeso*. |
| *Vendere*, | vendre, | régulier. | |
| *Vincere*, | vaincre, | *vinsi*, | *vinto*. |
| *Vivere*, | vivre, | Ce verbe fait au futur *vivrò*, *vivrai*, *vivrà*, etc., et au conditionnel *vivrei*, etc., au passé défini, *vissi*, *vivesti*, etc. Participe passé, *vivuto* ou *vissuto*. | |

\* *VOLERE*, Vouloir.

Indicatif présent.

| | |
|---|---|
| *Io voglio.* | *Vogliamo.* |
| *Tu vuoi.* | *Volete.* |
| *Egli vuole.* | *Vogliono.* |

| | |
|---|---|
| Imparfait. | *Io voleva*, etc. |
| Passé défini | *Io volli, volesti, volle*, etc. |
| Futur. | *Io vorrò*, etc. |
| Conditionnel. | *Io vorrei*, etc. |

( Point d'impératif. )

| | |
|---|---|
| Subjonctif présent. | *Ch'io voglia, voglia*, etc. |
| Gérondif. | *Volendo.* |
| Participe passé. | *Voluto.* |

*Volgere*, tourner. Passé défini. *Volsi, volgesti, volse*, etc. Participe passé. *Volto.*

*NOTA*. 1° Pour les infinitifs des verbes, qu'on a vus dans cette liste, terminés en *ANGERE*, comme *COMPIANGERE*, plaindre; en *INGERE*, comme *SPINGERE* pousser; en *UNGERE*, comme *AGGIUNGERE*, ajouter, etc. On peut changer cette terminaison en *ANGNERE*, *IGNERE*, *UGNERE*. Ainsi on pourra dire : *COMPIAGNERE*, *SPIGNERE*, *AGGIUGNERE*, etc.

2° Les verbes *ESIMERE*, exempter; *DIRIMERE*, diviser ou séparer, sont fort peu en usage; car il y a certaines personnes de temps qui semblent manquer d'harmonie.

# VERBES *IRRÉGULIERS*

## *De la troisième Conjugaison en* IRE.

*NOTA.* Pour faciliter la connaissance des verbes en *IRE*, je vais faire une liste par ordre alphabétique, et je marquerai l'irrégularité de leurs temps. Les temps qui ne sont pas marqués seront conjugés régulièrement sur le verbe *Dormire*,

*ABOLIRE*, abolir.

INDICATIF PRÉSENT.

*Abolisco.*     *aboliamo.*
*Abolisci.*     *abolite.*
*Abolisce.*     *aboliscono.*

IMPARFAIT.   *Io aboliva*, etc.
PASSÉ DÉFINI.   *Io abolii, abolisti,* etc.
FUTUR.   *Io abolirò*, etc.
CONDITIONNEL.   *Io abolirei*, etc.
IMPTRATIF.   *Abolisci, abolisca, aboliamo, abolite, aboliscano.*

SUBJONCTIF PRESENT.

  Ch'io abolisca.    aboliamo.
    abolisca.    aboliate.
    abolisca.    aboliscano.

IMPARFAIT.    Ch'io abolissi, etc.

PARTICIPE PASSÉ.    Abolito.

| | | |
|---|---|---|
| Abborrire, | abhorrer, | comme abolire ou régulier. |
| Abortire, | avorter, | comme abolire. |
| Acconsentire, | consentir, | régulier. |
| Addolcire, | adoucir, | comme abolire. |
| Adempire, | accomplir. | Ce verbe fait au présent de l'indicatif, adempio ou adempisco. |
| Aderire, | adhérer, | comme abolire. |
| Agire, | agir, | comme abolire. |
| Aggradire, | agréer, | comme abolire. |
| Aggrancire, | accrocher, | comme abolire. |
| Aggrandire, | agrandir, | comme abolire. |
| Alleggerire, | alléger, | comme abolire. |
| Ammolire, | ammolir, | comme abolire. |
| Ammonire, | avertir, | comme abolire. |
| Ammorbidire, | adoucir, | comme abolire. |
| Ammutire, | devenir muet, | comme abolire. |
| Annichilire, | anéantir, | comme abolire. |
| Annobilire, | annoblir, | comme abolire. |

## *APPARIRE*, Apparaître.

### Indicatif présent.

*Apparisco*,                  *appariamo.*
*Apparisci*,                   *apparite.*
*Apparisce* ou *appare*.     *appariscono* ou *appaiono.*

### Passé défini.

*Apparvi* ou *apparii*,        *apparimmo.*
*Apparisti*,                  *appariste.*
*Apparve*,                     *apparvero.*

### Futur.     *Apparirò*, etc.

### Impératif.

*Apparisci*,                   *apparite.*
*Apparisca* ou *appaia*,     *appariscano* ou *appaiano.*
*Appariamo.*

### Subjonctif présent.

*Ch'io apparisca* ou *appaia*, etc.

**Participe passé.**    *Apparito* ou *apparso.*

*Applaudire*,    applaudir,      comme *abolire.*
*Appassire*,     flétrir,          comme *abolire.*
*Aprire*,          ouvrir. Son passé défini est *apersi, apristi,* etc., ou bien *io aprii, apristi,* etc.
                Les autres temps sont réguliers.

| | | | |
|---|---|---|---|
| *Ardire*, | \multicolumn{3}{l|}{oser. Ce verbe se conjugue comme *abolire*, excepté la première personne du pluriel de l'indicatif, et la première de subjonctif, où il faut dire : *noi abbiamo l'ardire; che abbiamo l'ardire*, parce que *ardiamo* appartient au verbe brûler.} |
| *Arricchire*, | enrichir, | comme | *abolire*. |
| *Arrossire*, | rougir, | comme | *abolire*. |
| *Assalire*, | assaillir. | \multicolumn{2}{l|}{Voyez *salire*, mais on le conjugue aussi comme *abolire*.} |
| *Assaporire*, | savourer, | comme | *abolire*. |
| *Asserire*, | affirmer, | comme | *abolire*. |
| *Assopire*, | assoupir, | comme | *abolire*. |
| *Assorbire*, | absorber, | comme | *abolire*, ou régulier. |
| *Assordire*, | assourdir, | comme | *abolire*. |
| *Assortire*, | tirer au sort, | comme | *abolire*. |
| *Atterire*, | effrayer, | comme | *abolire*. |
| *Attribuire*, | attribuer, | comme | *abolire*. |
| *Avvenire*, | arriver, | voyez | *venire*. |
| *Avvertire*, | avertir, | comme | *abolire*, ou régulier. |
| *Avvilire*, | avilir, | comme | *abolire*. |
| *Balbutire*, | balbutier, | comme | *abolire*. |
| *Bandire*, | bannir, | comme | *abolire*. |
| *Bianchire*, | blanchir, | comme | *abolire*. |
| *Bollire*, | bouillir, | \multicolumn{2}{l|}{régulier.} |
| *Benedire*, | bénir, | comme | *abolire* ou comme *Dire*. |
| *Brunire*, | brunir, | comme | *abolire*. |
| *Capire*, | comprendre, | comme | *abolire*. |
| *Chiarire*, | éclairer, | comme | *abolire*. |
| *Circonvenire*, | environner, | voyez | *venire*. |

| | | | |
|---|---|---|---|
| *Colorire*, | colorer, | comme | *abolire*. |
| *Colpire*, | frapper, | comme | *abolire*. |
| *Comparire*, | comparaître, | voyez | *apparire*. |
| *Compartire*, | partager, | comme | *abolire* ou régulier. |
| *Compatire*, | compatir, | comme | *abolire*. |
| *Compire*, | accomplir, | comme | *abolire* ou comme *empire*. |
| *Concepire*, | concevoir, | comme | *abolire*. |
| *Condire*, | assaisonner, | comme | *abolire*. |
| *Conferire*, | conférer, | comme | *abolire*. |
| *Conseguire*, | obtenir, | comme | *abolire*. |
| *Consentire*, | consentir, | régulier. | |
| *Costituire*, | constituer, | comme | *abolire*. |
| *Costruire*, ou *construire*, | construire. | | Ce verbe se conjuge, comme *ABOLIRE*; mais au passé défini, on peut dire : *Io costrussi, costruisti, costrusse,* etc. Participe *costruito* ou *costrutto*. |
| *Contraddire*, | contredire, | comme | *abolire* ou comme *Dire*. |
| *Contravvenire*, | contrevenir, | voyez | *venire*. |
| *Contribuire*, | contribuer, | comme | *abolire*. |
| *Convenire*, | convenir, | voyez | *venire*. |
| *Convertire*, | convertir, | régulier. | |
| *Coprire*, | couvrir, | voyez | *aprire*. |

## CUCIRE, Coudre.

### Indicatif présent.

Io Cucio.                    Cuciamo.
   Cuci.                     Cucite.
   Cuce.                     Cuciono.

Imparfait.          Io cuciva, etc.
Passé défini.       Io cucii, cucisti, etc.
Futur.              Io cucirò, etc.
Conditionnel.       Io cucirei, etc.
Imperatif.          Cuci, cucià, cuciamo, cucite, cuciano.
Subjonctif present. Ch'io cucia, etc.
Imparfait.          Ch'io cucessi, etc.
Participe passé     Cucito.

Custodire,   garder,    comme  abolire.
Digerire,    digérer.   comme  abolire.
Diminuire,   diminuer,  comme  abolire.

---

## DIRE, Dire.

Quoique ce verbe, par sa dérivation de *dicere*, appartient à la seconde conjugaison, cependant je le place ici pour donner plus de facilité à conjuguer ses composés ou dérivés.

### INDICATIF PRÉSENT.

Io dico.      noi diciamo.
tu dici.      voi dite.
egli dice.      eglino dicano.

| | |
|---|---|
| IMPARFAIT. | Io diceva, etc. |
| PASSÉ DEFINI. | Io dissi, dicesti, etc. |
| FUTUR. | Io dirò, dirai, etc. |
| CONDITIONNEL. | Io direi, etc. |
| IMPÉRATIF. | Di, dica, diciamo, dite, dicano. |
| SUBJONCTIF PRESENT. | Ch'io dica, dica, etc. |
| IMPARFAIT. | Ch'io dicessi, etc. |
| GÉRONDIF. | En disant, dicendo. |
| PARTICIPE PRESENT. | Disant, dicente. |
| PARTICIPE PASSE. | Dit, detto. |

| | | | |
|---|---|---|---|
| Disconvenire, | ne pas convenir, | voyez | venire. |
| Discoprire, | découvrir, | voyez | aprire. |
| Discucire, | découdre, | voyez | cucire. |
| Disdire, | dédire, | voyez | dire. |
| Dispartire, | partager, | régulier. | |
| Dissentire, | ne s'accorder pas, | régulier. | |
| Distribuire, | distribuer, | comme | abolire. |
| Divenire, | devenir, | voyez | venire. |

| | | |
|---|---|---|
| *Divertire*, | divertir, | régulier. |
| *Divertirsi*, | se récréer, | régulier. |
| *Divestire*, | déshabiller, | régulier. |
| *Dormire*, | dormir, | régulier. |

---

## *EMPIRE*, Remplir.

### Indicatif présent.

| | |
|---|---|
| *Io empio.* | *Empiamo.* |
| *Empi.* | *Empite.* |
| *Empie.* | *Empiono.* |

| | |
|---|---|
| Imparfait. | *Io empiva*, etc. |
| Passé défini. | *Io empii, empisti*, etc. |
| Futur. | *Io empirò*, etc. |
| Conditionnel. | *Io empirei*, etc. |
| Impératif. | *Empi, empia*, etc. |
| Subjonctif. | *Ch'io empia, empia*, etc. |
| Participe passé. | *Empito.* |

| | | | |
|---|---|---|---|
| *Esaudire*, | exaucer, | comme | *abolire*. |
| *Eseguire*, | exécuter, | comme | *abolire*. |
| *Esibire*, | offrir, | comme | *abolire*. |
| *Falire*, | faillir, | comme | *abolire*. |
| *Favorire*, | favoriser, | comme | *abolire*. |
| *Ferire*, | blesser, | comme | *abolire*. |

*Finire*, finir, comme *abolire*.
*Fiorire*, fleurir, comme *abolire*.
*Fuggire*, fuir, régulier.
*Garantire*, garantir, comme *abolire*.
*Gemire*, gémir, comme *abolire*.
*Gestire*, gesticuler, comme *abolire*.
*Gire*, aller, Ce verbe n'a que les temps suivans, et il est employé très souvent par les poètes.

     *Gite*, vous allez.
     *Giva*, *givi*, *giva*, etc. J'allais; etc.
     *Gii*, *gisti*, *gi*, *gimmo*, *giste*, *girono*. J'allai, etc.
     *Girò*, *girai*, *girà*, etc. J'irai, etc.
     *Gite*, allez. *Ch'io gissi*, etc. Que j'allasse, etc.

PARTICIPE PASSÉ.  *Gito*. Allé.

*Gradire*, agréer, comme *abolire*.
*Guarire*, guérir, comme *abolire*.
*Guarnire*, guernir, comme *abolire*.
*Imbastardire*, s'abâtardir, comme *abolire*.
*Imbestialire*, devenir brutal, comme *abolire*.
*Imbrutire*, enlaidir, comme *abolire*.
*Impallidire*, pâlir, comme *abolire*.
*Impaurire*, faire peur, comme *abolire*.
*Impazzire*, devenir fou, comme *abolire*.
*Impedire*, empêcher, comme *abolire*.
*Impiccolire*, devenir petit, comme *abolire*.
*Impietrire*, s'endurcir, comme *abolire*.

| | | | |
|---|---|---|---|
| *Impigrire*, | devenir paresseux, | comme | *abolire*. |
| *Impoverire*, | s'appauvrir, | comme | *abolire*. |
| *Imputridire*, | pourrir, | comme | *abolire*. |
| *Inacerbire*, | aigrir, | comme | *abolire*. |
| *Inanimire*, | donner courage, | comme | *abolire*. |
| *Inardire*, | devenir aride, | comme | *abolire*. |
| *Inasperire*, | devenir cruel, | comme | *abolire*. |
| *Inasprire*, | aigrir, | comme | *abolire*. |
| *Incallire*, | endurcir, | comme | *abolire*. |
| *Incanutire*, | blanchir de vieillesse, | comme | *abolire*. |
| *Incaparbire*, | s'obstiner, | comme | *abolire*. |
| *Incarnire*, | incarner, | régulier. | |
| *Incenerire*, | mettre en cendre, | comme | *abolire*. |
| *Incivilire*, | devenir civil, | comme | *abolire*. |
| *Incodardire*, | se décourager, | régulier. | |
| *Incrudelire*, | devenir cruel, | comme | *abolire*. |
| *Indebolire*, | affaiblir, | comme | *abolire*. |
| *Indurire*, | endurcir, | comme | *abolire*. |
| *Infastidire*, | ennuyer, | comme | *abolire*. |
| *Inferocire*, | devenir féroce, | comme | *abolire*. |
| *Influire*, | influer, | comme | *abolire*. |
| *Infragilire*, | devenir fragile, | comme | *abolire*. |
| *Ingagliardire*, | devenir fort, | comme | *abolire*. |
| *Ingelosire*, | devenir jaloux, | comme | *abolire*. |
| *Ingentilire*, | devenir délicat, | comme | *abolire*. |
| *Ingerire*, | s'ingérer, | comme | *abolire*. |
| *Inghiottire*, | avaler, | régulier, ou comme | *abolire*. |
| *Ingialire*, | jaunir, | comme | *abolire*. |

| | | | |
|---|---|---|---|
| *Ingobbire*, | devenir bossu, | comme | *abolire*. |
| *Ingrandire*, | grandir, | comme | *abolire*. |
| *Inseguire*, | poursuivre, | Régulier. | |
| *Insipidere*, | devenir insipide, | comme | *abolire*. |
| *Insolentire*, | devenir insolent, | comme | *abolire*. |
| *Instituire*, | instituer, | comme | *abolire*. |

*Instruire*, ou *istruire*, instruire. Ce verbe se conjugue comme *abolire*; mais au passé défini on peut dire, *instrussi*, *instruisti*, *instrusse*, etc. Participe passé, *Instrutto* ou *instruito*.

| | | | |
|---|---|---|---|
| *Insuperbire*, | s'énorgueillir, | comme | *abolire*. |
| *Intenerire*, | attendrir, | comme | *abolire*. |
| *Interdire*, | prohiber, | voyez | *dire*. |
| *Intervenire*, | intervenir, | voyez | *venire*. |
| *Invaghire*, | devenir amoureux, | comme | *abolire*. |
| *Inverdire*, | reverdir, | comme | *abolire*. |
| *Investire*, | donner l'investiture, | Régulier. | |
| *Invigorire*, | se fortifier, | comme | *abolire*. |
| *Ire*, | aller, | Ce verbe est employé très souvent par les poètes, il n'a que les temps suivans : | |

*Ite*, allez. *Iva*, il allait.
*Ivano*, ils allaient.
*Iremo*, nous irons, *Irete*, vous irez.
*Iranno*, ils iront. *Ito*, allé.

| | | | |
|---|---|---|---|
| *Irruginire*, | rouiller, | comme | *abolire*. |
| *Languire*, | languir, | comme | *abolire*. |
| *Maledire*, | maudire, | Ce verbe se conjugue comme *dire* ou comme *abolire*. | |

| | | | |
|---|---|---|---|
| *Marcire*, | pourrir, | comme | *abolire*. |
| *Mentire*, | mentir, | Régulier, ou *comme abolire*. | |

---

## MORIRE, Mourir.

### INDICATIF PRÉSENT.

Io muoro, ou *muoio*.     Moriamo.
Muori.     Morite.
Muore.     Muojono ou *muorono*.
FUTUR.     Morirò ou *morrò*, etc.
CONDITIONNEL.     Morirei ou *morrei*, etc.

### IMPÉRATIF.

Muori.     Morite.
Muora ou *muoia*.     Muoiano ou *muorano*.
Moriamo.

### SUBJONCTIF PRÉSENT.

Ch'io muoia ou *muora*, etc.

PARTICIPE PASSÉ.     Morto.

| | | | |
|---|---|---|---|
| *Muggire*, | mugir, | comme | *abolire*. |
| *Munire*, | munir, | comme | *abolire*. |
| *Nutrire*, | nourrir, | Ce verbe se conjugue comme *abolire*, ou régulièrement surtout en poésie. | |
| *Offerire*, | offrir, | comme | *abolire*. |

| | | | |
|---|---|---|---|
| *Offrire*, | offrir, | Régulier. | |
| *Olire*, | sentir bon. | Ce verbe poétique n'a que, *io oliva*, *tu olivi*, *egli oliva*; *eglino olivano*. | |
| *Ordire*, | ourdir, | comme | *abolire*. |
| *Partire*, | partir, | Régulier. | |
| *Partire*, | diviser, | comme | *abolire*. |
| *Partorire*, | enfanter, | comme | *abolire*. |
| *Patire*, | souffrir, | comme | *abolire*. |
| *Pentirsi*, | se repentir, | Régulier. | |
| *Perire*, | périr, | comme | *abolire*. |
| *Perseguire*, | persécuter, | Régulier. | |
| *Pervenire*, | parvenir, | voyez | *venire*. |
| *Pervertire*, | pervertir, | Régulier. | |
| *Predire*, | prédire, | voyez | *dire*. |
| *Presentire*, | pressentir, | comme | *abolire*. |
| *Prevenire*, | prévenir, | voyez | *venire*. |
| *Proferire*, | proférer, | comme | *abolire*. |
| *Proibire*, | défendre, | comme | *abolire*. |
| *Proseguire*, | continuer, | Régulier. | |
| *Provenire*, | provenir, | voyez | *venire*. |
| *Pulire*, | nettoyer ; | comme | *abolire*. |
| *Rancidire*, | devenir rance, | comme | *abolire*. |
| *Rapire*, | ravir, | comme | *abolire*. |
| *Riapparire*, | reparaître, | voyez | *apparire*. |
| *Riaprire*, | ouvrir de nouveau, | voyez | *aprire*. |
| *Ribenedire*, | bénir de nouveau, | comme | *abolire*. |
| | | ou comme | *dire*. |
| *Ribollire*, | rebouillir, | Régulier. | |
| *Ricoprire*, | recouvrir, | voyez | *aprire*. |
| *Ridire*, | redire, | voyez | *dire*. |
| *Riferire*, | référer, | comme | *abolire*. |

| | | | |
|---|---|---|---|
| *Rifuggire*, | fuir, | Régulier. | |
| *Rimbambire*, | devenir enfant, | comme | *abolire.* |
| *Ringagliardire*, | fortifier, | comme | *abolire.* |
| *Ringentilire*, | embellir, | comme | *abolire.* |
| *Ringhiottire*. | ravaler. Régulier ou | comme | *abolire.* |
| *Ringioire*, | se réjouir, | comme | *abolire.* |
| *Ringiovanire*, | rajeunir, | comme | *abolire.* |
| *Ringiovialire*, | se réjouir, | comme | *abolire.* |
| *Ringrandire*, | accroître, | comme | *abolire.* |
| *Rinvenire*, | reprendre ses forces, | voyez | *venire.* |
| *Rinverdire*, | faire reverdir, | Régulier. | |
| *Rinvestire*, | investir de nouveau, | Régulier. | |
| *Rinvigorire*, | fortifier, | comme | *abolire.* |
| *Ripartire*, | diviser, | comme | *abolire.* |
| *Ripentirsi*, | se repentir. | Régulier. | |
| *Risalire*, | remonter, | voyez | *salire.* |
| *Risentire*, | retentir. | Régulier. | |
| *Ristabilire*, | rétablir, | comme | *abolire.* |
| *Riuscire*, | réussir, | voyez | *uscire.* |
| *Rivenire*, | revenir, | voyez | *venire.* |
| *Riverire*, | revérer, | comme | *abolire.* |
| *Rivestire*, | rhabiller. | Régulier. | |
| *Ruggire*, | rugir, | comme | *abolire.* |

## SALIRE, Monter.

### INDICATIF PRÉSENT.

| | |
|---|---|
| *Io salgo.* | *Sagliamo.* |
| *Sali.* | *Salite.* |
| *Sale.* | *Salgono.* |

IMPARFAIT. *Io saliva*, etc.

IMPÉRATIF. *Sali.* *Salite.*
*Salga.* *Salgano.*
*Sagliamo.*

SUBJONCTIF PRÉSENT. *Ch'io solga*, etc.
PARTICIPE PASSÉ. *Salito.*

| | | | |
|---|---|---|---|
| *Sbalordire,* | étourdir, | comme | *abolire.* |
| *Sbigottire,* | déconcerter, | comme | *abolire.* |
| *Scaturire,* | sourdre, | comme | *abolire.* |
| *Schermire,* | faire des armes, | comme | *abolire* ou Régulièrement. |
| *Schernire,* | mépriser, | comme | *abolire.* |
| *Scolpire,* | graver, | comme | *abolire.* |
| *Scomparire,* | disparaître, | voyez | *apparire.* |
| *Sconvenire,* | ne pas convenir, | voyez | *venire.* |
| *Scoprire,* | découvrir, | voyez | *aprire.* |
| *Scucire,* | découdre, | voyez | *cucire.* |
| *Seguire,* | suivre, | régulier. | |
| *Sentire,* | sentir, | régulier. | |
| *Seppellire,* | ensevelir, | comme | *abolire*; mais le participe passé, fait *sepolto* ou *seppellito*. |

| | | | |
|---|---|---|---|
| *Servire*, | servir, | régulier. | |
| *Sfuggire*, | éviter, | régulier. | |
| *Smarire*, | égarer, | comme | *abolire*. |
| *Smentire*, | démentir, | régulier, ou comme | *abolire*. |
| *Sobbollire*, | bouillir de nouveau, | régulier. | |
| *Soffrire*, | souffrir, | régulier, il fait au passé défini, | *soffrii* ou *soffersi* |
| *Soprassallire*, | attaquer à l'improviste, | voyez | *salire*. |
| *Sopravvenire*, | survenir, | voyez | *venire*. |
| *Sorbire*, | avaler, | régulier ou comme | *abolire*. |
| *Sortire*, | sortir, | régulier. | |
| *Sovvenire*, | secourir, | voyez | *venire*. |
| *Sovvenirsi*, | se souvenir, | voyez | *venire*. |
| *Sovvertire*, | subvertir, | régulier. | |
| *Sparire*, | disparaître, | voyez | *apparire*. |
| *Spedire*, | expédier, | comme | *abolire*. |
| *Stabilire*, | établir, | comme | *abolire*. |
| *Stizzire*, | fâcher, | régulier. | |
| *Stolidire*, | devenir imbecile, | comme | *abolire*. |
| *Stordire*, | étourdir, | comme | *abolire*. |
| *Stribuire*, | distribuer, | comme | *abolire*. |
| *Stupire*, | étonner, | comme | *abolire*. |
| *Suggerire*, | suggérer, | comme | *abolire*. |
| *Supplire*, | suppléer, | comme | *abolire*. |
| *Susseguire*, | suivre de suite, | régulier. | |
| *Svanire*, | s'évanouir, | comme | *abolire*. |
| *Svenire*, | s'évanouir, | voyez | *venire*. |
| *Svestire*, | déshabiller, | régulier. | |
| *Tossire*, | tousser, | régulier. | |
| *Tradire*, | trahir, | comme | *abolire*. |

| | | | |
|---|---|---|---|
| *Tramortire*, | s'évanouir, | comme | *abolire*. |
| *Trasgredire*, | transgresser, | comme | *abolire*. |
| *Trasparire*, | être transparent, | voyez | *apparire*. |
| *Travestire*, | déguiser, | régulier. | |
| *Ubbidire*, | obéir. | comme | *abolire*. |

---

## *UDIRE*, Entendre ou Ouïr.

### Indicatif présent.

*Io odo.*     udiamo.
  odi.        udite.
  ode.        odono.

| | |
|---|---|
| Imparfait. | *Io udiva*, etc. |
| Passé défini. | *Io udii, udisti*, etc. |
| Futur. | *Io udirò*, etc. |
| Conditionnel. | *Io udirei*, etc. |
| Impératif. | *Odi, oda, udiamo, udite, odano.* |

### Subjonctif présent.

*Ch'io oda.*     udiamo.
    oda.         udiate.
    oda.         odano.

Participe passé.   *Udito.*

| | | | |
|---|---|---|---|
| *Unire*, | unir, | comme | *abolire*. |

## USCIRE, Sortir.

### INDICATIF PRÉSENT

*Io esco, esci, esce, usciamo, uscite, escono.*

| | |
|---|---|
| IMPARFAIT. | *Io usciva*, etc. |
| PASSÉ DÉFINI. | *Io uscii, uscisti*, etc. |
| FUTUR. | *Io uscirò*, etc. |
| CONDITIONNEL. | *Io uscirei*, etc. |
| IMPÉRATIF. | *Esci, esca, usciamo, uscite, escano* |

### SUBJONCTIF PRÉSENT.

| *Ch'io esca.* | *usciamo.* |
|---|---|
| *esca.* | *usciate.* |
| *esca.* | *escano.* |
| PARTICIPE PASSÉ. | *Uscito.* |

---

## VENIRE, Venir.

### INDICATIF PRÉSENT.

| *Io vengo.* | *veniamo.* |
|---|---|
| *vieni.* | *venite.* |
| *viene.* | *vengono.* |

PASSÉ DÉFINI.

Io venni.   Venimmo.
Venisti.    Veniste.
Venne.      Vennero.

FUTUR.         Io verrò, verrai, etc.
CONDITIONNEL.  Io verrei, veresti, etc.
IMPÉRATIF.     Vieni, venga, veniamo, venite, vengano.

SUBJONCTIF PRÉSENT.

Ch'io venga.   Veniamo.
Venga.         Veniate.
Venga.         Vengano.

PARTICIPE PRÉSENT.   Venendo.
PARTICIPE PASSÉ.     Venuto.

**VESTIRE**, habiller. Régulier.

NOTA. 1° Étant si nombreux les verbes en *ire*, je fais observer que ceux qui ne sont pas dans cette liste, se conjuguent comme *abolire*.

2° En apprenant par cœur les verbes irréguliers en *ere* et en *ire*, il est très-important de consulter un bon dictionnaire, pour en connaître les diverses significations.

# LEÇON XXIX.

## Règle pour parler à la troisième personne.

En italien, dans la bonne société on fait usage de la troisième personne au singulier, en parlant à un seul, et de la troisième du pluriel, en parlant à plusieurs. A la vérité, il n'y a que les Napolitains qui n'observent pas cet usage, car, la plupart tutoient tout le monde.

1° Cette troisième personne est fondée sur le titre de *VOSTRA SIGNORIA*, votre seigneurie, et par abréviation on met les titres initials, V. S., en écrivant. Mais on se sert plus souvent du pronom de la troisième personne du féminin, même quand le discours s'adresse à un homme, car *ELLA*, *LEI* ou *LA*, ne se rapportent pas à la personne, mais au titre *Signoria*, qui est du genre féminin :

EXEMPLE :

| | |
|---|---|
| Comment vous portez-vous ? | *Come sta ella ?* |
| Que faites-vous ? | *Che fa ella ?* |
| Que dites-vous ? | *Che dice ella ?* |

Si on adresse la parole à plusieurs personnes, il faut dire, *le signorie loro*. EXEMPLE :

| | |
|---|---|
| Messieurs et Dames, comment vous portez-vous ? | *Come stano le signorie loro.* |

2° Il faut transporter la deuxième personne du pluriel français à la troisième du singulier, en parlant à un seul, et à la troisième du pluriel en parlant à plusieurs. Ainsi, en parlant à une Dame à un Monsieur on dira par exemple :

| | |
|---|---|
| Ayez la complaisance de lire cette grammaire. | *Favorisca di leggere questa grammatica.* |

On voit par cet exemple que, *ayez*, deuxième personne du pluriel de l'impératif est traduit par la troisième du singulier sans changer du temps.

Si on adresse la parole à plusieurs personnes, on doit faire usage de la troisième personne du pluriel, et dire, *Favoriscano di leggere questa grammatica.*

3° Le placement des pronoms demande un peu d'attention.

EXEMPLE :

| | |
|---|---|
| Voulez-vous apprendre la langue italienne ? | *Vuole ella imparare la lingua italiana ?* |
| Voulez-vous manger ? | *Vuole ella mangiare ?* |

4° DE VOUS, A VOUS, se traduit par *di lei* ou *a lei*.

EXEMPLE :

| | |
|---|---|
| J'attends une réponse de *vous*. | Aspetto una risposta *da lei*. |
| Je ne parle pas *à vous*. | Io non parlo *a lei*. |

Si on parle à plusieurs personnues on dira : *non parlo a loro*, ou *alle signorie loro : attendo una risposta da loro*, ou *dalle signorie loro*.

| | |
|---|---|
| Si vous me permettez, j'aurai l'honneur de diner avec vous. | *S'ella mi permette, avrò l'onore di desinare con lei.* |

5° Au lieu des pronoms *vostro*, *vostra*, *vostri*, *vostre*, on se sert de *suo*, *sua*, *suoi*, *sue*. EXEMPLE :

| | |
|---|---|
| Prenez *votre* plume. | La prendi la *sua* penna. |
| J'ai parlé à monsieur *votre* père. | Ho parlato al signor *suo* padre. |
| J'ai vu *vos* chevaux. | Ho veduto i *suoi* cavalli. |
| J'ai chanté avec *vos* sœurs. | Ho cantato colle *sue* sorelle. |
| Demain je vous rendrai *vos* livres. | Domani le renderò i *suoi* libri. |

6° Au lieu de pronoms possessifs, *suo*, *sua*, *suoi*, *sue*, on se sert plus élégamment des mots *DI LEI*, en les plaçant entre l'article et le nom dont ils dépendent. EXEMPLE :

| | |
|---|---|
| J'ai lu *votre* livre. | Ho letto il *di lei libro*. |
| J'ai parlé à monsieur *votre* frère. | Ho parlato al *di lei* signor fratello. |
| Tout le monde admire *vos* vertus. | Tutti ammirano le *di lei* virtù. |

7° Le pronom *VOUS* se rend de deux manières, par *LE* et par *LA*, pour les deux genres. EXEMPLE :

| | |
|---|---|
| Je *vous* prie de venir au théâtre. | *La* priego di venire al teatro. |
| Je *vous* demande pardon. | *Le* dimando scusa. |
| Je *vous* souhaite une bonne santé. | *Le* auguro una buona salute. |
| Parlez-moi italien. | *La* mi parli italiano. |

En parlant à plusieurs personnes, on dira : *Prego le signorie loro*, ou *prego loro di venire al teatro. Demando loro scusa. Auguro loro una buona salute*, etc.

8° Je viens de dire que le pronom *VOUS* se rend par *LE* et par *LA*; cependant ce n'est que l'usage qui peut faire connaître tous les cas; car, quand *VOUS* est joint aux verbes réfléchis, il se rend invariablement par *SI*. EXEMPLE :

| | |
|---|---|
| Servez-*vous* de votre plume, et non pas de la mienne. | *(La) si* servi della sua penna, e non della mia. |
| Couvrez-*vous*. | *(La) si* copri. |
| Cachez-*vous*. | *(La) si* nascondi. |
| Ne *vous* dérangez pas. | *(La)* non s'incomodi. |

9° Pour faciliter cette connaissance, je vais démontrer quelques phrases qui méritent de l'attention, non seulement pour la manière dont on s'exprime en parlant à la troisième personne, mais aussi pour la tournure des phrases qui s'éloignent de celle du français.

| | |
|---|---|
| Peut-on entrer Monsieur ? | *Signore, mi è permesso d'entrare ?* |
| Entrez, entrez. | *Entri pure.* |
| Comment vous portez-vous. | *Come sta ella.* |
| Tout doucement. | *Così così.* |
| Asseyez-vous. | *Si accomodi.* |
| Je vous félicite de votre rétablissement. | *Mi congratolo con lei della ricuperata salute.* |

| | |
|---|---|
| Je vous remercie de votre politesse. | *Grazia alla di lei gentilezza.* |
| Je suis venu pour vous rendre mes devoirs ; pardonnez-moi, si je viens vous importuner. | *Sono venuto per riverirla, perdoni se vengo ad incomodarla.* |
| Vous êtes bien honnête. | *Ella è molto cortese.* |
| En quoi pourrai-je vous être utile ? | *In che mai potrei giovarla ?* |
| Que je vous ai d'obligation ! | *Quanto le sono tenuto !* |
| Faites-moi la grace de m'écouter. | *Mi favorisca di ascoltarmi.* |
| Je ne suis pas capable de vous faire accroire une chose pour une autre. | *Io sono incapace di darle ad intendere una cosa per un'altra.* |
| Voilà tout, laissez-moi faire. | *Non occorre altro, si lasci servire.* |
| S'il vous plait, je m'en irai. | *Se così le aggrada, me ne andrò via.* |
| Avec votre permission, monsieur, je m'en vais venir bientôt. | *Con licenza signore, or ora ritorno.* |
| Eclairez à Monsieur. | *Fate lume al signore.* |
| Ne vous dérangez pas. | *Non s'incomodi.* |
| Justement je vous cherchais. | *Di lei appunto io andava in traccia.* |
| Par bonheur je vous ai rencontré, cela m'a épargné le chemin. | *La fortuna che ho d'incontrarla, mi risparmia la strada.* |

| | |
|---|---|
| Je suis charmé que vous soyez en bonne santé. | Ho molto caro ch'ella stia bene di salute. |
| Je vous remercie de votre bonté. | Grazie alla bontà sua. |
| Vous n'en faites pas le cas que je voudrais. | Ella non ne fa quella stima che desidererei. |
| Il m'a fait entendre honnêtement que je l'ennuyais. | Con bel garbo mi ha dato ad intendere ch'io le recava noja. |
| A la bonne heure, vous avez agi en honnête homme. | Manco male, vi siete comportato da galant'uomo. |
| Dès que j'eus ouvert la lettre, je m'aperçus qu'il m'en voulait. | Aperta ch'ebbi la lettera, mi accorsi ch'egli l'aveva con me. |
| Il a fini en me disant; Monsieur, je vois que vous n'avez pas de tenue à cheval. | Egli ha finito col dirmi; io veggo ch'ella cavalca male. |
| J'aime tant la musique que je ne peux pas me passer d'aller à l'opéra tous les jours. | Mi piace tanto la musica che non posso fare a meno d'andare ogni giorno all'opera. |
| En fait de musique, je ne m'y connais pas. | In materia di musica, non me ne intendo. |
| Mille pensées me roulent dans la tête. | Mille pensieri mi si agirano in mente. |
| Il me tarde de faire un bon repas. | Non veggo il momento di fare un buon pasto. |
| Allons dîner ensemble. | Andiamo a pranzare in società. |
| Irez-vous demain soir en société? | Domani sera andrà ella in conversazione? |

| | |
|---|---|
| Il est temps de m'en aller, je ne veux plus vous importuner. | *È temo ch'io levi l'incomodo a V. S., non voglio più disturbarla.* |

On dit, pour les phrases suivantes et semblables :

| | |
|---|---|
| Je ne saurais me défendre de dire la vérité. | *Non posso fare a meno di dire la verità.* |
| Je ne puis m'empêcher d'aller au théâtre. | *Non posso tratenermi,* ou *non posso fare a meno d'andare al teatro.* |

# LEÇON XXX.

## *Des Adverbes, des Conjonctions et des Interjections.*

L'adverbe sert à exprimer la manière ou les circonstances de la chose dont on parle. Il y en a de plusieurs sortes : DE TEMPS, DE LIEU, DE QUANTITÉ, etc,

Avant de donner la liste des adverbes, je vais faire quelques remarques particulières.

Parmi les adverbes italiens, il y en a un très grand nombre qui sont formés des adjectifs.

1° Lorsque les adjectifs sont terminés en O, on en forme des adverbes, en changeant cet O final en *amente*. Ainsi de *ricco*, riche, on forme *riccamente*; de *dotto*, docte, on fait *dottamente*, etc.

2° Si les adjectifs se terminent en *E*, on ajoute seulement *mente*: comme,

| | | | |
|---|---|---|---|
| *Costante*, | constant, | *costantemente*, | constamment. |
| *Diligente*, | diligent, | *diligentemente*, | diligemment. |
| *Prudente*, | prudent, | *prudentemente*, | prudemment. |

3° Si les adjectifs se terminent en LE, ou en RE, on supprime l'E final, et on le remplace par *mente*.

EXEMPLE:

| | | | |
|---|---|---|---|
| *Fedele*, | fidèle, | *fedelmente*, | fidèlement. |
| *Tale*, | tel, | *talmente*, | tellement. |
| *Umile*, | humble, | *umilmente*, | humblement, etc. |
| *Particolare*, | particulier, | *particolarmente*, | particulièrement. |

4° Il y a quelques adjectifs terminés en O qui peuvent être employés adverbialement sans y ajouter la terminaison *mente*. Ainsi, on peut dire, *vi parlo chiaro*, pour *vi parlo chiaramente*.

5° Avec la préposition *A*, on peut former des expressions adverbiales. Exemple: Un homme sans façon, *un uomo alla buona*. Faire au pis, au mieux, etc., *fare alla peggio, alla meglio*, etc.

6° Lorsque l'adverbe *BIEN* signifie en français beaucoup, il s'exprime en italien par *molto*. (1)

Exemple :

| | |
|---|---|
| Elle est *bien* aimable, | Ella è *molto* amabile. |
| Il y a *bien* de l'argent, | Egli ha *molto* denaro. |

7° Lorsqu'on veut énoncer une *proposition* négative par le seul adverbe de négation, on doit faire usage de *NO* au lieu de *NON*. Exemple : Le voulez-vous ? — *non lo volete ? — nò*.

8° La forme négative *pas encore*, se dit : *non ancora*.

9° L'adverbe *QUANDO* répond au mot français QUAND; mais lorsque dans la même phrase il est répété, il signifie *tantôt*. Exemple :

| | |
|---|---|
| Cominciò ad andare *quando* a piè, e *quando* a cavallo. (Boccace). | Il commença à aller *tantôt* à pied, *tantôt* à cheval. |

10° *DI QUANDO IN QUANDO* signifie *quelquefois*. Exemple :

| | |
|---|---|
| Egli viene a trovarmi *di quando in quando*. | Il vient me voir *quelquefois*. |
| Quivi conviene esser luoghi nascosi dove le lepri *di quando in quano* nasconder si possono. (Boccace). | Là il faut qu'il y ait des endroits cachés où les lièvres se retirent *quelquefois*. |

---

(1) Si le mot BIEN signifie grande étendue, il s'exprime par *grande*. Exemple :

| | |
|---|---|
| Il y a *bien* de la folie à risquer toute sa fortune au jeu. | È una *gran* pazzia di porre in rischio tutta la sua fortuna al giuoco. |

11° *QUADO CHE SIA* signifie *finalmente*, *enfin*.

EXEMPLE :

| | |
|---|---|
| Avranno fine *quando che sia* i nostri gravi tormenti. (Boccace.) | Nos douloureux tourmens auront *enfin* leur terme. |

12° Les adverbes de lieu ICI, *là*, se rendent en italien par *quì* ou *quà*, *costì*, *costà* ou *là*; mais on emploie *quì*, *costì* avec les verbes de repos, et *quà*, *costà* avec les verbes de mouvement. Il faut encore observer que *quì*, *quà*, marquent le lieu où est celui qui parle, et *costì*, *costà*, le lieu où est la personne à qui l'on parle. *Lì* ou *là* indiquent un endroit éloigné de la personne qui parle. EXEMPLE :

| | |
|---|---|
| *Quì* mi sto solo e come amor m'invita, or rime, or versi, or colgo erbette e fiori.<br>(Pétrarque.) | ICI je me tiens seul, et suivant que m'invite l'amour, je fais tantôt des vers, tantôt des bouquets. |

(Remarquez).

| | |
|---|---|
| Allons par *ici*. | Andiamo *di quì* ou *di quà*. |
| Passons par *ici*. | Passiamo *di quì* ou *di quà*. |
| Io vi viddi levarvi, e porvi *costì* dove voi siete a sedere.<br>(Boccace.) | Je vous vis vous lever, et vous placer *là* où vous êtes assis. |

13º L'adverbe *IVI*, marque l'endroit où n'est pas celui qui parle, et *QUINCI*, marque l'endroit où est celui qui parle.

### Exemple :

| | |
|---|---|
| Era la mia virtude al cor ristretta per far *ivi* e negli occhi sue difese. (Pétrarque.) | Ma vertu était concentrée dans mon cœur pour s'y défendre. |
| Se io *quinci* esco vivo quella maniera terrò che a grato ti sia. (Boccace.) | Si je sors d'ici en vie, je ferai ce qui te fera plaisir. |

14º L'adverbe *QUANTO* signifie *combien* ; son corrélatif est *TANTO*. Exemple :

| | |
|---|---|
| *QUANTO* tu ragionevolmente ami Sofia, *tanto* ingiustamente della fortuna ti duoli. (Boccace.) | Autant tu as raison d'aimer Sophie, autant tu as tort de te plaindre de la fortune. |

15º REMARQUEZ que, lorsque le mot français MÊME est employé comme synonyme de *encore*, on le traduit, en italien, par *ANCHE, ANCORA, PURE, PARIMENTI*, selon le sens de la phrase. Exemple :

| | |
|---|---|
| Je l'ai vu, et je lui ai *même* parlé. | Jo l'ho veduto, e gli ho *anche* parlato. |

16° Les adverbes sont en très grand nombre dans la langue italienne ; je vais donner les plus usités, mis par ordre alphabétique.

| | |
|---|---|
| Abondamment, | abbondantemente. |
| A bon droit, | con ragione, meritamente. |
| A bout, | a capo. |
| A chaudes larmes, | a dirotte lagrime, amaramente. |
| A cloche-pied, | a piè zoppo. |
| A condition, | con patto. |
| A contre-cœur, | mal volontieri, di mala voglia. |
| A côté, | da parte, da banda, a canto. |
| A dessein, | a posta. |
| A dessein de, | con pensiero di, ou affinchè. |
| Adieu, | addio. |
| Admirablement, | mirabilmente, a maraviglia. |
| Adroitement, | accortamente, sagacemente. |
| A gorge déployée, | alla smascellata. |
| Ailleurs, | altrove. |
| Ainsi, | così, in questa maniera. |
| Ainsi soit-il, | così sia. |
| Aisément, | agevolmente, a bell'aggio, facilmente. |
| A l'abri, | al coperto, al riparo. |
| A la bonne heure, | orbene, manco male. |
| A la hâte, | in fretta, spacciatamente. |
| A la longue, | a lungo andare. |
| A l'amiable, | amichevolmente. |
| A la sourdine, | tacitamente. |
| A l'écart, | in disparte. |
| A l'envi, | a gara. |
| A l'insu, | senza saputa. |
| A loisir, | con comodo. |

| | |
|---|---|
| A mon loisir, | *a mio comodo, a mio bell'agio.* |
| A regret, | *mal volontieri, con rincrescimento.* |
| A savoir, | *cioè.* |
| A tâtons, | *brancolone, tantone.* |
| A tout moment, | *tratto tratto, ad ogni momento.* |
| A fur et à mesure, | *di mano in mano.* |
| Au lieu de, | *in vece di.* |
| Au moment, | *nell' atto, nel punto.* |
| Au plus tôt, | *quanto prima, subito.* |
| Au surplus, | *nel resto.* |
| C'est-à-dire, | *cioè, vale a dire.* |
| C'est assez, | *basta, abbastanza.* |
| C'est pourquoi, | *perciò, però, laonde.* |
| Ci-dessus, | *di sopra, quì sopra.* |
| Ci-joint, | *quì annesso, quì inchiuso.* |
| Coûte que coûte, à tout prix, | *ad ogni patto.* |
| D'abord, | *subito, prima, da prima, di bella prima.* |
| D'ailleurs, | *d'altronde, dall' altra parte.* |
| D'autant plus, | *tanto più.* |
| De bonne heure, | *per tempo, a buon' ora, presto.* |
| De beaucoup, | *di gran lunga.* |
| Debout, | *su, in piedi.* |
| Se mettre debout, | *levarsi in piedi.* |
| De même, | *parimente, così pure.* |
| De plus, | *in oltre, di più, oltracciò.* |
| Depuis hier, | *da jeri in quà.* |
| Depuis peu, | *da poco in quà.* |
| Depuis quand, | *da quando in quà.* |
| De quelle façon, | *di che sorte, in che maniera.* |
| Dès lors, | *subito che.* |

| | |
|---|---|
| De suite, | *di seguito, di fila, successivamente.* |
| De temps en temps, | *di quando in quando, di tempo in tempo, di tanto in tanto, di tratto in tratto.* |
| Dorénavant, | *per l'avenire, d'ora innanzi.* |
| D'où, | *d'onde.* |
| Doucement, | *piano, adaggio.* |
| Du tout, aucunement, | *del tutto, affatto.* |
| En attendant, | *intanto, frattanto.* |
| En cachette, à la sourdine, | *di nascosto, tacitamente.* |
| En un clin d'œil, | *in un batter d'occhio.* |
| En vain, | *in darno, in vano.* |
| Exprès, | *a posta, a bella posta, a bello studio.* |
| Faute de, | *mancanza di, per mancanza di.* |
| Guère, | *poco, non troppo.* |
| Hier au soir, | *jeri sera.* |
| Hors, | *fuori.* |
| Hors de mesure, | *fuor di modo.* |
| Indubitablement, | *indubitabilmente, senza fallo.* |
| Jusqu'à présent, | *finora, sinora, sino ad ora.* |
| Justement, | *appunto.* |
| Longtemps, | *molto tempo.* |
| Le plus souvent, | *per lo più, il più delle volte.* |
| Le plus tôt, | *il più presto possibile.* |
| Maintenant, | *adesso, ora.* |
| Où, | *dove, ove.* |
| Par bonheur, | *per buona sorte, per buona ventura.* |
| Par-ci, par-là, | *quà e là.* |
| Par exemple, | *verbigrazia, per esempio.* |
| Par hasard, | *a ca o, a sorte, per caso.* |
| Par malheur, | *per disgrazia, per mala sorte.* |

| | |
|---|---|
| Partout où, | *dovunque, ovunque.* |
| Peu à peu, | *a poco a poco, poco per volta.* |
| Peu de temps après, | *poco dopo, indi a non molto.* |
| Point du tout, | *nulla affatto, niente affatto.* |
| Pêle mêle, | *confusamente, alla rinfusa.* |
| Plutôt, | *piuttosto.* |
| Sans dessus dessous, | *sossopra, sottosopra, confusamente.* |
| Sur le champ, | *subito, immantinente.* |
| Tant soit peu, | *un tantino.* |
| Tellement que, | *tanto che, tal che, di modo che.* |
| Tête à tête, | *da solo a solo, a quattro occhi.* |
| Tour à tour, | *a vicenda, vicendevolmente* |
| Tout-à-coup; | *ad un tratto, in un subito.* |
| Quand tout-à-coup, | *quand'ecco.* |
| Tout-à-fait. | *del tutto, affatto.* |
| Tout à l'heure, dans le sens de *bientôt* au futur, | *a momenti, fra poco, in breve, or ora, adesso adesso, di qui a non molto, fra un istante.* |
| Tout-à-l'heure, *pour le passé*, | *poco fa, poc'anzi, testé, non è guari, or ora, adesso, adesso.* |
| Tout de bon, | *da vero ou davvero, da senno.* |
| Tout au plus, | *al più ou al più al più.* |
| Tout de suite, | *subito, quanto prima.* |
| Tôt ou tard, | *presto o tardi, quando che sia.* |
| Toutes les fois que, | *qualora, ogni qualvolta.* |
| Tout juste, | *per l'appunto, appunto, giusto.* |
| Tout doucement, | *pian piano, adagio, bel bello.* |
| Tout exprès, | *a bella posta, a bello studio.* |

# DES CONJONCTIONS

Avant de donner la liste des conjonctions, je ferai quelques remarques particulières qui sont indispensables.

## Les conjonctions servent à lier les phrases.

1º QUE, conjonction, se traduit, en italien, par *CHE*.

### Exemple :

Je crois *que* j'irai mieux *que* jamais, etc.

Credo *che* andrò meglio *che* mai, etc.

2º Le QUE, devant un infinitif et entre le mot AVANT *de*, ne s'exprime point en italien.

### Exemple :

Réfléchissez *avant que* de parler.

*Riflettete prima di parlare.*

3º Le QUE, précédé de NE, s'exprime par *SE NON* ou *SE PRIMA NON*. Exemple :

Je n'irai pas le voir *qu'il* ne m'y ait invité.

Non andrò a vederlo *se prima non* m'invita.

4° Le QUE, étant suivi de NE, et accompagné du comparatif PLUS ou MIEUX, s'exprime, en italien par *DI QUELLO*.

Exemple :

| | |
|---|---|
| J'entends *mieux* que je ne parle. | Intendo meglio *di quello* che parlo. |

5° QUE DE, étant suivi d'un infinitif, on supprime, en italien, le QUE, et on rend la préposition DE par *IL*, *L'*, *LO* :

Exemple :

| | |
|---|---|
| Quel malheur *que* d'avoir des ennemis ! | Che disgrazia *l'*aver dei nemici ! |
| C'est une faiblesse *que* d'oublier les injures. | È una debolezza *il* dimenticare le ingiurie. |

6° QUE, suivi des adverbes OUI et NON, s'exprime par *DI sì*, *DI nò*, et non pas *che sì*, *che nò* :

Exemple :

| | |
|---|---|
| Je crois *que oui*. | Credo *di sì*. |
| Je crois *que non*. | Credo *di nò*. |
| Je pense *que oui*. | Penso *di sì*. |
| Je gage *que non*. | Scommetto *di nò*, etc. |

7° Les conjonctions *purchè* pourvu que ; *quantunque*, *benchè*, *ancorchè*, *contuttochè*, *abbenchè*, quoique, *acciochè*, afin que : régissent le subjonctif.

EXEMPLE :

| | |
|---|---|
| *Acciochè* per ignoranza non si scusino furono innanzi avvertiti.<br>( Boccace. ) | *Afin qu'ils* ne puissent s'excuser sur leur ignorance, on les avertit d'avance. |

8° Si, pour exprimer la conjonction QUOIQUE qui gouverne en français le subjonctif, on voulait se servir de *SEBBENE*, il faudrait mettre le verbe à l'indicatif.

EXEMPLE :

| | |
|---|---|
| *Quoique* je sache votre intention, je ne peux pas suivre votre conseil. | *Sebbene* io so la vostra intenzione, non posso seguire il vostro consiglio. |

Mais si on voulait mettre le verbe au subjonctif comme en français, il faudrait se servir des conjonctions, *benchè*, *ancorchè*, etc., qui ont la même signification.

9° La conjonction *PERCHÈ* a trois significations.

Dans une phrase *interrogative*, elle a le sens de *pourquoi*.

EXEMPLE:

| | |
|---|---|
| *Perchè* non mi rispondete? | *Pourquoi* ne me repondez vous pas ? |

10° Quand la conjonction *PERCHÈ* est suivie d'un verbe au subjonctif, elle peut signifier AFIN QUE, POUR QUE

EXEMPLE :

| | |
|---|---|
| Non vi ho prestato il mio libro, *perchè* lo lacereriate. | Je ne vous ai pas prêté mon livre *pour que* vous le déchiriez. |

11º Cette même conjonction, signifie CAR, PARCE QUE, ou ATTENDU QUE. EXEMPLE :

| | |
|---|---|
| *Perchè* non mangiate? | *Pourquoi* ne mangez vous pas? |
| *Perchè* non ho voglia di mangiare. | *Parce que* je n'ai pas envie de manger. |

12º Il faut obsesver que, quand la conjonction française, AUSSI est employée comme synonyme de ENCORE, on la traduit, en italien, par *ANCHE, ANCORA, PURE, PARIMENTE*.

EXEMPLE :

| | |
|---|---|
| Chaque femme a ses caprices; chaque enfant a *aussi* les siens. | Ogni donna ha i suoi caprici; ogni figliuolo ha *pure* i suoi. |
| Si le journal parle de la guerre, il parle *aussi* de la paix. | Se il giornale parla della guerra, parla *anche* della pace. |

13º Les conjonctions *MENTRE, NEL MENTRE CHE*, ou *MENTRE CHE, IN TEMPO CHE*, signifient PENDANT QUE ou TANDIS QUE. EXEMPLE :

| | |
|---|---|
| *Mentre* egli dormiva, i ladri predavano la casa. | *Pendant* qu'il dormait, les voleurs pillaient la maison. |

14° Mais il faut observer que, si le mot PENDANT n'est pas suivi de QUE, c'est une préposition qui se traduit, en italien, par *PER* ou *DURANTE*, ou bien *NEL TEMPO DI* ou *DEL*, etc.

Exemple :

| *Pendant* dix ans. | *Per* dieci anni. |
| *Pendant* son voyage, il ne fit que pleurer. | *Durante* il suo viaggio, non fece che piangere. |
| *Pendant* le souper on fit de la musique. | *Nel tempo* della cena si suonò. |

Le mot *PURE* est adverbe, mais il est aussi conjonction. Ce mot s'emploie dans plusieurs circonstances.

1° *PURE* se met après une personne de l'impératif pour donner plus de force et d'énergie au discours.

Exemple :

| Dite *pure* quel che vi piacerà ; io vi perdono. | Dites ce qu'il vous plaira, je vous pardonne. |

2° Avec le mot *PURE* on peut se dispenser de répéter le verbe deux fois, comme en français.

Exemple :

| Allez, allez, je ne me soucie plus de vous. | Andate *pure*, io non mi curo più di voi. |

3° *PURE* peut être employé comme CEPENDANT, dans des phrases qui marquent une idée d'opposition. Exemple :

Ma *pure* glielo dissi, e non volle partire.

Mais *cependant* je le lui dis, et il ne voulut pas partir.

4° *PURE* signifie souvent *CERTAMENTE*, certainement.

Exemple :

Deh ! come dee poter esser questo ?
Io il vidi *pur* jeri costì.
( Boccace.)

Hélas ! comment cela peut-il être ?
*Certainement* je l'ai vu hier ici.

5° *PURE*, devant le mot *TROPPO*, signifie QUE TROP.

Exemple :

È pur *troppo* vero, che in questo mondo ci sono maldicenti.

Ce n'est *que trop* vrai, que dans ce monde il y a des médisans.

6° Du mot *PURE*, on forme le mot *NEPPURE*, qui signifie PAS MÊME, ou NON PLUS, selon le sens de la phrase. Exemple :

Io non l'ho *neppure* guardato.
Ed io *neppure*.

Je ne l'ai pas *même* regardé.
Ni moi *non plus*.

Il nous reste encore à observer que le mot *ANZI* est préposition, mais il est aussi adverbe et conjonction.

1° Le mot *ANZI* est une conjonction très-souvent employée pour dire AU CONTRAIRE. EXEMPLE :

| | |
|---|---|
| Je vous préviens de ne pas lui répondre. | Io vi prevengo di non rispondergli. |
| *Au contraire* je veux lui répondre | *Anzi* voglio rispondergli. |

2° Le mot *ANZI* remplace souvent le mot français BIEN.

EXEMPLE :

| | |
|---|---|
| Voulez-vous venir au théâtre avec moi ? | Volete venire al teatro con me ? |
| Avec *bien* du plaisir. | *Anzi* con tutto piacere. |
| Voulez-vous parler italien ? | Volete parlar italiano ? |
| Je le veux *bien*. | *Anzi* volontieri. |
| Voulez-vous encore une tranche de pâté ? | Volete ancora una fetta di pasticcio ? |
| Avec plaisir, je le veux *bien*. | *Anzi*, mi farà grazia. |
| | ( et non pas, *voglio bene*. ) |

3° Le mot *ANZI*, répond souvent aux locutions françaises MÊME, BIEN PLUS. EXEMPLE :

| | |
|---|---|
| Je l'ai vu, je lui ai *même* parlé. | Io l'ho veduto, *anzi* gli ho parlato. |

4° Le mot *ANZI*, quelquefois signifie AVANT et alors il est préposition. EXEMPLE :

| | |
|---|---|
| *Anzi* la mia morte ho veduto uno de' miei fratelli. | *Avant* ma mort j'ai vu un de mes frères. |

On voit aisément que le mot *ANZI* est une préposition qui est sous son régime *la mia morte*.

Dans la phrase suivante, le mot *ANZI* devient adverbe.

### Exemple :

Attempata era *anzi* superba.     Elle était âgée, *même* orgueilleuse.

On voit que le mot *ANZI* est adverbe, puisqu'il sert à modifier le verbe.

### *Voici des Conjonctions les plus usitées.*

| | |
|---|---|
| A condition que, | *con patto che.* |
| Au contraire, | *anzi, al contrario.* |
| Au reste, | *in somma, per altro, al contrario.* |
| Au surplus, | *oltrechè* ou *oltredichè.* |
| Afin de, | *a fine di, onde.* |
| Afin que, | *affinchè, acchiochè.* |
| Attendu que, vu que, | *atteso che, stante che.* |
| Aussi, même, | *anche, ancora, pure, parimente.* |
| Aussitôt que, | *subito che, tosto che, appena che.* |
| Bien que, | *benchè, sebben.* |
| Bien entendu que, | *ben intesochè.* |
| Car, | *poichè, perciocchè perocchè.* |
| Cependant, pourtant, | *però, ciò non ostante, per altro, pure.* |

| | |
|---|---|
| De manière que, | *in modo che, in guisa che, sicchè.* |
| D'autant plus, | *tanto più.* |
| Depuis que, | *dacchè.* |
| D'autant que, | *perciocchè, di modo che.* |
| En sorte que, | *di maniera che, di modo che.* |
| Excepté, | *eccetto, salvo, fuorchè, toltone, altro che, trattone.* |
| Excepté que, | *eccetto che, salvo che, se non che.* |
| Jusqu'à ce que, | *finattantochè, sino a tanto che, finchè.* |
| Mais bien, | *ma bensì.* |
| Ni moi non plus, | *neppure io, nemmen'io, nè anch'io, ne tampoco io.* |
| Ou, ou bien, | *o, ovvero, oppure, ossia.* |
| Posez le cas que, | *dato che, dato il caso che, in caso che.* |
| Puisque, | *poichè, giacchè, posciachè.* |
| Puisqu'il en est ainsi, | *quand'è così.* |
| Pourvu que, | *purchè, semprechè, solamente che.* |
| Quand même, | *quando anche, quando pure.* |
| Quand tout à coup, | *quand'ecco.* |
| Quant à moi, etc., | *in quanto a me, etc.* |
| Quoique, | *quantunque, benchè, ancorchè, abbenchè, avvegnachè.* |
| Si ce n'est que, | *se non che.* |
| Supposé que, | *sopposto che, posto il caso che, dato il caso che, in caso che.* |
| Toutfois que, | *ogni qualvolta.* |

NOTA. On peut quelquefois douter si quelques-unes des particules dont je viens de parler, sont ou adverbes, ou prépositions, ou conjonctions; mais si l'on fait attention à leur emploi dans la phrase où elles se trouvent, on reconnaîtra facilement dans quelle classe on doit les ranger.

# DE L'INTERJECTION.

L'interjection sert pour exprimer quelques mouvements de l'âme, comme la *joie*, la *colère*, la *douleur*, la *crainte*, etc. Je citerai les plus usitées.

| | |
|---|---|
| *Affé, in fede mia,* | par ma foi. |
| *Ah! ahi! ahimé!* | ah! hélas! |
| *Oh!, ohi! ohimé! lasso!* | |
| *Ajuto!* | au secours! |
| *Animo!* | courage! |
| *Bravo! bravo!* | à merveille! |
| *Come mai!* | est-il possible! |
| *Oh! poffar il mondo!* | morbleu! |
| *Guai a voi!* | malheur à vous! |
| *Oibò!* | fi! fi donc! |
| *Indietro! indietro!* | en arrière! en arrière! |
| *Che mai sarà?* | que peut-il être? |
| *Me felice!* | que je suis heureux! |

| | |
|---|---|
| *Badate, avvertite.* | prenez garde. |
| *A voi, a voi, largo.* | gare, gare. |
| *Mille grazie, tante grazie, grazie infinite.* | grand merci, bien obligé. |
| *Ma, bravo!* | mais, fort bien! |
| *È curiosa!* | c'est drôle! |
| *Orsù!* | courage. |
| *Sfortunato me!* | malheureux que je suis! |
| *Su via!* | allons. |
| *Zitto! Zitto!* | paix! paix! |

1° Il faut observer que les Italiens emploient l'interjection *bravo*, bravo, comme adjectif, car ils disent à un homme, *bravo* et *bravissimo*, très-bien ; à une femme, *brava* et *bravissima* ; au pluriel masculin : *bravi* et *bravissimi*, et au pluriel féminin : *brave* et *bravissime*.

Il faut aussi observer que *zitto*, paix, est également un adjectif, car on dit : *state zitti*, etc, tenez-vous tranquilles.

2° REMARQUEZ. Les Italaiens ont plusieurs interjections qui n'ont proprement pas d'équivalent en français. On dit par exemple : *corpo di bacco! cospetto di bacco! poffar di bacco! sangue di bacco!* Ces mots servent à exprimer, quelquefois, un certain mouvement de colère ; la signification de ces mots est le nom de dieu Baccus. Mais les mots, *per bacco baccone! per bacco! cospetto!* signifient à peu près, est-il possible!

3° Les interjections : *OH BELLA! OH! BELLISSIMA!* expriment un sentiment de mécontentement ainsi que de surprise, et quelquefois de surprise joint à un sentiment de plaisir, et n'ont point d'équivalent en français.

*Oh! questa è bella* da galantuomo.   Oh! par ma foi, en voilà une fameuse.

Quand aux interjections destinées à épancher le désir du mal et de la vengeance, je crois prudent de ne pas les rapporter ici.

# PARTICULES EXPLÉTIVES.

Il y a dans la langue italienne des particules qui ne sont pas absolument nécessaires, puisque le discours pourrait subsister sans elles; mais comme elles sont pratiquées par les bons auteurs, je vais les exposer, afin que les étrangers puissent en connaître la valeur:

1° La particule *BELLO*, beau, donne plus d'énergie à la phrase. Exemple: *Ecco bell' e fatto*, voilà tout fait, achevé. *Gli ho scritto di bel nuovo*, je lui ai écrit encore.

2° La particule *BENE*, bien, donne aussi plus d'énergie à la phrase. EXEMPLE:

| | |
|---|---|
| *Bene belcore, demmi tu far sempre morire a questo modo?* (Boccacc.) | Ma douce amie, dois-tu me faire mourir de cette manière? |

*Or ben che faremo ?*      A présent que ferons-nous ?
*La donna disse al marito : ben sta.*     (Boccace.)     La femme dit à son mari, eh bien ! soit.
*Ci sono ben de' leggiadri che mi amano.* (Boccace.)     Il y a des hommes charmans qui m'aiment.

3° Les particules, *FORSE*, *già*, *MAI*, servent à donner plus de force au discours. EXEMPLE :

*Credete forse ch'io gli perdoni ?*     Est ce que vous croyez que je lui pardonne ?
*Che dite mai !*     Que dites-vous !
*Che è questo mai ?*     Qu'est-ce que cela ?
*Questa non è già vostra colpa.*     Ce n'est pas votre faute.

4° La particule *già*, s'unit quelquefois avec *MAI*, et signifie jamais. EXEMPLE :

*A chiesa non usava giammai.* (Boccace.)     Il n'allait *jamais* à l'église.

5° La particule *MAI*, avant ou après l'adverbe *sempre*, ajoute beaucoup de force a l'expression. EXEMPLE :

*Se voi m'imprestate cinque lire, io sempre mai poscia farò ciò che vorrete.* (Boccace.)     Si vous me prêtez cinq livres, désormais je ferai toujours ce que vous voudrez.

6° Les particules *MICA*, *PUNTO*, ajoutent plus de force à la négation. EXEMPLE :

*Non credo mica,* ou *non credo punto ch'egli parta.*     Je ne crois pas qu'il parte.

7° Le mot *MO* est quelquefois employé comme explétif.

EXEMPLE :

| | |
|---|---|
| *Se avessi mo pensato di suggerir loro che andassero a portare la loro imbasciata*, etc. (Manzoni.) | Si j'avais pensé à leur suggérer de s'acquitter de leur message, etc. |

8° La particule *POI* sert à donner plus d'énergie à la phrase.

EXEMPLE :

| | |
|---|---|
| *Oh! questo poi non è vero ; e se ciò fosse vero, che faremo poi?* | Oh! cela n'est pas vrai ; et si cela est vrai, que ferons-nous ? |

9° Le mot *altrimenti* est quelquefois explétif.

EXEMPLE :

| | |
|---|---|
| *Io non so altrimenti chi egli sia.* | Moi non plus je ne sais pas qu'il est. |

10° La particule *VIA* ajoute plus de force au verbe auquel elle est jointe. EXEMPLE :

| | |
|---|---|
| *Se spiacciar volle le cose sue gliele convenne gittar via.* (Boccace.) | S'il a voulu se débarrasser de ce qu'il avait, il a été obligé de le jeter. |

Cette même particule change en partie la signification, comme nous l'avons vu au modèle des verbes conjugés avec la particule *VIA*. (Voyez à la fin de la leçon 22.)

Voici d'autres exemples :

*Via più* ou *vie più* signifie beaucoup plus.

| | |
|---|---|
| *Egli è via più dotto che saggio.* | Il est *beaucoup* plus savant que sage. |
| *Pompeo è stato via meno felice di Cesare.* | Pompée a été *beaucoup* moins heureux que César. |

11° Les particules *EGLI, ELLA, ESSO*, s'emploient uniquement pour donner plus de grace à la phrase : ces particules sont invariables, n'ayant aucun égard ni au genre, ni au nombre ; et en cela les Italiens s'éloignant des principes de la grammaire, ont emprunté ces expressions de la langue Française. EXEMPLE :

| | |
|---|---|
| *Egli è vero che io ho amato ed amo Guiscardo.* ( Boccace. ) | Il est vrai que j'ai aimé et que j'aime Guiscard. |
| *Egli non sono ancora molti anni passati che in Firenze fu una giovane*, etc. ( Boccace. ) | Il n'y a pas encore beaucoup d'années qu'il y avait à Florence une jeune fille, etc. |
| *Come la donna udì questo, lavatasi in piedi, cominciò à dire, ella n'andrà così.* ( Boccace. ) | Lorsque la dame eût entendu cela, s'étant levée, elle commença à dire : il n'en sera pas ainsi. |
| *Ella voleva con esso lui digiunare.* ( Boccace. ) | Elle voulait jeûner avec lui. |
| *Ritrovandosi colla donna rise molto con esso lei.* ( Boccace. ) | Lorsqu'il l'eût trouvée, il rit beaucoup avec elle. |

12° Le mot *SI* ajoute infiniment de grâce au discours.

EVEMPLE.

| | |
|---|---|
| *Oltre a quello che egli fu ottimo Filosofo naturale, si fu egli leggiadrissimo e costumato.* ( Boccace. ) | Outre qu'il était instruit dans la Philosophie naturelle, c'était même un homme charmant et de très-bonnes mœurs. |

13° Les particules *MI*, *CI*, *TI*, *VI*, accompagnent souvent le verbe sans nécessité ; mais par une tournure propre à la langue italienne. Il ne faut pas les confondre avec les pronoms personnels régimes, car dans ce cas elles ne sont que simples particules.

EXEMPLE :

| | |
|---|---|
| *Io mi credeva che fossero tutti a dormire.* | Je croyais qu'ils étaient tous à dormir. |
| *La donna e Pirro dicevano, noi ci seggiamo.* ( Boccace. ) | La femme et Pirrhus disaient : asseyons-nous ici. |
| *Che tu non ti rimanga per questa sera n'è caro.* ( Boccace. ) | Nous sommes bien aises que tu ne restes pas ce soir. |
| *Voi vi potete scendere al luogo ove i compagni lasciaste.* ( Boccace. ) | Vous pouvez descendre à l'endroit où vous avez laissé vos camarades. |

14° Toutes ces particules *mi*, *ti*, *ci*, *vi*, etc., se rencontrent avec la particule *ne* qui s'emploie de la même manière, changent leur *i* en *e*, et font *me ne*, *te ne*, *ve ne*, *ce ne*, *se ne*, etc.

EXEMPLE :

| | |
|---|---|
| *Voi ve ne state ozioso, senza lavorare.* | Vous vous tenez oisif, sans travailler. |
| *Il maestro se ne viene, convien far silenzio.* | Le maître vient, il faut faire silence. |

15° On place quelquefois devant les noms *UNO*, non pas comme nom de nombre, mais comme article et dans le même sens où il se trouve employé en français. EXEMPLE :

| | |
|---|---|
| *Se i miei argomenti frivoli già tenete, questo uno solo, ed ultimo a tutti gli altri dia supplimento.* ( Boccace. ) | Si déjà vous regardez mes argumens comme frivoles, en voici un seul ( et ce sera le dernier ), qui pourra servir de supplément à tous les autres. |

On voit que *UNO* s'ajoute quelquefois aux pronoms *QUESTO* ou *QUELLO*, ce qui donne plus de précision.

## PLEONASMO.

Faire un pléonasme, c'est employer un mot superflu, parce qu'il ne signifie que ce qui a été exprimé par un autre mot. Cette figure est très-commune en italien, comme on a pu le voir par les particules qui donnent de l'énergie au discours. J'ajouterai d'autres exemples pour faire l'application de cette figure.

1° Répétition des pronoms sans nécessité.

EXEMPLE :

| | |
|---|---|
| *Comechè ogni altro uomo di lui si lodi, io mene posso poco lodare io.* ( Boccacc. ) | Bien que tout autre se loue beaucoup de lui, je ne puis m'en louer que peu. |

2° Répétition des verbes sans nécessité.

EXEMPLE :

| | |
|---|---|
| *S'avvisò questa donna dovere essere di lui innamorata.* (Boccace.) | Il s'imagina que cette femme était amoureuse de lui. |
| *Vanno fuggendo quello che noi cerchiamo.* (Boccace.) C'est à dire, *fuggono*. | Ils fuient ce que nous cherchons. |

## De la Construction figurée.

La langue Italienne est extrêmement féconde en tournures qui appartiennent plutôt à la construction figurée, comme on a pu le voir par les exemples que j'ai cités dans plusieurs endroits de cette grammaire. Maintenant je ne ferai que donner une idée des figures grammaticales, afin que ceux qui s'adonnent à l'étude de cette langue puissent savoir à quelles figures appartiennent les tournures qui se trouvent dans les exemples cités.

# DE L'ELLIPSE.

Cette figure est très usitée auprès des bons auteurs italiens. En l'employant on parvient avec beaucoup de grace et sans rien ôter à la clarté, à supprimer tantôt une partie du discours, tantôt une autre.

*Roma, povera, ebbe dè costumi e vinse l'universo; ricca, ebbe dell'orgoglio, de'vizj, degli abbattimenti.*

Tant que Rome fut pauvre, elle eut des mœurs et vainquit l'univers ; quand elle fut riche, elle eut de l'orgueil, des vices, des renversements.

(C'est-à-dire, *finchè Roma fu povera*, etc.
Quand'*ella fu ricca*, etc.)

## Ellipse du nom Substantif.

EXEMPLE :

1° *Darottene tante ch'io ti farò tristo per tutto il tempo che tu vivrai.*

Je te donnerai tant de coups de bâton que tu t'en ressentiras toute ta vie.

(C'est-à-dire, *tante bastonate.*)

*Egli giunse a Parigi verso gli ultimi del mese.*

Il arriva à Paris vers les derniers jours du mois.

(C'est-à-dire, *gli ultimi giorni.*)

## *Ellipse, du nom Adjectif.*

EXEMPLE :

2° *Io non lo credeva da tanto.*     Je ne le croyais pas si capable.
( C'est-à-dire, *capace.* )

## *Ellipse, de la Conjonction.*

EXEMPLE :

3° *Bramo* mi *diciate.*     Je désire que vous me disiez.
( Pour *bramo che mi diciate.* )

*Temeva forte non sopra lei l'ira*     Il craignait beaucoup que la co-
*si volgesse de' parenti.*     lère des parens ne se tour-
       (Boccace).     nât contre elle.
(Pour *che l'ira.* )

## *Ellipse du Verbe.*

EXEMPLE :

4° *Maraviglia che sei stato una*     C'est étonnant qu'une fois tu
*volta savio.*     fus si sage.
( Pour *è maraviglia*, etc. )

*Il giuocatore compiange il da-*     Le joueur regrette l'argent qu'il
*naro perduto.*     a perdu.
(C'est-à-dire, *che ha perduto.* )

| | |
|---|---|
| *Egli si portò per tempo a casa dell'amico per dargli il danaro promesso.*<br>(C'est-à-dire, *ch'egli aveva promesso.*) | Il se transporta de bonne heure chez son ami pour lui donner l'argent qu'il lui avait promis. |

### *Ellipse du Participe Passé.*

EXEMPLE :

| | |
|---|---|
| 5° *Se essi mi cacciassero via, a che sarei io?*<br>(C'est-à-dire, *a che sarei io ridotto?* | S'ils me chassaient à quoi serais-je réduit? |

### *Emploi du Participe Passé au lieu de l'Infinitif.*

EXEMPLE :

| | |
|---|---|
| 6° *Fece veduto a suoi sudditi il papa aver in ciò seco dispensato.* (Boccace.)<br>(Pour *fece vedere.*) | Il fit voir à ses sujets que le pape l'avait dispensé de cela. |

### *Emploi d'un Infinitif au lieu du nom qui dérive du même verbe.*

EXEMPLE :

| | |
|---|---|
| 7° *E da questo viene il nostro viver lieto che voi vedete.* (Boccace.)<br>(Pour, *la nostra vita.*) | Et de cela provient cette humeur gaie que vous me voyez. |

## Emploi d'un Subjonctif au lieu de l'Indicatif.

EXEMPLE :

8° *Vedi bestia d'uomo che ardisce, dove io sia, a parlare prima di me.* (Boccace.)
(Pour *dove io sono.*)

Vois ce malhonnête homme qui ose, où je suis, parler avant moi.

## Emploi d'un Adjectif au lieu d'un Adverbe.

EXEMPLE :

9° *Or tutto aperto ti dico ch'io per niuna cosa lascierei di cristian farmi.* (Boccace.)
(Pour *apertamente*).

Or je te dirai franchement que pour tout au monde je ne renoncerais pas à me faire chrétien.

## La transposition du sujet, est très-commune en Italien.

EXEMPLE :

10° *A tutti i cuori ben nati, la patria è cara.*
(Pour, *la patria è cara a tutti i cuori ben nati.*)

La patrie est chère à tous les cœurs bien nés.

*Sempre non può l'uomo un cibo prendere, ma desidera di variare.*
(Pour, *l'uomo non può*, etc.)

L'homme ne peut pas toujours prendre la même nourriture, mais il désire la variété.

| | |
|---|---|
| *Dopo la burrasca è sempre più lucido il sole.* | Le soleil est toujours plus brillant après l'orage. |
| *Non soddisfacevano al desiderio del papa le risposte di Napoleone.* | Les réponses de Napoléon ne contentaient pas le pape. |

On voit par ces derniers exemples que, la transposition du sujet est loin du verbe.

### Transposition des Verbes.

EXEMPLE :

| | |
|---|---|
| 11° *Creder si può che colpevole egli sia.* (Pour, *si può credere ch'egli sia colpevole.*) | On peut croire qu'il est coupable. |
| 11° *Quanto gioverebbe il trovare un'arte che a dimenticare le ingiurie insegnasse!* (Pour, *che insegnasse a dimenticare.*) | Qu'il serait utile de trouver un art qui apprît à oublier les injures ! |

On met souvent, en italien, un verbe au lieu d'un autre. Je rapporterai quelques exemples pour faire connaître le génie de la langue italienne dans ces tournures. EXEMPLE :

### AVERE pour RIPUTARE.

| | |
|---|---|
| 12° *Gli diede la sua benedizione avendolo per santissimo uomo.* (Boccace.) (C'est-à-dire, *riputandolo.*) | Il lui donna sa bénédiction, le regardant comme un saint. |

## *FARSI A CREDERE* pour *CREDERE*.

Exemple :

*Facendosi a credere che quello a lor si convenga.* (Boccace.)
(Pour *credendo*, etc.

Croyant que cela leur convient, etc.

## *AVERE* pour *SAPERE*.

Exemple :

*Per lettere de' nostri cittadini si ebbe che la pace era stata conclusa.* (Boccace.)
(Pour *si seppe.*)

Par des lettres de nos concitoyens on apprit que la paix était conclue.

# INVERSION.

Exemple :

*Induce gli altri spesso a credere il contrario chi suol lodare se stesso.*
(Pour, *colui che suole lodarsi da se stesso, induce spesso gli altri a credere il contrario.*)

Celui qui a l'habitude de se louer soi-même, porte souvent les autres à croire le contraire.

*Dai cattivi costumi nascono le buone leggi.*
(Pour *le buone leggi nascono dai cattivi costumi.*)

Les bonnes lois naissent des mauvaises mœurs.

*Del tradimento autore ti crede ognuno.*
(Pour, *ognuno ti crede autore del tradimento.*)

Chacun te croit l'auteur de cette trahison.

*Dal medesimo luogo che accade il bene, molto spesso accade anche il male.*
( Pour , *Il male accade anche molto spesso dal medesimo luogo che accade il bene.*)

Le mal vient aussi assez souvent du même endroit que vient le bien.

*Ove l'ignoranza regna, ci vuole del maraviglioso.*
( Pour , *Ci vuole del maraviglioso ove l'ignoranza regna.* )

Il faut du merveilleux où l'ignorance règne.

*Appresso de' scellerati non hanno forza le leggi.*
( Pour , *Le leggi non hanno forza*, etc. )

Les lois n'ont pas de force auprès des méchans.

*Infin presso la città il condusse.*

( Pour , *Egli lo condusse sino presso la città.*)

Il le conduisit jusqu'auprès de de la ville.

| | |
|---|---|
| *Nella magnificenza degli edifizj, l'Italia supera ogni nazione.* | L'Italie surpasse toutes les nations dans la magnificence des édifices. |
| ( Pour, *L'Italia supera ogni nazione nella magnificenza degli edifizj.*) | |
| *Tanta forza in questo caso ebbe il rigore di Napoleone, che,* etc. | La sévérité de Napoléon eût alors tant de pouvoir, que, etc. |
| ( Pour, *Il rigore di Napoleone ebbe in questo caso tanta forza che,* etc.) | |
| *Di tanta efficacia furono le sue parole, che,* etc. | Ses paroles eurent tant de pouvoir, que, etc. |
| ( Pour, *Le sue parole furono di tanta efficacia, che,* etc.) | |
| *Le guerre che, dopo quest'epoca fecero i barbari in Italia furono in maggior parte dai pontefici causate.* | Les guerres que les barbares firent en Italie, après cette époque, furent causées en grande partie par les papes |
| ( Pour, *Le guerre che i barbari fecero in Italia, dopo quest'epoca, furono causate in maggior parte da' pontefici.*) | |
| *Siccome supporre devo che questa grammatica letta sarà da,* etc. | Comme je dois supposer que cette grammaire sera lue par, etc. |
| ( Pour, *Siccome io devo supporre che questa grammatica sarà letta da,* etc.) | |

*Celebrati veggiamo altamente e magnificati presso gli antichi scrittori alcuni che a deliberata morte si esposero pella patria, come Codro fra i Greci, e Curzio, e i due Deci fra Romani.*

( Pour, *Gli antichi scrittori hanno pomposamente celebrato coloro che per la salvezza della loro patria si esposero ad una morte volontaria, come fecero Codro i Greci, Curzio e i due Deci fra i Romani.*)

*È certo che azione più generosa e più commendevole non può farsi che offerire coraggiosamente se stesso per la salvezza d'altrui.*

( Pour, *È certo che non si può fare un' azione più generosa e più degna di lode di quella di consacrare coraggiosamente se stesso per la salvezza d'altrui.*)

*Ti veggo squallido e sdegnoso in volto.*

( Pour, *Veggo il tuo volto squallido e sdegnoso.*)

Les anciens écrivains ont pompeusement célébré ceux qui pour le salut de leur patrie, s'exposèrent à une mort volontaire, comme furent Codrus parmi les Grecs, Curtius et les deux Décius parmi les Romains.

Il est certain qu'on ne saurait faire une action plus généreuse et plus digne d'éloge que celle de se dévouer courageusement soi-même pour le salut d'autrui.

Je vois ta figure décomposée et irritée.

| | |
|---|---|
| *La fortuna protegge gl' ignoranti spesso, e i birbanti assai volte.* (Pour, *La fortuna protegge spesso gl' ignoranti, e più spesso anche i birbanti.*) | La fortune protège souvent les ignorants, et plus souvent encore les fripons. |

*NOTA.* La construction *inverse* de la langue italienne a pour objet principal d'exposer dans la plus grande évidence possible l'idée principale d'une phrase, afin de la présenter à l'esprit d'une manière plus sensible. C'est ainsi qu'on doit bien se garder de jeter de la confusion dans la phrase, en employant la construction *inverse*. Mais, on dira, quand faudra-t-il donc employer l'inversion ? Il n'est guère possible de tracer des règles sur une opération qui dépend entièrement de l'entendement et de la sensibilité particulière des organes. Le goût et l'oreille sont la règle (1).

Or donc les élèves apporteront toute leur attention aux exemples que je viens de démontrer, ils y puiseront une idée générale des *inversions* de la langue italienne. Du reste on se fortifiera par la lecture des bons ouvrages italiens. Mais si l'on veut sentir les effets de l'harmonie et goûter le charme de la majesté et de l'élégance des phrases, il faut bien prononcer, car ce n'est qu'en prononçant correctement qu'on peut apprécier le mérite des *inversions*.

---

(1) Soggiungo che, le regole non possono supplire al genio, poichè se il genio manca, le regole sono inutili. Lo scrivere bene, consiste di por mente, e per ben conoscere e ben tradurre è pur duopo il possedere ingenio, animo e gusto.

Lo stile allega la riunione e l'esercizio di tutte le facoltà intellettuali; le sole idee formano il fondo dello stile; l'armonia delle parole non è che l'accessorio, e non dipende che dalla sensibilità de'mezzi.

# Du Retranchement, et de quelques mots susceptibles d'augmentation.

Il me paraît inutile de faire des explications de tous les cas où le retranchement est praticable ou non ; car il faudrait des observations nombreuses à ce sujet, et alors ne feraient que fatiguer l'esprit des étrangers. Ainsi, je me bornerai aux observations les plus importantes.

Du reste il faut apprendre par les bons ouvrages italiens, et lire à haute voix.

1° Les mots qui ont un accent sur la dernière voyelle ne doivent jamais éprouver d'abréviation, tels que, *farò*, *dirò*, *andò*, *nè*, *nò*, etc.

2° On peut retrancher la voyelle finale des mots qui ont par pénultième une de ces trois consonnes, *l*, *n*, *r*, pourvu que ces consonnes soient simples, et qu'elles ne soient pas précédées d'une autre consonne. Exemple :

*Ciel sereno*, ciel serein ; *pien senato*, plein sénat ; *legger vento*, vent léger. Cependant, les mots *chiaro*, clair ; *raro*, rare ; *nero*, noir, et quelques autres, ne sont pas susceptibles de retranchement.

3° On peut supprimer la voyelle finale de la première personne du singulier et la troisième du pluriel de l'indicatif présent du verbe *essere*, et dire : *Io son certo che son venuti*, je suis certain qu'ils sont venus.

4° Les mots terminés en *e* non accentués peuvent s'élider devant une voyelle, comme, *s'io fossi*, *ch'io sia*, *ch'egli sia*, etc., mais si le dernier *e* est précédé d'un *c* ou d'un *g*, il ne s'élide que lorsque le mot qui suit commence par un *e*.

5° On doit observer qu'on trouve souvent *ei*, et quelquefois *e'*, pour *egli*, (il, lui), pronom personnel de la troisième personne; mais on ne doit pas les employer devant les mots qui commencent par une voyelle, ni devant ceux qui commencent par une *s* suivie d'une autre consonne.

6° Il est permis de supprimer la syllabe finale de quelques noms terminés en *ello*, comme *capello*, cheveu; *bello*, beau; *fratello*, frère; *quello*, celui-là, nous en avons parlé à la leçon de l'adjectif (voyez leçon VII.) Nota. n° 1° 2° 3° 4°.

## 7° Des Augmentations.

Presque tous les mots qui commencent par une *S* suivie d'une autre consonne, précédés des prépositions *IN, CON, PER*, ou de la particule négative *NON*, prennent un *I* avant l'*S*. Ainsi au lieu de dire ;

| | | | |
|---|---|---|---|
| *In scambio*, | | *in iscambio*, | en échange. |
| *Con studio*, | on dit | *con istudio*, | avec étude. |
| *Per sbaglio*, | | *per isbaglio*, | par erreur. |
| *Non sto bene*, | | *non istò bene*, | je ne suis pas bien. |

Il faut excepter de cette règle les noms des personnes.

8° Pour rendre la prononciation plus douce on ajoute un *d* à la préposition *a* et à la conjonction *e*, lorsqu'elles se rencontrent devant un mot qui commence par une voyelle. EXEMPLE :

*Parlare ad un amico*, parler à un ami : *ed egli gli rispose*, et il lui répondit. *Cominciarono a parlare ed accendere i lumi*, ils commencèrent à parler et allumer les flambeaux.

---

NOTA. Après avoir expliqué toutes les règles de la grammaire, et en avoir enseigné l'application, il ne me reste plus qu'à insérer quelques phrases remarquables. A la suite des phrases, je mettrai un recueil des mots les plus usités ; en l'apprenant par cœur ; on ne sera point dans la nécessité de feuilleter à chaque instant un dictionnaire.

A la fin de cette grammaire, je citerai des morceaux de poésie, et je ferai des observations sur les licences poétiques, et sur des expressions consacrées par les bons auteurs italiens.

## Phrases remarquables.

### ALLER.

| | |
|---|---|
| Cet habit vous *va* bien. | Questo vestito vi *sta* bene. |
| Cet homme est malade, il *n'ira* pas loin. | Quest'uomo *sta male*, non la *durerà* molto. |
| Se laisser *aller* à sa douleur, à ses passions. | Darsi *in preda* al dolore, alle passioni. |
| Il faut y *aller* doucement. | Bisogna *far* adagio, bel bello. |
| La dépense *ira* à, etc. | La spesa *importerà*, etc. |

### APPRENDRE.

| | |
|---|---|
| *J'apprends* la langue italienne. | *Imparo* la lingua italiana. |
| Le maître m'a *appris* l'Italien en peu de temps. | Il maestro m'ha *insegnato* la lingua italiana in poco tempo. |
| J'ai *appris* avec plaisir votre heureuse arrivée à Paris. | Ho *inteso* con piacere il vostro felice arrivo in Parigi. |
| Je m'empresse de vous *apprendre* que votre frère est malade. | Mi sollecito d'*avvisarvi* che vostro fratello è ammalato. |
| Il faut *apprendre* par cœur ces phrases. | Bisogna *imparare* a mente queste frasi. |

### BLESSER.

| | |
|---|---|
| On dit qu'on l'a *blessé* à mort. | Si dice che l'hanno *ferito* a morte |
| Les paroles deshonnêtes *blessent* la pudeur. | Le parole disoneste *offendono* il pudore. |

## COMPTER.

| | |
|---|---|
| Je les ai *comptés* l'un après l'autre | Io li ho *annoverati* l'uno dopo l'altro. |
| Vous pouvez *compter* sur moi en toute occasion. | Potete *far capitale* di me in ogni occorenza. |

## DEVOIR.

| | |
|---|---|
| Je m'acquitte de mon *devoir*. | Fo le parti del mio *dovere*. |
| C'est mon *devoir* de vous servir. | È *debito* mio il servirvi. |
| Rendre à quelqu'un les derniers *devoirs*. | Rendere ad uno gli ultimi *uffizj*. |

## DONNER.

| | |
|---|---|
| Se *donner* des airs. | *Far* l'uomo d'importanza. |
| Se *donner* des airs de grandeur. | *Spacciarla*, ou *farla* da grande. |

## ENVIE.

| | |
|---|---|
| Sa bonne fortune lui attire l'*envie* de tout le monde. | La sua buona sorte gli tira addosso l'*invidia* di tutti. |
| Je meurs d'*envie* de revoir ma belle patrie. | Muoio di *voglia* di rivedere la mia bella patria. |
| Je n'ai pas *envie* de rire. | Non ho *voglia* di ridere. |

## FACHER.

| | |
|---|---|
| Je suis *fâché* contre ceux qui me font du mal. | Io sono *in collera* verso coloro che mi fanno del male. |
| Je suis *fâché* du malheur qui lui est arrivé. | Mi *rincresce* della sua disgrazia. |
| Je suis *fâché* de vous quitter. | Mi *dispiace* il lasciarvi. |

## FAÇON.

| | |
|---|---|
| Il doit payer la *façon* de l'habit. | Deve pagare la *fattura* del vestito. |
| Cette femme a de certaines *façons* qui charment. | Quella donna ha *un certo modo di trattar* che inamora. |
| C'est un jeune homme qui a de belles *façons*. | È un giovane di *bel tratto*. |

## FAIRE.

| | |
|---|---|
| Je ne puis me *faire* à ses manières. | Io non posso *avvezzarmi* al suo fare. |
| Il ne *fait* que de sortir, que d'arriver. | È *uscito* in questo punto, è giunto in questo punto. |
| Il *fait* cher vivre en France. | È *caro* il vivere in Francia. |

## GARDER.

| | |
|---|---|
| Prenez cette grammaire et *gardez-là* autant qu'il vous plaira. | Pigliate questa grammatica e *tenetela* quanto vi pare. |

| | |
|---|---|
| *Gardez* votre chapeau. | *Tenete in capo* il cappello. |
| *Gardez* bien la maison. | *Costodite* ben la casa. |
| Hier, il a *gardé* la maison. | Jeri *è stato* in casa. |
| Il *garde* le lit. | Egli *sta* a letto. |

## JOUER.

Il faut observer que les Italiens ne se servent pas du verbe jouer en parlant du théâtre ou des instruments. Pour ces derniers ils ont le verbe *sonare*, sonner.

### Exemple :

| | |
|---|---|
| Ce jeune homme *joue* bien du violon. | Quel giovane *suona* bene il violino. |
| J'irai au théâtre demain soir parce qu'on *joue* une nouvelle pièce. | Andrò al teatro domani sera perchè v'è una nuova *opera*, ou una nuova *rappresentazione*. |
| Il se *joue* des lois. | Egli si *ride* delle leggi. |
| Elle *joue* la comédie. | Essa *recita* ou *fa la commedia*. |
| Vous *jouez* un grand personnage. | Voi *fate la parte* di un gran personaggio. |

## PIQUER.

| | |
|---|---|
| Il s'est *piqué* avec une épingle. | Egli si è *punto* con una spilla. |

| | |
|---|---|
| La lettre de votre frère m'a *piqué*. | La lettera di vostro fratello m'ha *provocato*. |
| Votre femme de chambre n'a pas *piqué* cette veste. | La vostra cameriera non ha *trapuntato* quella sottoveste. |
| Le domestique doit *piquer* un lapin, une perdrix, etc. | Il servo deve *lardare* un coniglio, una pernice, etc. |

## PLACE.

| | |
|---|---|
| J'ai sollicité de lui une *place*. | L'ho pregato di darmi un *impiego*. |
| Avec plaisir je lui céderai ma *place*. | Con piacere gli cederò il mio *luogo*. |
| Placez-vous, Monsieur. | *Collocatevi*, Signore. |
| Mettez-vous à votre *place*. | Mettetevi al vostro *posto*. |
| Il est allé à la *place*. | È andato in *piazza*. |

## PLAIRE.

Pour bien exprimer en italien la phrase *s'il vous plaît*, il faut voir si le plaisir regarde celui qui parle ou celui à qui l'on parle. Dans le premier cas, la phrase est comme adverbiale, et elle se rend par *di grazia*, dans le dernier, par *se vi piace*. EXEMPLE :

| | |
|---|---|
| Donnez-moi ces plumes s'il vous *plaît*. | Datemi *di grazia* quelle penne. |
| Repondez-moi s'il vous *plaît*. | Rispondetemi di *grazia*. |

| | |
|---|---|
| Prenez encore du pâté s'il vous *plait*. | Prendete ancora del pasticcio *se vi piace*. |

## SPECTACLE.

En italien, *spectacle* ne se dit point dans le sens de théâtre.

EXEMPLE :

| | |
|---|---|
| Il m'a promis de me conduire au *spectacle*. | Egli m'ha promesso di condurmi al *teatro*. |
| Vous n'avez pas honte de servir de *spectacle* ? | Non arrossite di rendervi l'oggetto degli *scherni del pubblico* ? |
| Quel horrible *spectacle* ! | Che orrido *spettacolo* ! |
| On voit beaucoup de personnes massacrées, et le sang coule sur le pavé. | Si vedono molte persone trucidate, e il sangue corre sopra il lastrico. |

## TAILLE.

| | |
|---|---|
| Ce jeune homme a frappé d'estoc et de *taille* son rival. | Quel giovane ha ferito di *punta* e di *taglio* il suo rivale. |
| Cette fille a une belle *taille*. | Quella ragazza ha una bella *vita*. |
| Cet homme a une haute *taille*. | Quel uomo ha una statura *alta*. |

## TRAIT.

| | |
|---|---|
| Ce n'est pas un *trait* d'ami. | Non è un *trattar* d'amico. |
| Il a fait un vilain *trait*. | Egli ha fatto una cattiva *azione*. |
| Ce sont là des *traits* de démence. | Questi sono *atti* di pazzia. |
| Cette jeune fille a les *traits* mignons. | Quella zitella ha le *fatezze* vezzose. |
| Ce jeune homme a tous les *traits* de sa mère. | Quel giovane è il *rittrato* di sua madre. |

Pour rendre en italien, aujourd'hui je dîne en ville, il faut dire, *quest' oggi pranzo fuori di casa*, et non pas *pranzo in città*, parce que, *pranzo in città*, signifie je dîne dans la ville.

Ce petit nombre de phrases suffira pour donner aux étudiants une idée générale pour traduire en italien certains mots français suivant leurs diverses significations. (1).

---

## OBSERVATION.

Il faut remarquer : il y a beaucoup de mots italiens qui ont une apparence d'analogie avec certains mots français. Par exemple, le mot italien *roba* peut se traduire en français par *robe*. Cependant les

---

(1) Pour acquérir plus de connaissance, il faut consulter un bon dictionnaire.

mots français *une robe*, il faut les traduire par *una veste da camera*, et non pas *una roba*; car le mot *roba* italien sert à exprimer une idée collective et générale de toute sorte d'objets; une quantité de propriétés, d'effets, de choses, et même de mots, comme dans ces vers de l'Ariosto :

............. *E tanta roba disse,*
*Che Turpin per paura non la scrisse.*

| | |
|---|---|
| Dategli la sua *roba*. | Donnez-lui ses effets. |
| Il mercante ha venduto la sua *roba*. | Le marchand a vendu ses objets. |

Convien pure osservare che, vi sono, in italiano, delle parole quali dipingono benissimo il carrattere della nazione. Verbigrazia, le parole SFOGO, SMANIA, PUNTIGLIO, FURIA, ORGASMO, ESTRO, etc., dimostrano tutto il fervore, tutto il movimento delle passioni meridionali. Queste voci destano idee che non possono essere tradotte esatamente in lingua francese. Ecco l'imbarazzo in cui travansi gli autori di Dizionari; eglino vogliono tradurre tutte le parole per d'altre parole (1). Quindi nasce una sorgente di falli e sbagli che imbrogliano la mente e fermano il progresso.

Questa breve ma importante osservazione basterà per avvertire gli studenti di por mente alla simiglianza delle parole, per evitare il senzo contrario.

---

(1) E non lo possono.

# Recueil des Noms Substantifs.

## De Dieu, du Ciel et des Élémens.
## Di Dio, del Cielo e degli Elementi.

| | |
|---|---|
| Dieu, | Dio, Iddio, |
| Jésus-Christ, | Giesù Cristo. |
| Le Saint Esprit, | lo Spirito Santo. |
| La Trinité, | la Trinità. |
| Le Créateur, | il Creatore. |
| La Sainte-Vierge, | la Vergine Santa. |
| L'Ange, | l'Angelo. |
| Le Saint, | il Santo. |
| Le Bienheureux, | il Beato. |
| Le Prophète, | il Profeta. |
| L'Apôtre, | l'Apostolo. |
| Le Martyr, | il Martire. |
| Le Ciel, | il Cielo. |
| Le Paradis, | il Peradiso. |
| Le Purgatoire, | il Purgatorio. |
| L'Enfer, | l'Inferno. |
| Le diable, | il diavolo. |
| Le feu, | il fuoco, |
| L'air, | l'aria. |

| | |
|---|---|
| La terre, | la terra. |
| L'eau, | l'acqua. |
| La mer, | il mare. |
| Le soleil, | il sole. |
| Les rayons, | i raggi. |
| Le crépuscule, | il crepusculo. |
| La lune, | la luna. |
| Les étoiles, | le stelle. |
| La planète, | il pianeta. |
| La lumière, | la luce. |
| Les ténèbres, | le tenebre. |
| Le vent, | il vento. |
| Les nues, | le nuvole. |
| L'éclair, | il lampo. |
| Le tonnerre, | il tuono. |
| La foudre, | il fulmine. |
| Le tremblement de terre, | il terremoto. |
| La pluie, | la pioggia. |
| L'arc-en-ciel, | l'arcobaleno. |
| La grêle, | la grandine. |
| La neige, | la neve. |
| La glace, | il ghiaccio. |
| La gelée, | il gelo. |
| Le brouillard, | la nebbia. |
| La rosée, | la rugiada. |
| La bruine, | la brina ou brinata. |
| Le chaud, | il caldo. |
| Le froid, | il freddo. |
| Le déluge, | il diluvio. |

## Du Temps et des Saisons.    Del Tempo e delle Stagioni.

| | |
|---|---|
| Le printemps, | la primavera. |
| L'été, | la state. |
| L'automne, | l'autunno, |
| L'hiver, | l'inverno. |
| L'an, | l'anno. |
| Les mois, | i mesi. |
| Janvier, | gennajo. |
| Février, | febbrajo. |
| Mars, | marzo. |
| Avril, | aprile. |
| Mai, | maggio. |
| Juin, | giugno. |
| Juillet, | luglio. |
| Août, | agosto. |
| Septembre, | settembre. |
| Octobre, | ottobre, |
| Novembre, | novembre. |
| Décembre, | dicembre. |
| Le jour, | il giorno. |
| La semaine, | la settimana, |
| Lundi, | lunedì. |
| Mardi, | martedì. |
| Mercredi, | mercoledì. |
| Jeudi, | giovedì. |
| Vendredi, | venerdì. |
| Samedi, | sabato. |
| Dimanche, | domenica. |
| Une heure, | un'ora. |
| Un quart-d'heure, | un quarto d'ora. |

| | |
|---|---|
| Une demi-heure, | una mezz'ora. |
| Trois quarts-d'heure, | tre quarti d'ora. |
| Aujourd'hui, | oggi. |
| Hier, | jeri. |
| Demain, | domanl. |
| Avant hier, | jeri l'altro. |
| Après demain, | pasdomani. |
| Le matin, | la mattina. |
| Le soir, | la sera. |
| Le midi, | il mezzo giorno. |
| Le minuit, | la mezza notte. |
| L'après diner, | il dopo pranzo. |
| Après soupé, | dopo cena. |
| La nuit, | la notte. |
| Un moment, | un momento. |
| Le point du jour, | il far del sole. |
| Le coucher du soleil, | il tramontar del sole. |
| L'aurore, | l'aurora ou l'alba. |
| Ce matin, | questa mattina. |
| Ce soir, | questa sera. |
| Hier au soir, | jeri sera. |

―――――

## *De ce que l'on mange et l'on boit.*     *Di ciò che si mangia e si beve.*

| | |
|---|---|
| Le repas, | il pasto. |
| Le déjeûner, | la colazione. |

| | |
|---|---|
| Le diner, | il pranzo. |
| Le goûter, | la merenda. |
| Le souper, | la cena. |
| Le pain, | il pane. |
| La viande, | la carne. |
| La soupe, | la zuppa. |
| Le potage, | la minestra. |
| Le bouilli, | l'allesso ou il lesso. |
| Le bouillon, | il brodo. |
| Le bœuf, | il bue ou manzo. |
| Le veau. | il vitello. |
| Le mouton, | il castrato. |
| L'agneau, | l'agnello. |
| Le rôti, | l'arrosto. |
| Le cochon, | il porco. |
| Le cochon de lait, | il porchetto. |
| La volaille, | il pollame. |
| La poule, | la gallina. |
| Les poulets, | i pollastri. |
| Le dindon, | il gallinaccio. |
| Le coq, | il gallo. |
| Le chapon, | il cappone. |
| Les pigeons, | i piccioni. |
| Les bécasses, | le beccaccie. |
| Les perdrix, | le pernici. |
| Les grives, | i tordi. |
| Les alouettes, | le lodole. |
| Les cailles, | le quaglie. |
| Les faisans, | i fagiani. |
| Un oie, | un'oca. |
| Un canard, | un'anitra. |

| | |
|---|---|
| Le gibier, | *il selvagiume* ou *cacciagione.* |
| Un lièvre, | *una lepre.* |
| Un lapin, | *un coniglio.* |
| Les entrées, | *gli antipasti.* |
| Un ragoût, | *un manicaretto* ou *guazzetto.* |
| Ris de veau, | *animelle di vitello.* |
| Des béatilles, | *delle animelle.* |
| Une tranche de pâté, | *una fetta di pasticcio.* |
| Des andouillettes, | *delle polpette.* |
| Des petits pâtés, | *dei pasticetti.* |
| Du jambon, | *del presciutto.* |
| Un saucisson, | *un salame.* |
| Du boudin, | *del sanguinaccio* |
| La salade, | *l'insalata.* |
| Du fromage, | *del fromaggio.* |
| Les assaisonnemens, | *i condimenti.* |
| Du beurre, | *del butiro.* |
| Du lait, | *del latte.* |
| Du sel, | *del sale.* |
| De l'huile, | *dell'olio* ou *oglio.* |
| Du vinaigre, | *dell'aceto.* |
| Des œufs, | *delle uova.* |
| De la moutarde, | *della mostarda.* |
| Du poivre, | *del pepe.* |
| Des œufs à la coque, | *delle uova da bere.* |
| Une omelette, | *una frittata.* |
| Des citrons, | *dei limoni.* |
| Des oranges, | *dei merangoli.* |
| Des dragées. | *dei confetti.* |
| Des noix, | *delle noci.* |
| Des amandes, | *delle mandole.* |

| | |
|---|---|
| Du café, | del caffè. |
| Du chocolat, | della cioccolata. |
| Le thé, | il tè. |
| Des liqueurs, | rosolj, ou licori. |
| Des glaces, | dei sorbetti. |
| De l'eau, | dell'acqua. |
| Du vin, | del vino. |
| La bierre, | la birra. |
| L'eau-de-vie, | l'acquavita. |

## Des meubles de la maison et des ustensiles.
## Dei mobili della casa e degli utensili.

| | |
|---|---|
| La tapisserie, | gli arazzi, ou tapezzeria. |
| La table, | la tavola. |
| Le tapis, | il tapeto. |
| La chaise, | la sedia. |
| Le fauteuil, | la sedia d'apogio. |
| Le tabouret, | lo sgabello. |
| Le miroir, | lo specchio. |
| Le tableau, | il quadro. |
| La bordure. | la cornice. |
| Le portrait, | il ritratto. |
| L'armoire, | l'armario. |
| Le tiroir, | il cassettino. |
| Le coffre-fort, | lo scrigno. |
| Le lit, | il letto. |

| | |
|---|---|
| Les rideaux, | *le cortine.* |
| Les draps, | *le lenzuola.* |
| Les matelas, | *i materazzi.* |
| La paillasse, | *il pagliariccio.* |
| L'oreiller, | *il guanciale.* |
| Le lit de plume, | *la coltre.* |
| La couvertnre, | *la coperta.* |
| Un vase, | *un vaso.* |
| Une cage, | *una gabbia.* |
| La porcelaine, | *la porcellana.* |
| Le feu, | *il fuoco.* |
| Le charbon, | *il carbone.* |
| Du bois à brûler, | *della legna.* |
| Une bûche, | *un pezzo di legna.* |
| Ue tison, | *un tizzone.* |
| La cendre, | *la cenere.* |
| Un fagot, | *una fascina.* |
| Un soufflet, | *un soffietto.* |
| La pelle, | *la paletta.* |
| Les pincettes, | *le molle.* |
| Les chenets, | *i capifuochi.* |
| Les allumettes, | *i solfanelli.* |
| L'amadou, | *l'esca.* |
| La braise, | *la bragia.* |
| La flamme, | *la fiamma.* |
| La suie, | *la caligine.* |
| La fumée, | *il fumo.* |
| Le sceau, | *il secchio.* |
| Le réchaud, | *lo scaldavivade.* |
| Le balai, | *la scopa.* |
| Le couvert, | *la posata.* |
| La nappe, | *la tovaglia.* |

| | |
|---|---|
| La serviette de table, | il tovagliuolo. |
| Le couteau, | il coltello. |
| La fourchette, | la forchetta. |
| La cuillère, | il cucchiajo. |
| Les assiettes, | i tondi. |
| Le plat, | il piatto. |
| Une écuelle, | una scodella. |
| La salière, | la saliera. |
| Le vinaigrier et l'huilier, | le carafine dell' aceto e dell' oglio. |
| Le chandelier, | il candeliere. |
| La chandelle, | la candela. |
| Les mouchettes, | lo smoccolatojo. |
| Un essuie-main, | uno sciugamani. |
| Un verre, | un bicchiere. |
| Une bouteille, | un fiasco, ou bottiglia. |
| Un pot à l'eau, | un boccale. |
| Une tasse, | una tazza. |
| Une soucoupe, | una sottocoppa. |
| La corbeille, | la canestra, ou cesta. |

## *Ce qu'il faut pour écrire.*    *Quel che bisogna per iscrivere.*

| | |
|---|---|
| Du papier, | della carta. |
| Un écritoire, | un calamajo. |
| De l'encre, | dell' inchiostro. |

| | |
|---|---|
| Des plumes, | *delle penne.* |
| Un canif, | *un temperino.* |
| Un sablier. | *un polverino.* |
| La poudre, | *la polvere.* |
| Des pains à cacheter, | *delle ostie.* |
| De la cire d'espagne, | *della cera di spagna.* |
| Un cachet, | *un sigillo.* |
| Les tablettes, | *il ricordo* ou *la memoria.* |
| Le parchemin, | *la cartapecora.* |
| Le crayon, | *la matita* ou *lapis.* |
| Le feuillet, | *il foglio.* |
| Le cahier, | *il quinterno di carta.* |
| Le livre, | *il libro.* |
| Un porte-feuille, | *un portafogli.* |
| La poste aux lettres, | *la posta delle lettere.* |
| La leçon, | *la lezione.* |
| La traduction, | *la traduzione.* |
| Le thème, | *il tema.* |

## Dégrès de parenté.   *Gradi di parentado.*

| | |
|---|---|
| Le père, | *il padre.* |
| La mère, | *la madre.* |
| Le grand-père, | *l'avolo,* ou *l'avo.* |
| La grand'mère, | *l'avola.* |
| Le fils, | *il figliuolo* ou *figlio.* |
| La fille, | *la figlia.* |
| Le frère, | *il fratello.* |

| | |
|---|---|
| La sœur, | la sorella. |
| L'ainé, | il primogenito. |
| Le cadet, | il secondogenito. |
| L'oncle, | il zio. |
| La tante, | la zia. |
| Le neveu, | il nipote. |
| La nièce, | la nepote. |
| Le petit-neveu, | il pronipote. |
| La petite-nièce, | la pronipote. |
| Le cousin, | il cugino. |
| La cousine, | la cugina. |
| Le cousin germain, | il fratel cugino. |
| Le beau-frère, | il cognato. |
| La belle-sœur, | la cognata. |
| La cousine germaine, | la sorella cugina. |
| Le beau-père, | il suocero. |
| Ba belle-mère, | la suocera. |
| Le gendre, | il genero. |
| La bru, | la nuora. |
| Les père et mère, | i genitori. |
| L'époux, | lo sposo. |
| L'épouse, | la sposa. |
| Le mari, | il marito. |
| La femme, | la moglie, |
| Chère moitié, | consorte, m. et f. |
| La nourrice, | la balia. |
| La sage femme, | la levatrice. |
| Le parent, | il parente. |
| La parente, | la parente. |
| Un veuf, | un vedovo. |
| Une veuve, | una vedova. |

| | |
|---|---|
| Le mariage, | *il matrimonio.* |
| Les fiançailles, | *lo sposalizio.* |
| Une alliance, | *un parentado.* |

## Des états de l'homme et de la femme.

## Degli stati dell'uomo e della donna.

| | |
|---|---|
| L'homme, | *l'uomo.* |
| La femme, | *la donna.* |
| Un homme âgé, | *un uomo attempato.* |
| Une femme âgée, | *una donna attempata.* |
| Un vieillard, | *un vecchio.* |
| Une vieille, | *una vecchia.* |
| Un jeune homme, | *un giovane.* |
| Une jeune fille, | *una giovane.* |
| Un petit enfant, | *un bambino.* |
| Un garçon, | *un ragazzo.* |
| Un petit garçon. | *un fanciullo* ou *ragazzino.* |
| Une petite fille, | *una fanciulla* ou *ragazzina.* |
| Une pucelle, | *una zitella.* |
| Le maître de la maison, | *il padrone di casa.* |
| La maîtresse de la maison, | *la padrona di casa.* |
| Un maître, | *un maestro.* |
| Une maîtresse, | *una maestra.* |
| Le valet de chambre, | *il cameriere.* |
| La femme de chambre, | *la cameriera.* |
| Le domestique, | *il servitore* ou *servo.* |

| | |
|---|---|
| La servante, | *la serva.* |
| Le bourgeois, | *il cittadino.* |
| L'étranger, | *il forestiere.* |
| L'étranger, | *lo straniero.* |
| Maître-d'hôtel, | *maestro di casa.* |
| L'écolier, | *lo scolare.* |
| L'écolière, | *la scolara.* |
| Le paysan, | *il contadino.* |
| La paysanne, | *la contadina.* |

---

Rien ne peut mieux faire sentir l'harmonie de la langue italienne que de bons vers bien prononcés. Ceux qui ne connaissent pas cette langue, prétendent que l'italien n'est que le langage de la douceur; mais cela est une opinion erronée, car il ne faut qu'une bonne oreille pour sentir l'harmonie variée de cette langue. On remarquera donc, dans les deux strophes suivantes, la douce harmonie de l'une, et la rauque dureté de l'autre : on remarquera aussi que, la dureté de la seconde strophe n'est point sourde, mais très-sonore.

> Téneri sdégni e plácide tranquílle
> Repúlse e cári vézzi e liéti páci,
> Sorrísi, parolétte e dólci stílle
> Di piánto, e sospír trónchi e mólli baci;

Fúse tái cóse tútte, e póscia uníłle
Ed al fuóco temprò di lénte fáci,
E ne fermò quél sì mirabil cínto
Di ch'élla avéva il bel fiánco succínto.

(Tasso, Gerus. lib., canto 16, ottava 25.)

Chiáma gli abitatór delle ómbre etérne
Il ráuco suón della tartárea trómba;
Tréman le spazióse átre cavérne,
E l'áer ciéco a quél rumór rimbómba;
Nè stridéndo così dálle supérne
Regióni del ciélo il fólgor piómba;
Nè sì scóssa giammái tréma la térra
Quándo i vapóri in sen grávida sérra.

(Tasso, Gerus, lib., canto 4, ottav.)

―――― ⋅◈⋅ ――――

Guárda che biánca lúna,
   Guárda che nótte azzúrra,
   Un'aura non susúrra;
Non trémola úno stél.

L'usignolétto sólo
   Va dalla siépe all'órno,

E sospirándo intórno,
Chiáma la súa fedél.
Élla che'l sénte appéna
Già vién di frónda in frónda,
E pár che gli rispónda:
Non piángere, son quì.


Che dólci affétti, o Iréne,
Che gémiti son quésti?
Ah! tú mai non sapésti
Rispóndermi così.

(Vittorelli.)


Se tu m'ami, se sospiri
  Sol per me, gentil Pastor,
Ho dolor de' tuoi martiri,
  Ho diletto del tuo amor.
Ma se pensi che soletto
  Io ti debba riamar,
Pastorello sei soggetto
  Facilmente a t'ingannar.


Bella rosa porporina
  Oggi Silvio sceglierà,

Con la scusa della spina
   Doman poi la sprezzerà.
Ma degli uomini il consiglio
   Io per me non seguirò;
Non perchè mi piace il giglio
   Gli altri fiori sprezzerò.

Scelgo questo, scelgo quello,
   Mi diletto d'ogni fior;
Questo par di quel più bello
   Quel di questo à meglio odor.
Colti tutti, e poi serbati,
   Un bel serto se ne fa;
Che sul crine o al sen portati
   Fanno illustre la beltà.

(ROLLI.)

Solitario bosco ombroso
   A te viene afflitto cor,
Per trovar qualche riposo
   Nel silenzio e nell'orror.

Ogni oggetto ch'altrui piace
   Per me lieto più non è:
Ho perduto la mia pace,
   Son io stesso in odio a me.

La mia Fille il mio bel fuoco,
  Dite o piante, è forse quì?
Ahi la cerco ogni luogo,
  E pur so ch'ella partì.

Quante volte o fronde amate
  La vostr'ombra ne coprì!
Corso d'ore sì beate
  Quanto rapido fuggì.

Dite almeno amiche fronde
  Se 'l mio ben più rivedrò.
Ahi che l'eco mi risponde,
  E mi par che dica nò.

Sento un dolce mormorio,
  Un sospir forse sarà;
Un sospir dell'Idol mio,
  Che mi dice, tornerà.

Ahi ch'è il suon del rio che frange
  Tra quei sassi fresco umor,
E non mormora, ma piange
  Per pietà del mio dolor.

Ma se torna, fia più tardo
  Il ritorno e la pietà,
Che pietoso in van lo sguardo
  Su 'l mio cener piangerà.

(Rolli.)

---

Noi leggevam un giorno per diletto,
Di Lancilotto, com'amor lo strinse:
Soli eravamo e senz'alcun sospetto.

  Per più fiate gli occhi ci spinse
Quella lettura, e scoloroci 'l viso;
Ma sol un punto fù quel che ci vinse.

  Quando leggemmo il disiato riso
Esser bacciato da cotanto amante;
Questi, che mai da me non sia diviso.

  La bocca mi bacciò tutto tremante:
Galeotto fù il libro e chi lo scrisse:
Quel giorno più non vi leggemmo avante.

  Mentre che l'uno spirto questo disse,
L'altro piangeva sì, che di pietade
I venni men così, com' io morisse;
  E caddi, come corpo morto cade.

(Dante, 5ᵉ chant de l'inferno.)

Udito questo (perchè al ver si deve
Non contrastar, ma dar perfetta fede)
Vidi ogni nostra gloria al sol di neve.

E vidi 'l tempo rimenar tai prede
De'vostri nomi, ch' i' gli ebbi per nulla
Benchè la gente ciò non sa nè crede.

Cieca, che sempre al vento si trastulla,
E pur di false opinion si pasce,
Lodando più 'l morir vecchio, che 'n culla.

Quanti felici son già morti in fasce?
Quanti miseri in ultima vecchiezza?
Alcun dice: beato è chi non nasce.

Ma per la turba a grandi errori avvezza,
Dopo la lunga età sia 'l nome chiaro;
Che è questo però, che sì s'apprezza?

Tanto vince e ritoglie il tempo avaro;
Chiamasi fama; ed è morir secondo;
Ne più che contra 'l primo, è alcun riparo.
Così 'l tempo trionfa i nomi e 'l mondo.

(PETRARCA. IL TRIONFO DEL TEMPO.)

## *Alcune osservazioni ragguardevoli intorno le licenze poetiche.*

La lingua italiana è stata sempremai in voga presso le nazioni straniere, ma principalmente in Francia, non solamente a cagione della sua dolcezza e leggiadria che risulta da una delicata pronunzia, ma vie più per la quantità de' celebri poeti che, colla multiplicità delle loro sublimi opere l'hanno resa talmente interessante che oramai necessaria addiviene per una persona di buon gusto la cognizione di una tal favella così feconda in componimenti poetici, che fanno le delizie non solo degl'Italiani, ma pure di coloro che la coltivano.

Si veggono nelle mani de' signori dilettanti, di questa lingua, le opere di Metastasio, del Tasso, dell'Ariosto, di Petrarca, ed anche di Dante:

Ma, di bella prima non è possibile che si possa scorgere tutti i vezzi, tutte le grazie che si trovan sparse in tali opere senza aver fatto uno studio profondo della grammatica, e quindi aver almeno qualche cognizione delle licenze poetiche; ma siccome esse sono numerose, giudico a proposito di recarne solamente alcune; astenendomi pure di favellare sovra le regole e le varie specie di componimenti, poichè ciò dee più impararsi dalla diligente e attenta lezione de' poeti che da' precetti, dovendo, gli studenti, consultare gli autori che ne parlano diffusamente.

Le licenze usate da' poeti Italiani, talune servono ad accrescere, altre a diminuire le sillabe, altre consistono nel sostituire una o più lettere in luogo di un' altra, come:

*Addimandare, dipartire,* pour *dimandare, partire.*

EXEMPLE : Però che dopo l'empia *dipartita.* ( Petrarca. )

*Similemente,* pour *similmente.*

EXEMPLE : *Similemente* il mal seme d'Adamo. ( Dante. )

| *Giue, sue,* | pour | *Giù, su.* |
| *Giuso, suso,* | | *Giù, su.* |
| *Pive, sie,* | | *Più, sì.* |
| *Die,* | | *Dì.* |

EXEMPLE : Che quasi un bel sereno a mezzo *die.* (Petrarca.)

| *Sendo, stremo,* | pour | *Essendo, estremo.* |
| *Sfare, rena,* | | *Disfare, arena.* |
| *Ve,* | | *Ove.* |

EXEMPLE : Là *ve* cantando andai di te molt'anni.     ( Petrarca. )

        *Cadrò , udrò ,*    pour    *Caderò , udirò.*
        *Vivrò , scarco ,*            *Viverò , carico.*

EXEMPLE ; S'io credéssi per morto essere *scarco*.     ( Petrarca. )

        *Orizzon , caron ,*    pour    *Orizzonte , caronte.*
        *To' , me ,*                   *Toglie , meglio.*
        *Ve' , vedestu ,*           *Vede , vedesti tu.*

EXEMPLE : Come non *vedestu* negli occhi miei.     ( Petrarca. )

I poeti sogliono fare mutazione di una o più lettere nella seconda persona dell'indicativo presente de' verbi della prima congiugazione, la quale di sua natura termina in *i*, e per licenza si fa terminare in *e*, comme :

        *Gride , impare ,*    pour    *Gridi , impari.*
        *Amarme , informe ,*         *Amarmi , informi.*
        *Adopre ,*                    *Adopri.*

EXEMPLE : Indarno or sopra me tua forza *adopre*.     ( Petrarca )

Le prime personne nell'indicativo presente che terminano in *iamo*, come : *abbiamo , siamo , vogliamo*, etc., si fanno terminare in *emo*, e si dice : *avemo , semo , volemo*, etc.

EXEMPLE : Ma del misero stato ove noi *semo*.     ( Petrarca. )

La prima et la terza persona de' verbi della seconda congiugazione terminata in *ea*, come : *avea*, *credea*, *solea*, etc., possono terminarsi in *ia* : *avia*, *credia*, *solia*.

EXEMPLE : Ardomi e struggo ancor, com'io *solia*. ( Petrarca. )

I passati diffiniti terminati in *i* accentato, come : *partì*, *morì*, *uscì*, si fanno terminare in *io*, et si dice : *partio*, *morio*, *uscio*, etc.

EXEMPLE : Che tosto è ritornata, ond' ella *uscio*. ( Petrarca. )

Parimente i passati diffiniti terminati in *e* accentata, si terminano in *eo*, come : *feo* pour *fè*, *poteo* pour *potè*.

EXEMPLE : In picciol tempo gran dottor si *feo*. ( Petrarca. )

I poeti dicono pure : *volsi* pour *volli*; *volse* pour *volle*, etc.

EXEMPLE : Per quanto lo pregasse non *volse*. ( Dante. )

I poeti dicono : *fue* pour *fu*.

EXEMPLE : Che sol senz'alcun pari al mondo *fue*. ( Petrarca. )

Dicono pure : *denno*, *fenno* pour *diedero*, *fecero*, etc.

EXEMPLE : Che al corso del viver mio lume *denno* ( Petrarca. )

I poeti cambiano i pronomini, *mi*, *ti*, *vi*, *si*, in *me*, *te*, *ve*, *se*, come :

|  |  |  |
|---|---|---|
| *Mandarme*, | pour | *Mandarmi*. |
| *Raccontarve*, | pour | *Raccontarvi*. |
| *Cercarme*, | pour | *Cercarmi*. |

EXEMPLE : Non gravar me, ma chi degnò *cercarme*. ( Petrarca. )

I poeti cambiano moltissimi nomi sostantivi e aggettivi per servir alla rima, come:

*Spene, veglio,*        pour        *Speme, vecchio.*
*Ferute, vestuto,*                  *Ferite, vestito.*
*Speglio,*                          *Specchio.*

EXEMPLE :

Che cosa agli occhi suoi fu lume e *speglio.*        ( Petrarca. )

I poeti cambiano anche i pronomi, come :

*Tui, sui,*        pour        *Tuoi, suoi.*
*Nui, vui,*                    *Noi, voi.*

EXEMPLE :  In questo stato son donna per *vui.*        ( Petrarca. )

Gli antichi poeti hanno talvolta aggiunta la sillaba *ne* ad alcune parole, come :

*Piene, mene,*        pour        *Piè, me.*
*Sone, saline,*                    *So, salì.*
*Partine,*                         *Partì.*

EXEMPLE :  Come da noi la schiera si *partine.*        ( Dante. )

Soggiungo che, v'è una gran quantità di parole (1), e

---

(1) Come e perchè venisti tu qui? Ed egli mi rispose del come non ti caglia, ma

anche di frasi intere consacrate al linguaggio poetico, che non sarebbe permesso di servirsene in prosa: di modo che, per conoscere a fondo questo linguaggio, convien studiare le opere italiane sulla scienza poetica.

Convien riflettere che, la maniera de pronunziare poetico e dell'Oratore è grande, essi possono aggiugnere alla grandezza del loro soggetto tanta illusione quanta loro piace; così dovendo sempremai dipignere ed agrandire gli oggetti, debbono parimente da per tutto impiegare tutta la forza, e far pompa di tutta l'estenzione del loro ingegno.

Dirò pure: colui che ha fatto uno studio profondo della grammatica, deve comprendere tanto i poeti quanto i prosatori. Per altro gli autori che hanno voluto celare la loro meditazione; in tal caso, gl'Italiani incontrano le difficoltà che avviene agli stranieri: poichè di venti comentatori che hanno avuto la pazienza di comentare Dante, prova che diciannove, al meno, non l'hanno capito. Ciò è che, Dante ha spesso scritto in uno stile enigmatico, e non si può spiegarlo che per ipotesi o per induzione.

---

il perchè ti dirò. (BOCCACE.) Comment et pourquoi es tu venu ici? Il me répondit : Ne vous embarrassez pas de savoir comment j'y suis venu, mais je vous dirai pourquoi.

## Osservazione intorno l'espressioni figuraté consacrate da' buoni autori Italiani.

Tutte le lingue hanno più o meno *tropi o traslati* (trops), cioè espressioni figurate, ma esse non sono le medesime in tutte, poichè avviene sovente impossibile il conservare nella traduzione lo stesso senso ch'esse hanno nella lingua originale.

Convien sapere, che l'espressioni figurate vengono tratte da' costumi, dalle leggi, da certi usi stabiliti in un paese e sconosciuti negli altri; finalmente, dalle disposizioni particolari degli spiriti ad accogliere un impressione piuttosto che un'altra. Ecco la causa delle gran differenze che esistono nel linguaggio figurato delle nazioni; ed ecco pure una prova evidente, che il genio d'una lingua è intimamente congiunto al genio del popolo che la parli.

Per tradurre, dunque, certe espressioni figurate, e conservare (in parte) il loro vero senso, non basta il ricorrere ai dizionari, ma fa duopo aver cognizione del linguaggio particolare della nazione.

Recherò alcuni esempi, i quali daranno un'idea generale. Al rimanente, spetta ai signori dilettanti di por mente alla lettura de' buoni autori Italiani, e così giungeranno a conoscere molte espressioni consacrate da' poeti, ed altre tratte da certi usi, le di cui vengono parimente praticate da parecchi oratori.

Gl'Italiani hanno tratto dal mare una prodigiosa quantità di figure.

EXEMPLE:

Verri, nelle sue *notti romane* (nuits romaines), per esprimere che la sua imaginazione transportava la di lui mente in mezzo delle tenebre che coprono il soggiorno de' morti, dice : *Già la mente s'ingolfava nel pelago tenebroso.*

Si dice :

| | | |
|---|---|---|
| Far *naufragio* in *porto*, | pour | Perdersi di *animo* nel momento di *riuscire*. |
| Correrete una gran *burasca*, | pour | Correrete un gran *pericolo*. |
| Non sa quel che *pesca*, | pour | Non sa quel che *fa*, o quel che *dice*. |
| Alla *nave* rotta ogni *vento* è contrario, | pour | *Chi è in estrema miseria ogni cosa va a roversio.* |

> « Giunto è già 'l corso della vita mia,
> « Con *tempestoso mar* per fragil *barca*;
> « Al comun *porto*.... »                    (Dante.)

Pour,   Il corso della mia vita è giunto al termine comune, attraversando gravi pericoli con deboli mezzi da scansarli.

> « Vo solcando un *mar* crudele
> « Senza *vele*
> « E senza *sarte*;
> « Freme l'*onda* e il ciel s'imbruna,
> « Cresce il *vento* e manca l'arte,
> « E il voler della fortuna
> « Son costretto a seguitar, etc. »          (Metastasio).

Pour,   Io vo menando una vita infelice, senza guida, e senza appoggio; le mie sciagure vanno sempre più crescendo, e siccome non vi trovo riparo, è forza ch'io mi abbandoni in braccio alla fortuna.

*Diluviare, fiocare, lampeggiare, balenare*: Da questi verbi nasce una quantità di frasi.

### Exemple:

> ......... Di pietade un *raggio*
> Scorgo fra 'l *nubiloso* altero ciglio
> Che 'n parte *rasserena* il cor doglioso.    (Petrarca.)

Pour,   In quell'occhio altero e sdegnato miro un sentimento di pietà che alquanto mitiga le amarezze del cuore.

.... L'arme tue furon gli occhi onde l'accese
Saette uscivan d'invisibil *fuoco*. (Petrarca.)

Pour, Dai tuoi occhi uscì quel fuoco intenso che m'incendiò il cuore.

Pure, Metastasio fa parlare così un guerriero dinanzi il suo nemico :

| | | |
|---|---|---|
| Vedrai con tuo periglio | — | Di questa spada il *lampo* |
| Come *baleni* in campo | — | Sul ciglio al donator. |

Dalle figure del corpo umano, nasce una sorgente abbondevole di espressioni figurate. EXEMPLE :

| | | |
|---|---|---|
| Ti caverò il ruzzo del capo, | pour | Ti ridurrò alla ragione. |
| Vengo a *capo* del mio lavoro, | | Riesco a concludere il mio lavoro. |
| Gli ho lavato ben il *capo*, | pour | Gli ho fatto una riprensione |
| Lo farò stare in *cervello*, | pour | Lo costringerò di agire meglio. |
| Io vo a *fronte* scoperta, | pour | Io godo buona fama. |
| Egli è l'*occhio* dritto della padrona di casa, | pour | Egli è il favoritissimo della padrona di casa. |
| Per poca cosa gli viene la muffa al *naso*, | pour | Per poco motivo egli va in collera. |
| Essa mi tiene a *bocca* dolce, | pour | Essa mi tiene in buone speranze, o mi fa sperare. |

| | | |
|---|---|---|
| Quello straniero si spaccia di sapere questa lingua a mena *dito*, | pour | Quello straniero si vanta di sapere benissimo questa lingua. |
| Gli farò tenere la *lingua* a freno, | pour | Lo farò essere cauto nel parlare. |
| Non ha *faccia* di parlarmi, | pour | Non osa parlarmi. |
| Egli è uomo alla *mano*, | pour | È uomo affabile. |
| Io so ch'essa vi porta in palma di *mano*, | pour | Io so ch'essa vi fa grandi amorevolezze. |
| Io vado cuol *cuore* alla *mano*, | pour | Agisco sinceramente, o opero con sincerità. |
| La lingua italiana non è scarsa di *voci*, | pour | La lingua italiana è abbondante di parole. |
| Bisogna scorrere questa grammatica da *capo* a *piè*, | pour | Bisogna leggere questa grammatica intieramente. |

NOTA. Non è punto necessario che gli allievi facciano uso de' *tropi* italiani per parlare o per iscrivere, poichè fra le frasi al figurato, ve ne sono di nobili, di famigliari, di serie e d'ironiche, il che rende il loro uso assai difficile pegli stranieri.

Coloro che s'applicheranno alla lettura de' buoni autori italiani, scorgeranno in essa, quanto la lingua italiana è precisa, quant' è ricca nelle sue forme, armoniosa ne' suoi termini, imitativa nelle sue voci, pieghevole alla *volontà intellettuale*, atta a dipignere i sentimenti più dolci, i più appassionati, i più energici. Vi scorgeranno pure ch'essa offre ogni spediente per facilitare il libero manifestamento del pensiero. Tali sono le prerogative ammirabili che costituiscono il genio della lingua italiana.

Malgrado la quantità di regole e frasi comparative che ho dimostrato in questa grammatica, i signori dilettanti avranno pure molto tedio per pervenire alla perfetta cognizione di questa lingua. Sovvenga loro che, nelle lingue vi sono varie espressioni che escano affatto dalle regole della grammatica. Per impararle, fa mestieri il leggere i buoni prosatori, e applicare nella lettura delle loro opere questo spirito d'osservazione.

Finalmente, la lingua italiana, *in apparenza* così facile, essendo carica di frasi ellittiche e di costruzioni inverse, offre alcune difficoltà agli stranieri che vogliano realmente studiarla a fondo.

Non è, adunque, che da un'analisi continua e con sforzi costanti d'interpretazione che si può pervenire a conoscere le parole sottintese, e così capire il vero senso degli autori classici italiani.

Dietro a ciò, io ho l'intima convinzione che lo studio della lingua italiana è il più giovevole ed il più convenevole pella gioventù; perchè esercitando la prontezza di spirito, esso tiene costantemente occupato le facultà intellettuali, e fa contrarre al raziocinio l'abitudine dell'analisi, quale sola e vera chiave di tutte le cognizioni umane.

## ESERCIZIO

### Sulla costruzione inversa. [1]

. . . . . . . La patria è un tutto
Di cui siam parti. A cittadino è fallo
Considerar se stesso
Separato da lei. L'utile, o il danno
Ch'ei conoscer dee solo, è ciò che giova

---

[1] Comme on le voit, ce thème est composé de prose et de vers. L'élève devra le décomposer, en l'écrivant, il le rétablira, en italien, dans la construction pleine et directe; il le traduira ensuite en français. Cet exercice lui servira d'introduction à l'étude des inversions de la langue italienne.

O nuoce alla sua patria, a cui di tutto
È debitor. Quando i sudori e il sangue
Sparge per lei, nulla del proprio ei dona;
Rende sol ciò che n'ebbe. Essa il produsse
L'educò, lo nudrì. Con le sue leggi
Dagl'insulti domestici il difende,
Dagli esterni con l'armi. Ella gli presta
Nome, grado, ed onor; ne premia il merto,
Ne vendica le offese; è, madre amante,
A fabbricar s'affanna
La sua felicità per quanto lice
Al destin de' mortali esser felice
Han tanti doni, è vero
Il peso lor. Chi ne ricusa il peso
Rinunci al beneficio; a far si vada
D'inospite foreste
Mendico abitator, e là, di poche
Misere ghiande e d'un covil contento,
Viva libero e solo a suo talento.

(Metastasio.)

Qual'è lo straniero che, studiando questa lingua non ravvisi le di lei proprietà cotante caratteristiche? Se l'energia delle di lei metafore e la concisione delle sue frasi ci annunziano nella nazione genj vivaci e solleciti, le sue parole imitative, le sue desinenze sonore, la sua prosodia musicale, l'ottima mescolanza delle consonanti e vocali, la varietà delle sue costruzioni, ci fanno vedere, quanto prima, che questa lingua non è retta che colle leggi *dell'eufonia*, e che in conseguenza essa non può essere che la creazione d'un popolo dotato d'una gran sensibilità d'organi.

Altronde, la di lei estrema facilità a piegarsi a tutte le forme a tutte le esigenze del pensiero, prova che la volontà, lungi dal diventar suo schiavo, ha conservato tutto il suo potere e tutta la sua *independenza*.

All'opposto è avvenuto nella lingua francese.

« Notre langue, dit d'Alembert, est la plus sévère de
« toutes dans ses lois, la plus uniforme dans sa construc-
« tion, la plus gênée dans sa marche. »

L'*eufonia* e l'*independenza intellettuale*, come ora ho detto, essendo le proprietà principali del carattere della lingua italiana; ne segue che tutte le regole che la governano non possono e non debbono riconoscere altra origine.

Questa osservazione basterà per pervenire gli studenti, di questa lingua, che, questo principio d'unità ragguardevole viene costantemente praticato da' buoni autori italiani. Verbigrazia, le regole della gramatica vengono talvolta ignorate, in forza delle leggi *dell'eufonia* le di cui sono per la lingua italiana i primi elementi di sua esistenza ed i primi regolatori del suo edificio gramaticale. (1)

---

(1) Si depuis la page 309, jusque ici, je n'ai pas donné la traduction des vers ni des observations, c'est parce que parvenues à cet endroit de la grammaire, ceux qui en auront fait une étude suivie doivent être assez avancés pour les comprendre sans ce secours. Je fais cette remarque pour prévenir ceux qui lisent un ouvrage en commençant par la fin.

# TABLE DES MATIÈRES.

Pages.

| | | |
|---|---|---|
| LEÇON I^re. | *De la Prononciation italienne.* | 7 |
| | *De la prononciation des Voyelles.* | 8 |
| | Mots qui ont une signification différente selon qu'on prononce les E ou les O fermés ou ouverts. | 11 |
| | *Prononciation des Consonnes.* | 13 |
| | *Prononciation des Syllabes.* | 18 |
| | Observation importante sur la prononciation. | 20 |
| | *De l'Accent.* | 22 |
| LEÇON II. | *De l'Article simple.* | 25 |
| | *Application des articles composés.* | 27 |

| | Manière d'exprimer les mots DU DE, DE LA, DES . . . . | 32 |
|---|---|---|
| LEÇON III. | Règle pour connaître le genre des Noms. . . . . . . . Noms qui ont deux genres n° 5. — Noms qui ont double terminaison au singulier n° 6. | 34 |
| LEÇON IV. | Règle pour former le pluriel des Noms. . . . . . . . Noms qui ont deux pluriels n° 8. | 36 |
| LEÇON V. | Des Prépositions. . . . . Emploi de la Préposition italienne A. . . . . . . . Emploi de la préposition DA. . (NOTA). Le verbe *uscire* et le mot *fuori*. . . . . . . . Emploi de la préposition DI. . (NOTA.) La préposition française DE traduite par l'article IL ou LO. | 42<br>42<br>43<br>44<br>45<br>45 |
| LEÇON VI. | Préposition française AVEC traduite en italien par CON. . . Observation sur la préposition CON. . . . . . . . . | 46<br>48 |

| | | |
|---|---|---|
| | *Préposition* CHEZ. . . . . | 49 |
| | *Observation sur la préposition* CHEZ. . . . . . . . . | 50 |
| | *Prépositions* DANS *et* EN, *traduites par* IN. . . . . . . | 51 |
| | (NOTA). *Sur la préposition italienne* IN. . . . . . . . | 52 |
| | *Préposition italienne* PER. . . | 53 |
| | *Tableau des Prépositions.* . . | 54 |
| LEÇON VII. | *Des Adjectifs.* . . . . . . | 56 |
| | Du mot *pari*, n° 4. — Des mots *tant, trop, peu, combien,* etc, n° 6. — QUE, particule d'admiration, signifiant *combien*, n° 7. | |
| | (NOTA.) *Sur les Adjectifs.* . . | 60 |
| LEÇON VIII. | *Des Comparatifs.* . . . . . | 61 |
| | Manière d'exprimer le QUE comparatif, n° 1, 2, 3, 4, 5. | |
| | *Comparatifs d'égalité.* . . . | 64 |
| | Différentes manières de les traduire, n° 1, 2, 3. — *Que de*, précédé du mot *autant*, n° 4. — Le mot *autant*, répété deux fois dans une phrase, n° 7. — Le mot *autant* à la fin d'une phrase, n° 8. | |

— Le mot *tanto* ou *quanto* devant *più* ou *meno*, n° 9.

| | | |
|---|---|---|
| LEÇON IX. | *Du Superlatif absolu.* . . . Des particules *très* et *fort*, n° 5. — Du mot *assez*, n⁰ˢ 3 et 4. — Particules italiennes *tra* et *stra*, n° 8. | 67 |
| | *Du Superlatif relatif.* . . . Suppression de l'article devant les mots *più* et *meno*, n° 1. — Les mots *massimo, massima, infimo, infima,* etc., sont des superlatifs, n° 2. | 69 |
| LEÇON X. | *Des Augmentatifs.* . . . . . | 70 |
| | *Des Diminutifs.* . . . . . | 72 |
| LEÇON XI. | *Des Noms de nombre.* . . . Quand il ne faut pas rendre les mots *un* et *une*, n° 6. — En parlant des années, n° 10. — Pour exprimer, *il est une heure, il est deux heures*, etc., n° 12 et 13. — *Tous les deux*, etc., n° 15. — Le mot *Ambo*, n° 16. — Les mots *ambedue, amendue, entrambi,* | 74 |

n° 17. — Le mot *fois* dans les multiplications, n° 18.
*Les Adjectifs ordinaux* . . . 78
*Des nombres qui s'accordent avec les Substantifs* . . . . . . 78
(NOTA.) *Sur les Adjectifs ordinaux*. . . . . . . . 79

LEÇON XII. *Des pronoms Personnels* . . . 80
Pronoms *Sujets*, n° 1, et 2. — Pronoms *desso, dessa, dessi, desse*, n° 3. — Moi aussi, toi aussi, etc., n° 4.

Pronoms *régimes, première classe* 81
(NOTA.) Aller soi-même, etc., n° 1 . . . . . . . . . . 82
L'adjectif *même*, n° 2. — Pronoms régimes, lui, elle, eux, elles, n° 3. — Moi, toi, après les *Impératifs* n° 4. — Avec moi, avec toi, etc. n° 5.

Pronoms *Régimes, Seconde classe*. 83
Le pronom *lui* quand il veut dire à *elle* n° 2. — Les pronoms *mi, ti, si, ci*, etc., se placent devant et après le verbe n° 3. — Les pro-

|  |  |  |
|---|---|---|
| | noms *nous* et *vous*, traduits par *noi* et *voi*, et par *ci* et *vi*, n° 5 — Le pronom *ne* au lieu de *ci* n° 6. | |
| LEÇON XIII. | *Des Pronoms personnels unis aux pronoms relatifs* . . . . . | 86 |
| | Les pronoms, *le*, *la*, *les*, *en*, *y*, n° 1. — Mis après les verbes, n° 2. — Les pronoms *personnels* devant le mot *voilà*, n° 6. — *Me, te, se, nous, vous*, suivis des pronoms, *le*, *la*, *les*, n° 7. — Pour traduire, *m'en*, *t'en*, *s'en*, *nous en*, *vous en*, etc., n° 9. (NOTA.) Un pronom *personnel* entre deux verbes, n° 1. . . | 93 |
| | Quand on double la première consonne du pronom, n° 2. — | 93 |
| | Pronoms *personnels* placés après tous les temps des verbes, n° 3 et 4. | 94 |
| | *NOTA*. . . . . . . . | 95 |
| LEÇON XIV. | *Des Pronoms Possessifs* . . . | 95 |
| | Quand ils prennent l'article, n° 1, 2, 4, 5 et 8. — Quand ils ne prennent point d'article, n° 3, 7 et | |

11. — Pronoms possessifs employés substantivement n° 12. — Les expressions françaises, *c'est-à-moi, c'est-à-toi*, etc, signifiant ce qui nous appartient, n° 13. — On remplace les Pronoms possessifs par *mi, ti, si, gli, ci, vi,* n° 14.

LEÇOQ XV. *Des Pronoms Démonstratifs* . . 101
Ce, cet, celle, ces, ceux, etc. n° 1, et 2. — Le *ce*, joint au verbe être, se supprime n° 5. — Cela ou ceci, n° 6. — Ce que, ce qui, n° 7. = Tout ce qui, tout ce que, n° 8. — Celui qui, ceux qui, n° 9.

LEÇON XVI. *Des Pronoms Interrogatifs* . . 106
*Qui*, interrogatif, n° 1. — *Que* ou *quoi*, interrogatif, n° 2. — *Qu'est-ce que c'est?* n° 2. *(gallicisme)* — *Quel* ou *quelle*, interrogatif, n° 3. — *Quel* ou *quelle*, dans les exclamations, n° 4. — *Est-ce que*, interrogatif, n° 5.
*Pronoms Relatifs* . . . . . 108
*Qui*, relatif, n° 1, 2, et 3. —

*A quoi*, sans interrogation, n° 4. — *A quoi*, relatif, n° 5. — *De quoi*, sans interrogation, n° 6. — *Lequel*, *duquel*, *lesquels*, etc. n° 7. — Du mot *Dont*, n° 10 à 13. — Le mot *où*, signifiant *dans lequel*, etc., n° 14. — Le mot *d'où*, signifiant *duquel, de laquelle*, n° 15. — Le mot **ONDE** a plusieurs significations. (NOTA) . 113

LEÇON XVII. *Des Pronoms Indéterminés* . . 114
Le pronom *tout*, n° 1, 2, 3, 4. — *nul* ou *aucun*, n° 5. — **Quelque**, n° 6. — **Quelque** ou *tout*, devant un adjectif suivi de *que* et d'un verbe. n° 7. — **Quelque** devant un substantif suivi de *que* et d'un verbe, n° 8.
*Observation sur les Pronoms indéterminés* . . . . . . . 121

LEÇON XVIII. *Du verbe auxiliaire AVERE* . 123
Les interrogations, *aurai-je? avons-nous?* etc., n° 1. (NOTA.)
Négation *pas* et *point*, n° 3 . . 127
*J'en ai, tu en as*, etc., n° 4. — 127

— 353 —

Le gallicisme, *avoir beau faire*, *avoir beau dire*, etc., n° 5.

| | | |
|---|---|---|
| LEÇON XIX. | *Du verbe auxiliaire ESSERE* . | 128 |
| | *Remarques sur les verbes AVERE et ESSERE* . . . . . | 132 |

Le verbe *essere*, n'est jamais employé impersonnellement, n° 5. — Pour traduire, c'est-à-moi, c'est-à-toi, etc., de parler ou de faire, etc., n° 7. — C'est-à-vous, c'est-à-lui que je parle, etc., n°9. — La préposition française A précédée d'un infinitif qui dépend des verbes *avoir* ou *être*, n° 10. — Pour traduire, c'est vous qui, c'est lui qui, etc., n° 11. — *Italianismes* formés avec les verbes *avere* et *essere*, n° 13.

| | | |
|---|---|---|
| LEÇON XX. | *Manière d'exprimer en italien le verbe AVOIR employé impersonnellement avec l'adverbe* y . . | 137 |
| | *Les expressions françaises*, y en a-t-il? y en avait-il? etc. . . | 141 |
| LEÇON XXI. | *Manière d'exprimer le mot ON.* | 143 |

Le mot *on* traduit par *si*, n° 1.
— *On*, traduit par le verbe *essere*, n° 7, 8. — *On*, avec les pronoms *le, la, les*, n° 7. — *On*, traduit par les temps du verbe *avere*, n° 10. — *On*, avec les pronoms *me, te, se*, etc., n° 11. — *On*, avec le pronom réfléchi *se*, n° 14 — *On*, avec l'adverbe *y*, n° 16.

LEÇON XXII. *Conjugaison des verbes Réguliers.* 149
*Observation sur les verbes Réguliers en* ARE . . . . . 154
*Verbes Réciproques ou Réfléchis.* 157
*Modèles des verbes conjugués avec des Pronoms* . . . . . 159
*Modèles des verbes conjugués avec la particule* VIA . . . . . 162

LEÇON XXIII. *Des verbes Impersonnels* . . . 163

LEÇON XXIV. *Remarques importantes sur les verbes* . . . . . . . . 166
Le verbe *Aimer* traduit par *piacere*, n° 1. — Le verbe *Falloir*, n° 2, 3, 4. — Les expressions françaises, *peu s'en faut, peu s'en*

*fallait*, etc., n° 5. — *Il s'en faut de beaucoup*, etc, n° 6. — Le verbe *arriver*, n° 7. — Le verbe *aller*, n° 8 — Les verbes *aller* et *venir*, n° 9. — La forme *passive*, n° 11, et 12. — Verbes qui sont réfléchis en français, et ils ne le sont pas en italien, et d'autres qui sont réfléchis en italien et ne le sont pas en français, n° 13. — Les verbes *andare* et *venire*, employés avec le participe présent, n° 16. — Les verbes *avertire, badare*, suivis d'une négation, n° 17. — Le verbe *manquer* traduit par l'adverbe *quasi*, n° 18. — Le verbe *souhaiter*, traduit par *augurare* et non pas par *desiderare*, n° 19. — Le verbe *stare*, avec le participe présent, n° 21. — Idiotismes formés avec les verbes *andare, dare, fare, stare*, n° 22.

LEÇON XXV. *De l'Emploi du Subjonctif* . . 175
La conjonction *Que*, entre deux verbes, n° 1 et 2. — Quand cela

serait, quand cela arriverait, etc., n° 3. — Le pronom *Quale* devant un verbe n° 4. — **OBSERVATION**. 1° Pour traduire *paraitre* ou *sembler*. — Lorsque les Français se servent de l'imparfait du subjonctif, n° 2. — Le futur et le conditionnel, exprimé par le subjonctif, n° 3. — Emploi du subjonctif à la place de l'infinitif, n° 4.

*Remarques sur la particule Conditionnel* SE, (SI) . . . . . 179
La particule conditionnel SE, régit le verbe à l'indicatif et au subjonctif, n° 1, 2, 3, 4, — Après, SE, on se sert du futur, n° 5.
*Observation définitive* sur l'emploi du *Subjonctif*. . . . . 181
*Du Gérondif* . . . . . . 181
Gérondif rendu par l'infinitif, n° 1, 2. — Auxiliaire sous-entendu devant le participe, n° 3.

LEÇON XXVI. *Remarques sur les Participes* . 185

Le participe remplacé par une forme verbale, n° 4. — Le participe passé s'accorde ou non, avec son régime, n° 5 et 6. — Précédé d'un pronom, n° 7. — Combiné avec le verbe être, n° 8. — Suivi d'un infinitif, n° 9. — Participe passé, employé substantivement, n° 12.
NOTA. Sur le participe passé . 188
*Observation sur l'accord du participe passé* . . . . . . . 184

LEÇON XXVII. *Des verbes irréguliers de la première conjugaison en ARE,* andare, dare, fare, stare. . . 188

LEÇON XXVIII. *Tableau des verbes Irréguliers de la seconde conjugaison en ERE.* 196
et 198

*Tableau des verbes Irréguliers de la troisième conjugaison en IRE.* 237

LEÇON XXIX. *Règle pour parler à la troisième personne* . . . . . . . 256
Suite de phrases en application à la règle, n° 9.

LEÇON XXX. *Des Adverbes, des Conjonctions, et des Interjections*. . . . . 262
Adverbes qui sont formés des adjectifs, n° 1, à 4. — L'adverbe *Quando*, répété dans une phrase, n° 9. — L'adverbe *Ivi* ou *Quinci*, n° 13. — Tableau des formes adverbiales, n° 16.

*Des Conjonctions* . . . . . 271
*Que*, traduit par *che*, n° 1. — *Que*, devant un infinitif, n° 2. — *Que*, précédé de *ne*, n° 3. — *Que*, suivi de *ne*, et accompagné du mot *plus* ou *mieux*, n° 4. — *Que*, *de*, suivi d'un infinitif, n° 5. — *Que*, suivi des adverbes *oui* et *non*, n° 6. — La Conjonction *perchè*, n° 9, 10, 11. — La Conjonction *aussi*, employée comme encore, n° 12. — De la Conjonction *pure*, n° 1 à 6. — Du mot *anzi*, n° 1 à 4.

*Tableau des Interjections* . . 280
Interjections particulières à l'italien, n° 1, 2; 3 . . . . . . 281
*Particules Explétives*. . . . 282

De la particule *bello*, n° 1. — *Bene*, n° 2. — *Forse*, n° 3. — *Già*, n° 4. — *Mai*, n° 5. — *Mica, punto*, n° 6. — *Mo*, n° 7. — *Poi*, n° 8. — *Altrimenti*, n° 9. — *Via*, n° 10. — *Egli, ella, esso*, — n° 11. — *Si*, n° 12. — *Mi, ci, ti, vi*, n° 13.
*Pléonasme* . . . . . . . 287
Répétition des Pronoms sans nécessité, n° 1. — Répétition des verbes sans nécessité, n° 2.
*De la Construction figurée* . . 288
*Ellipse*, du nom Substantif, n° 1. 289
*Ellipse*, du nom adjectif, n° 2. — *Ellipse*, de la conjonction, n° 3. — *Ellipse*, du verbe, n° 4. — *Ellipse*, du participe passé, n° 5. — *Emploi* du participe passé au lieu de l'infinitif, n° 6. — *Emploi* d'un adjectif au lieu d'un adverbe, n° 9.
*Transposition du sujet*, n° 10 . 292
Mettre un verbe ou un nom au lieu d'un autre, n° 12.
*Transposition des verbes*, n° 11.
*Inversion* . . . . . . . 294

(NOTA) *Sur la construction inverse* . . . . . . . . . 298
*Du Retranchement, et de quelques mots susceptibles d'augmentation* . . . . . . . 299
et 300

Suppression des voyelles finales des mots, n° 2, 3, 4. — Suppression de la syllabe finale des mots, n° 6. — On ajoute un *i* aux mots qui commencent par un *s* suivi d'une autre consonne, n° 7. — On ajoute un *d* à la préposition *a* et à la conjonction *e*, n° 8.

*Phrases remarquables.* . . . 302
*Observation sur les mots italiens.* 308
*Recueil des noms* . . . . . 310
*Quelques vers pris des meilleurs auteurs italiens.* . . . . . 322
*Observations remarquables sur les licences poétiques* . . . . 329
*Remarques sur des expressions figurées consacrées par les bons auteurs italiens.* . . . . . . 335
*Esercizio sulla costruzione inversa.* . . . . . . . . 341

# ERRATA.

Page 16, ligne 13, au lieu de *cosı*, lisez *così*.
Page 37, ligne 4, au lieu de *maest*, lisez *maestri*.
Page 37, ligne 20, n° 5, au lieu de *Je*, lisez *Ie*.
Page 82, ligne 4, au lieu de *Gantate*, lisez *Cantate*.
Page 109, ligne 4, au lieu de *al cha*, lisez *al che*.
Page 110, ligne 10, au lieu de *aua*, lisez *alla*.
Page 126, ligne 13, au lieu de *n'ell'avere*, lisez *nell'avere*.
Page 225, ligne 14, au lieu de *sciogliesi*, lisez *sciogliessi*.
Page 269, ligne 29, au lieu de *a ca o*, lisez *a caso*.
Page 294, ligne 19, au lieu de *alti*, lisez *altri*.
Page 305, ligne 12, au lieu de *seta*, lisez *sera*.
Page 320, ligne 7, au lieu de *nepote*, lisez *nipote*.
Paeg 323, ligne 9, au lieu de *riubómba*, lisez *rimbómba*.
Page 332, ligne 16, au lieu de *pronomini*, lisez *pronomi*.

www.ingramcontent.com/pod-product-compliance
Lightning Source LLC
Chambersburg PA
CBHW050545170426
43201CB00011B/1565